本书获得国家自然科学基金"城市群空间结构效应研究——以长江中游城市群为例"（41561025）的资助

区域创新空间格局演变研究

RESEARCH ON THE EVOLUTION OF
REGIONAL INNOVATION SPATIAL
PATTERN IN THE YANGTZE RIVER
ECONOMIC ZONE

钟业喜　毛炜圣　吴思雨　等◎著

经济管理出版社
ECONOMY & MANAGEMENT PUBLISHING HOUSE

图书在版编目（CIP）数据

长江经济带区域创新空间格局演变研究/钟业喜等著．—北京：经济管理出版社，2021.7

ISBN 978 - 7 - 5096 - 8158 - 9

Ⅰ.①长…　Ⅱ.①钟…　Ⅲ.①长江经济带—区域经济发展—研究　Ⅳ.①F127.5

中国版本图书馆 CIP 数据核字（2021）第 145194 号

组稿编辑：杜　菲
责任编辑：杜　菲
责任印制：黄章平
责任校对：董杉珊

出版发行：经济管理出版社
　　　　　（北京市海淀区北蜂窝 8 号中雅大厦 A 座 11 层　100038）
网　　　址：www. E - mp. com. cn
电　　　话：（010）51915602
印　　　刷：唐山昊达印刷有限公司
经　　　销：新华书店
开　　　本：720mm×1000mm/16
印　　　张：19.5
字　　　数：316 千字
版　　　次：2021 年 7 月第 1 版　　2021 年 7 月第 1 次印刷
书　　　号：ISBN 978 - 7 - 5096 - 8158 - 9
定　　　价：88.00 元

前　言

　　长江是中华民族的母亲河，是我国重要的战略水源地、生态宝库和黄金水道，也是中华民族发展的重要支撑。自20世纪80年代初步提出国土开发和经济布局的"T"字形空间结构战略，到新时期习近平总书记三次考察长江，作出"共抓大保护、不搞大开发"的历史性决策，推动长江经济带发展已成为国家发展全局的重大区域发展战略。

　　长江经济带覆盖沿江11省（市），横跨我国东、中、西三大地区，人口规模和经济总量占据全国"半壁江山"，是我国经济发展的"主战场""主动脉"和"主力军"。长江经济带创新资源丰富，集中了全国1/3的高等院校和科研机构，拥有全国一半左右的两院院士和科技人员。长江经济带产业基础雄厚，重工业和高端制造业等方面的优势突出，动力与机电设备、航空航天、新材料、新能源、重型和精密机械、化工原材料、轻工机械等行业在全国的地位突出。在新兴高科技方面，长江经济带超级计算机、人工智能、核能利用等在全国的地位突出，上海、武汉、重庆、成都等一批全球级和国家级科技创新中心正迅速崛起。在经济长期向好、未来发展具有多方面优势和有利条件的同时，长江经济带发展不平衡不充分问题仍然突出，科技创新支撑能力仍显不足，关键技术领域的竞争力仍然不强，区域创新体系仍需完善。新形势下，长江经济带作为我国经济发展的三大支撑带之一，以创新驱动促进产业转型升级，建设成为引领我国经济高质量发展、区域协调发展、产业升级、技术创新、国内经济大循环、一带一路建设、全球科技创新中心和对外开放的新高地和新引擎，应构成长江经济带未来发展的基本立足点。

基于上述战略意图，本书以国家自然科学基金项目"城市群空间结构效应研究——以长江中游城市群为例"（41561025）、"鄱阳湖水陆交错带人地关系演变的聚落空间响应（41961043）"为依托，立足经济地理学、城市地理学和创新地理学等视角，运用数理统计分析、空间分析与复杂网络分析，基于"产业创新格局—城市创新网络"两个层次的"格局—过程—机理"视角的城市创新发展研究框架，从时空角度、横向和纵向对比结合分析长江经济带区域创新要素格局，刻画长江经济带产业创新能力空间格局演变格局特征及驱动机制，探讨长江经济带整体网络及内部成员子网情况以及网络位置动态演进过程和影响因素，并从科技体制改革、跨区域统筹协调、战略科技力量组合优化、把握数字经济机遇、推动新旧动能转换等方面提出长江经济带创新发展的政策建议与思路。

本书的完成是课题组共同努力的结果，钟业喜教授、吴思雨博士对书稿进行了统筹，课题组成员参与了部分撰写和完善工作。第一章由毛炜圣和吴思雨完成，第二章由肖泽平和吴思雨完成，第三章由雷菁和吴思雨完成，第四章由吕科可和钟业喜完成，第五和第六章由吴青青和钟业喜完成，第七章由黄梦瑶和钟业喜完成，第八和第九章由毛炜圣和钟业喜完成，第十章由肖泽平和钟业喜完成，第十一章由毛炜圣和吴思雨完成。在写作过程中还得到了江西师范大学李建新和冯兴华两位老师、华东师范大学郭卫东博士等的支持和帮助，在此一并表示最真挚的感谢！

需要说明的是，本书所涉及的地图为示意图；限于作者学识和能力，本书内容的深度和广度有待进一步深化和拓展；对本书内容的缺陷和不足，敬请读者批评指正。期望本书能为长江经济带发展和城市创新发展提供决策参考。

目　录

第一章
绪　论

一、选题背景

（一）创新发展是城市获取未来竞争新优势的坚定基石

当前，全球经济创新驱动取代要素驱动成为推动区域经济增长的重要引擎，中国进入以经济高质量发展为基础的新时代，对城市发展提出了更高的要求。正因如此，党的十九大报告提出要坚定实施创新驱动发展战略，加强国家创新体系建设，加快建设创新型国家。

在新的历史条件下，中国已进入资金、人口和资源等社会经济发展要素向大城市及城市群高度集中的新阶段，中心城市和城市群越来越成为承载发展要素的主要空间形式，发展动力极化现象日益突出。在我国建设创新型国家的进程中，城市作为创新活动的主战场，需要发挥中心城市的主体作用。按照党中央建设创新型国家的总体部署及战略格局，迫切需要中心城市在更高层次上聚集各类创新要素资源，紧扣优势产业创新发展的布局，大力改善创新软硬环境，强化创新服务水平，以制度创新、政策创新推动科技创新，加大与国际创新高地对接力度，为迈向建设世界科技强国新征

001

程提供战略支撑，创新发展已然成为城市获取未来竞争新优势的坚定基石。

（二） 创新发展是根治长江经济带区域发展不平衡的重要手段

长江经济带作为新时期中国经济发展的三大支撑带之一，党的十九大报告将"以共抓大保护、不搞大开发为导向推动长江经济带发展"纳入新时代实施区域协调发展战略的重要内容，以创新驱动促进产业转型升级，谋划新型工业化的发展以及在此基础上的区域协调发展，应构成长江经济带未来发展的基本立足点（陆玉麒和董平，2017）。

在中国构建的五大城市群中，有 3 个在长江经济带，包括长江三角洲城市群、长江中游城市群、成渝城市群，由一批城市群、都市圈和中心城市构建起长江经济带乃至全国的战略骨架。从某种意义上说，提升这些城市群以及一批具有发展潜力的都市圈的城市创新能力有助于推动长江经济带形成优势互补高质量发展的区域协调发展新格局。在新的劳动地域分工驱动区域经济组织关系发生巨大改变的背景下，区域一体化、协调化发展成为经济发展的新趋势。随着城市群、都市圈的形成与发展，区域一体化出现典型地域性特征，呈现不同的特点与发展进程。长江经济带横跨我国东、中、西部三大经济地带，产业、经济等多方面的梯度推移使有些地方即将完成工业化进程，由于资源禀赋、区位条件、经济基础的区域性差异以及国家政策实施的次序性，长江经济带区域发展呈现出显著的不均衡发展特征，地域差异显著，创新发展有望成为根治长江经济带区域发展不平衡的重要手段。

（三） 创新发展是协调长江经济带生态环境保护与经济发展的关键进程

长江经济带在以往几十年大开发中积攒了许多问题，新时期长江经济带工业化处于新阶段，城市化有新特征，长江经济带发展必须要应对新情况、解决新问题，必须更加着眼于满足人民群众美好生活的需求，区域发展需要解决环境与经济关系从被动到主动、倒逼到内化、外挂到融入的问题。

2018 年 4 月，习近平总书记在考察湖北时指出，不搞大开发不是不要开发，而是不搞破坏性开发，要走生态优先、绿色发展之路，要坚决摒弃以牺牲环境为代价换取一时经济发展的做法，生态环境保护的成败归根结底取决于经济结构和经济发展方式。推动长江经济带生态优先、绿色发展的新路子，关键是要处理好绿水青山和金山银山的关系，摒弃传统的数量型经济增长模式，让创新经济成为普遍追求，让创新发展成为普遍形态，创新发展正在成为协调长江经济带生态环境保护与经济发展的关键进程。

（四）地理学学科优势为城市创新发展研究提供独特视角

城市的创新发展问题在经济学、公共安全管理、城市规划等学科中均有涉及，而来自地理学科的研究还很有限且大多是在与其他学科之间的边缘地带进行研究，并没有发挥地理学的优势、体现地理学的核心价值。针对城市创新研究，众多学科都从不同视角、不同方法和模型对其进行过一定的尝试性研究，由于每个学科自有其优点和不足，大多研究仅从城市创新的单一主体出发，如企业、科研机构、高等院校、中介组织等，缺乏综合性研究。城市创新发展问题具有高度的综合性，与地理学中的空间格局、制度转向、关系转向、文化转向、尺度转向和演化转向等地理学的综合研究特长密切相关，地理学的多尺度空间分析、趋势模拟和 GIS 可视化工具等一系列独特的研究工具能够在城市创新发展研究中发挥特殊作用。

二、研究意义

（一）问题的提出

长江经济带城市创新发展的分析框架是什么？创新发展不同要素空间

格局演化的过程如何？

地理学者对于城市的创新问题具有独特的理解和关注。例如，对于产业创新，人们普遍关注的是企业研发的不足，地理学者则关注区域合作、园区集聚、创新集群和城镇体系格局等方面。建立城市创新发展分析框架，厘清城市创新发展的发育状态、探究创新发展规律则显得尤为重要，这是本书研究的重点所在。

长江经济带城市创新发展空间格局是什么？不同区域、不同阶段起主导作用的因素分别是什么？如何构建模型进行厘清？

在长江经济带战略地位被日益重视的同时，仍然存在如资源潜力和环境容量压力巨大、区域发展不均衡、区域合作不畅等问题，长江经济带城市创新发展空间格局如何进行综合性评估，又经历了一个怎样的发展过程，如何定量刻画城市创新发展演化过程及其异质性特征，经济水平、产业结构、人力资源等影响因子是如何影响城市创新发展空间格局演化过程，其内在机理如何？通过机理分析为后续城市创新发展路径提供一定的基础，这是本书研究的难点所在。

长江经济带城市主体创新发展的路径是什么？方法与措施有哪些？

城市创新已从初级合作进入协同创新发展阶段。这一阶段，单一要素对城市创新体系作用效果有限，城市创新更加依赖网络关系与外部联系。通过城市创新发展空间格局演化机理研究，以系统创新发展体系为调控途径，从城市创新交流互动、衔接聚集的视角去改善和优化长江经济带城市创新发展格局，这是本书研究的理论和实践意义所在。

（二）研究意义

1. 理论意义

尝试将数理统计方法、空间分析方法及网络分析方法综合化，将城市创新发展分析框架解析为产业创新格局—城市创新网络两个层次进行空间可视化、异质性分析，从横向与纵向双重视角定量、定性分析产业创新能力空间格局演变过程与城市创新网络演化的内在机理，提出城市产业创新空间演化模式与创新网络位置动态演化路径，在一定程度上丰富人文地理学城市创新发展的视角，使传统的城市创新发展研究不再局限于管理学、经济学等视角。

2. 实践意义

从城市创新发展格局出发，突破了以往的指标体系研究局限，在时空尺度上形成城市创新发展演化的纵横向对比，以长江经济带为研究区域，对于其他区域实现的创新驱动发展优化与调整具有一定的启示作用，在一定程度上丰富了城市创新发展的研究案例。

三、研究对象

（一）长江经济带战略的形成

2013 年 7 月，习近平总书记在湖北武汉调研时指出，"要大力发展现代物流业，长江流域要加强合作，充分发挥内河航运作用，发展江海联运，把全流域打造成黄金水道"。这是习近平总书记在党的十八大以后首次公开强调长江流域的发展问题，也是长江经济带发展战略的重要发源。自此，"黄金水道"成为被重点提及的长江经济带"关键词"。

2013 年 9 月 21 日，李克强总理在一份材料上批示："沿海、沿江先行开发，再向内陆地区梯度推进，这是区域经济发展的重要规律"，"依托长江这条横贯东西的黄金水道，带动中上游腹地发展，促进中西部地区有序承接沿海产业转移，打造中国经济新的支撑带"（王仁贵，2014）。2014 年 3 月 5 日，李克强总理在十二届全国人大二次会议上所作的政府工作报告中提出，"依托黄金水道，建设长江经济带"，这意味着长江经济带的建设已经进入国家战略的视野。

2014年4月25日的中央政治局会议提出，"要继续支持西部大开发、东北地区等老工业基地全面振兴，推动京津冀协同发展和长江经济带发展，抓紧落实国家新型城镇化规划"。4月28日，李克强总理在重庆主持召开座谈会，研究依托黄金水道建设长江经济带时指出，"依托黄金水道打造新的经济带，有独特的优势和巨大的潜力"，"建设长江经济带，就是要构建沿海与中西部相互支撑、良性互动的新棋局"，"贯彻落实党中央、国务院关于建设长江经济带的重大决策部署，对有效扩大内需、促进经济稳定增长、调整区域结构、实现中国经济升级具有重要意义"。5月23～24日，习近平总书记在上海考察时强调，发挥上海在长三角地区合作和交流中的龙头带动作用，要按照国家"统一规划、统一部署"的原则，落实长江经济带建设等国家发展战略。6月11日，李克强总理主持召开国务院常务会议，部署建设综合立体交通走廊、打造长江经济带，会议认为，"发挥黄金水道独特优势，建设长江经济带，是新时期我国区域协调发展和对内对外开放相结合、推动发展向中高端水平迈进的重大战略举措"。

2014年9月，国务院印发《关于依托黄金水道推动长江经济带发展的指导意见》（国发〔2014〕39号）。该意见指出，依托黄金水道推动长江经济带发展，打造中国经济新支撑带，有利于挖掘中上游广阔腹地蕴含的巨大内需潜力，有利于优化沿江产业结构和城镇化布局，有利于形成上中下游优势互补、协作互动格局，有利于建设陆海双向对外开放新走廊，有利于保护长江生态环境。

2014年12月5日召开的中共中央政治局会议提出，要优化经济发展空间格局，继续实施区域总体发展战略，推进"一带一路"倡议、京津冀协同发展、长江经济带建设。随后于12月9～11日召开的中央经济工作会议明确指出，中央决定重点实施包括长江经济带发展在内的三大战略，以跨越行政区划、促进区域协调发展。2015年的政府工作报告的相关词语注释为："依托黄金水道推动长江经济带发展，打造中国经济新支撑带，是党中央、国务院审时度势，谋划中国经济新棋局作出的'利当前、惠长远'的重大战略决策。"当然，此后的历年政府工作报告都强调了长江经济带的发展问题。

2015 年 10 月 29 日，党的十八届五中全会通过的以五大发展理念为主线进行谋篇布局的《中共中央关于制定国民经济和社会发展第十三个五年规划的建议》提出，以区域发展总体战略为基础，以"一带一路"建设、京津冀协同发展、长江经济带建设为引领，形成沿海沿江沿线经济带为主的纵向横向经济轴带；推进长江经济带建设，改善长江流域生态环境，高起点建设综合立体交通走廊，引导产业优化布局和分工协作。2016 年 3 月通过的《中华人民共和国国民经济和社会发展第十三个五年规划纲要》专门辟出第三十九章，分"建设沿江绿色生态廊道"、"构建高质量综合立体交通走廊"和"优化沿江城镇和产业布局"3 个小节对推进长江经济带发展进行规划。

2016 年 1 月 5 日，习近平总书记在重庆主持召开的推动长江经济带发展座谈会上强调，"推动长江经济带发展是国家一项重大区域发展战略"，必须从中华民族长远利益考虑，走生态优先、绿色发展之路，使绿水青山产生巨大的生态效益、经济效益、社会效益；"当前和今后相当长一个时期，要把修复长江生态环境摆在压倒性位置，共抓大保护，不搞大开发"，把长江经济带建设成为我国生态文明建设的先行示范带、创新驱动带、协调发展带。3 月 25 日，中共中央政治局召开会议，审议通过《长江经济带发展规划纲要》，5 月 30 日，中共中央、国务院印发该纲要。作为推动长江经济带发展重大国家战略的纲领性文件，标志着长江经济带正式成为国家战略发展经济带。

2013 年以来，中央决策层关于建设国家重点战略区域长江经济带的设想逐渐清晰，同年 7 月，习近平总书记在考察湖北时指出，"长江流域要加强合作，发挥内河航运作用，把全流域打造成黄金水道"。打造长江经济带的国家战略意图：一是依托长三角城市群、长江中游城市群、成渝城市群；二是做大上海、武汉、重庆三大航运中心；三是推进长江中上游腹地开发；四是促进"两头"开发开放，即上海及中巴（巴基斯坦）、中印缅经济走廊。这样一个以长江水道为纽带，横贯东、中、西部经济带的提出，意味着中国国家区域战略的出台和选择有了新思路，具有重要的时代意义。

（二）长江经济带形成的基础

1. 以大宗农产品、矿业资源、水能资源为代表的资源轴带

在农业方面，长江沿线地区自古以来农业资源条件优越，耕地集中，土地肥沃。宋代"苏湖熟，天下足"、明代"湖广熟，天下足"，清代长江流域主要地区的耕地面积占当时全国近50%（万绳楠等，1997）。长江流域一直以来是中国重要的"农业资源走廊"，特别是最重要的"大米带"与"油菜带"，西起四川成都、云南罗平，东至长江三角洲的长江沿线地区形成了特有的Y字形"油菜资源带"（段学军等，2019）。"长江沿岸大宗农产品分布带"是长江经济带最初始、最基础的发展形态，农业社会时期在支撑国家经济社会发展方面起到了重要作用，目前仍然是保障中国粮食安全的重要防线。清代随着移民的开发，四川成为商品粮基地，沿川江支流嘉陵江、沱江、岷江发展了粮食和棉、糖、盐产区，中游由于洞庭湖流域的开发，长沙成为四大米市之一，同时陕南山区和鄂北的开发使得汉水航运活跃，大批的粮食、木材、棉花、丝茶及土产汇入长江（万绳楠等，1997），形成重要的大宗农产品分布轴带。在矿业资源方面，长江流域多种矿产资源储量占全国首位或居重要地位（佘之祥，1994），历史上长江流域是全国的矿产资源开发的核心区域。秦汉时期矿产产地以益州为主（今西南地区）；唐朝由于经济中心南移，矿产产地主要集中在当时的江南道（今长江流域大部分地区）；宋朝矿产地区主要分布于今江西、湖北、四川等地；明朝矿产产地广泛分布于长江流域；清朝"开边禁内"思想成为矿业开发的政策导向，促使"滇铜黔铅"等边疆省份矿业格局形成（马琦，2012）。长江流域是有色金属矿产、非金属矿产、黑色金属等矿产资源开发的密集带。水能资源开发是世界大河流域开发的重要目的与内容。长江干支流水能资源可开发量占全国的53%，主要分布于长江上游的金沙江、雅砻江、大渡河、岷江、乌江、长江三峡段，以及中游的清

江、沅江、汉江、赣江。中国水能资源开发始于云南石龙坝水电站（1910年，开工建设年份，下同），1949年后，国家非常重视长江水能资源开发，相继在长江干支流陆续建设一系列水电站，建设了丹江口水利枢纽工程（1958年）、葛洲坝水利枢纽工程（1971年）、三峡工程（1994年）等重大水利工程。这些干支流水电枢纽工程与长江沿线的"西电东送"通道共同构筑了长江及其支流的水能资源开发轴带，在保障能源平衡与支撑经济建设中发挥了重要的战略作用，同时一些重大水利工程发挥水电以外的防洪、抗旱、航运等综合功能（段学军等，2019）。

2. 以水运为核心的交通轴带

长江沿线地区拥有的最独特的资源就是长江黄金水道。历史时期，商贸运输主要靠水运，而长江是最重要的航道，货运量占全国一半以上。明朝中期以前，长江贸易主要集中在下游及太湖流域；明朝中期以后，长江航运向中游发展，而到清代，长江东西航运逐步发展，尤其是长江中上游的水运开发，长江中游段、川江段航运主要是清代开拓。长江干支流在历史时期粮食及其他农作物、矿产资源的运输上发挥了重要作用。长江航道发展经历着从原始航道到现代航道的发展过程，特别是从"九五"时期开始中国交通运输现代化建设全面启动，随着航道维护治理及三峡大坝建成蓄水使上游通航条件改善，航道逐步实现全线高等级化，同时航道管理逐步高效智能，20世纪90年代以来长江干流货运量发生了突破性的提升（曾刚等，2014）。伴随航运建设与发展，长江内河港口建设亦快速发展，沿江形成了一系列港口。另外，在陆路交通方面，长江经济带横向形成沪汉蓉、沪昆两大铁路通道；沿江形成沪渝高速、沪蓉高速等高速大通道，已经成为世界上最大的以水运为主的，包括铁路、高速公路、管道以及超高压输电线路等组成的综合性运输通道。长江经济带交通轴带的内涵至关重要，建设以长江黄金水道为核心的水陆交通系统，并形成综合立体交通走廊是经济带建设的重要保障（段学军等，2019）。

3. 以基础工业为核心的工业轴带

从历史时期来看，宋朝以后长江流域手工业得到较大发展。宋元时期，湖南潭州、江西信州和饶州的炼铜业，徐州的炼铁业，扬州、湖州、四川梓州、湖南潭州等地的铜制品制造业，江西信州、安徽舒州、浙江杭州等地的铁制品制造业，浙江龙泉、江西景德镇、四川阆州等地的制瓷业，吉州（吉安）、虔州（赣州）、明州（宁波）、温州、漳州、楚州（淮安）、扬州、临安、建康（南京）、平江（苏州）等地的造船业；纺织业以两浙地区（杭州、湖州、婺州等）和四川为中心；食品工业方面有四川遂宁的制糖业，两淮、两浙、四川的制盐业，两浙、淮南地区的酿酒业（段学军等，2019）。明清时期，江苏南部和浙江一带的丝织业取代成都成为丝织业中心，松江府棉纺织业发展迅速，浙江常山、开化，安徽泾县，江西广信府等地制造业发达，在长江下游的苏州、杭州、湖州、松江、常州一带丝织业资本主义手工业开始萌芽（万绳楠等，1997）。同时，清末苏州、上海、南京、杭州、汉阳（武汉）、成都等地军事工业快速发展，自19世纪70年代起轮船、煤矿、冶铁、纺织等民用工业也得到发展。近代工业由于受到半殖民地半封建社会条件的制约，大部分建立在长江沿岸通商口岸或者靠近通商口岸的地方。民国时期，以棉纺厂、面粉厂为代表的工业多转向中上游地区原产地，但是依然没有改变长江沿岸通商口岸布局的特征，上海、南京、汉口是主要的布局中心。抗日战争时期，工业相继向西南内迁，以重庆、昆明为中心的西南工业中心不断发展（戴鞍钢和阎建宁，2000）。总体来看，历史时期的工业轴带处于点轴孕育的阶段，图1-1所示的第二阶段，以水运为主，空间结构呈点极化特征。1949年后，"一五"时期开始，长江中上游成为中国经济建设投资的重点之一，并在随后"三线"建设期间达到高峰，川、黔、鄂、湘等省建立了大批钢铁、机械、汽车、采矿等基础工业（谢元鲁，1995）。改革开放以后，长江下游成为工业布局与发展的重点，特别是20世纪90年代上海浦东开发实施以后，长三角地区成为工业发展的重中之重。近年来，随着长三角资源环境压力逐步增大，产业发展面临转型升级，基础工业逐步向中上游转移。长江沿江地区是中国重要的钢铁、化工、汽车、纺织、电力等"基础工业走廊"（伍新木，2010；徐长乐等，2015）。钢铁形成了以宝钢、马钢、武钢、重钢、攀钢为代表的工业带；汽车形成以上海大众、宁波吉利、苏州金龙、芜湖奇瑞、武汉东风、重庆长安、江西江铃为代表的工业带；石化形成了以长三角为主、"沿江铺开"的工业带局面。另外，沿江地区形成以高新技术产业、生物医药及生态环保产业为核心的高新技术产业带。长江经济带已经形成基于"基础工业走廊"发展起来的多种产业协调并进的综合生产轴带（段学军等，2019）。

4. 以商贸市场一体化为核心的市场轴带

依托水运发展商贸一直以来是长江沿江地区的重要优势。历史上沿江城市商贸云集，形成了以粮食、盐、矿产、木材以及杂货为主的商贸通道（邓思薪，2015），如当时的"江南四大米市"（江西九江、江苏无锡、安徽芜湖、湖南长沙或湖北沙市）。明朝为征商品流通税设立成都、泸州、重庆、荆州、武昌、扬州、镇江、仪征、常州、苏州、嘉兴、杭州、湖州、松江等钞关，自明朝后期开始，宁波、浒墅（今属苏州）、芜湖亦成为新兴的商业城市；清朝以后，随着经济的进一步发展，长江东西贸易有了巨大发展，位于中游地区干支流交汇处的汉口、岳阳、襄樊成为重要的商业城市（万绳楠等，1997）；近代长江口岸城市从东向西的逐步开埠开放过程也是长江区域整体商贸市场的形成过程，到19世纪50年代，上海成为中国最大的外贸中心，在当时其他交通运输不发达的情况下，上海依托长江水运，加强了同长江中上游的商贸联系，南京、汉口、宜昌、重庆等地成为重要的商贸网络节点（陆远权，2001）。历史时期的商贸通道还是一种低层次的空间形态，即图1-1所示的以水运为主、点轴孕育的第二阶段。20世纪90年代以来，随着长江沿线地区一体化进程的加快，建构在市场一体化基础上的"长江商贸市场带"成为了长江开发开放的重要发展方向（吕志方，1995）。目前，长江通关一体化改革已经实施，长江经济带港口物流走向"合作时代"和"联盟时代"。资源是交易的物质基础、工业生产的原材料，交通是资源与产品流动的平台，工业生产是将资源加工为产品的过程，而贸易和市场是资源与产品交易、产品价值产生与消费的平台与过程，城市是社会经济活动的载体（段学军等，2019）。经济带协调发展要求削弱行政樊篱，构建现代化国际化的商贸机制，进一步对外开放，推进市场一体化，而这种态势的商贸轴带、市场轴带已经启动，并将是长江经济—城市密集带今后一段时期最重要的发展内涵。目前的发展阶段尚处于图1-1中的第四阶段，部分城市群内部联系密切、经济带水陆交通及信息网络取得了相当程度的发展，但是尚未到达一体化的区域极化"经济带"阶段。长江经济带的地理学内涵与基础大致经历了农业与矿业资源轴带（历史时期始）→水能资源（20世纪50年代始）→交通轴带（50年代始，90年代突破）→工业轴带（70年代始，21世纪初转型与转移，经济支柱）→市场轴带（21世纪10年代突破，发展趋势）的演变过程（见图1-1）。考虑到流域开发目标从单一目标向多目标开发、综合开发与整体协调开发的逐步演进和完善（Christopher，1998），长江经济带开发亦不能忽视多种内涵与目标的综合协调。应该看到，长江经济带多个轴带内涵与地理支撑不能割裂，虽然整体呈演进态势，但不是严格的时间先后顺序，时间交错、相辅相成、协调演进。

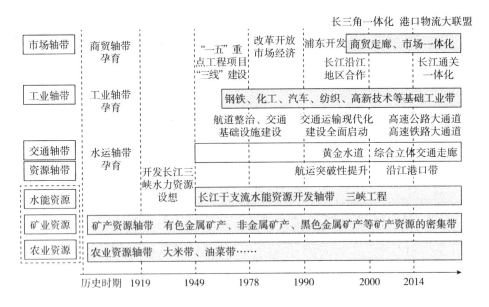

图1-1　长江经济带形成的地理基础

资料来源：段学军等（2019）。

（三）长江经济带范围

长江经济带以长江通道为轴线，横跨我国东、中、西三大区域（见图1-2），在国土空间开发、区域发展总体格局中具有重要的战略地位，是我国综合实力最强的战略支撑带之一。长江经济带工业基础雄厚，尤其是在重工业和高端制造业等方面优势突出，建立起较为完整的工业体系，各种动力与机电设备、航空航天、新材料、新能源、重型和精密机械、化工原材料、轻工机械等行业在全国地位突出。拥有上海、苏州、南京、合肥、南昌、武汉、长沙、重庆、成都、绵阳、贵阳等实力较强的综合性工业基地（钟业喜和冯兴华，2018；钟业喜和毛炜圣，2020）。

2016年，长江经济带含9个省，2个直辖市，3个省辖县。考虑到2011年"三分巢湖"，以2016年地级以上城市（直辖市）为标准，将研究年限内巢湖市剔除，将各研究年度的数据进行整合或调整，使其与2016年区划相符合，共包含110个研究单元。同时，考虑到表述上的方便性和一致性，本书将110个研究单元统一称为城市。

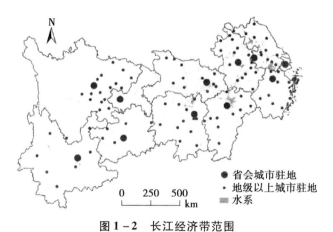

图1-2 长江经济带范围

（四）长江经济带在全国的地位

长江经济带横跨我国东、中、西部三大区域，具有独特优势和巨大发展潜力。改革开放以来，长江经济带已发展成为我国综合实力最强、战略支撑作用最大的区域之一。在国际环境发生深刻变化、国内发展面临诸多矛盾背景下，依托黄金水道推动长江经济带发展，有利于挖掘中上游广阔腹地蕴含的巨大内需潜力，促进经济增长空间从沿海向沿江内陆拓展；有利于优化沿江产业结构和城镇化布局，推动我国经济提质增效升级；有利于形成上、中、下游优势互补、协作互动格局，缩小东、中、西部地区发展差距；有利于建设陆海双向对外开放新走廊，培育国际经济合作竞争新优势；有利于保护长江生态环境，引领全国生态文明建设，对于全面建成小康社会，实现中华民族伟大复兴的中国梦具有重要现实意义和深远战略意义。

1. 战略地位

2014年9月25日，国务院公布的《关于依托黄金水道推动长江经济带发展的指导意见》提出，将长江经济带建设成为具有全球影响力的内河经济带，东中西互动合作的协调发展带，沿海沿江沿边全面推进的对内对外开放带和生态文明建设的先行示范带。2016年3月通过的"十三五"规划针对长江经济带提出，坚持生态优先、绿色发展的战略定位，把修复长江生态环境放在首要位置，推动长江上、中、下游协同发展和东、中、西部互动合作，将长江经济带建设成为我国生态文明建设的先行示范带、创新驱动带、协调发展带。3月25日，中共中央政治局召开会议，审议通过《长江经济带发展规划纲要》；5月30日，中共中央、国务院印发该纲要。作为推动长江经济带发展重大国家战略的纲领性文件，该规划纲要提出的长江经济带的四大战略定位是：生态文明建设的先行示范带、引领全国转型发展的创新驱动带、具有全球影响力的内河经济带、东中西互动合作的协调发展带。

（1）具有全球影响力的内河经济带。发挥长江黄金水道的独特作用，构建现代化综合交通运输体系，推动沿江产业结构优化升级，打造世界级产业集群，培育具有国际竞争力的城市群，使长江经济带成为充分体现国家综合经济实力、积极参与国际竞争与合作的内河经济带。

（2）东、中、西互动合作的协调发展带。立足长江上、中、下游地区的比较优势，统筹人口分布、经济布局与资源环境承载能力，发挥长江三角洲地区的辐射引领作用，促进中、上游地区有序承接产业转移，提高要素配置效率，激发内生发展活力，使长江经济带成为推动我国区域协调发展的示范带。

（3）沿海沿江沿边全面推进的对内对外开放带。用好海陆双向开放的区位资源，创新开放模式，促进优势互补，培育内陆开放高地，加快同周边国家和地区基础设施互联互通，加强与丝绸之路经济带、海上丝绸之路的衔接互动，使长江经济带成为横贯东中西、连接南北方的开放合作走廊。

（4）生态文明建设的先行示范带。统筹江河湖泊丰富多样的生态要素，推进长江经济带生态文明建设，构建以长江干支流为经脉、以山水林田湖为有机体，江湖关系和谐、流域水质优良、生态流量充足、水土保持有效、生物种类多样的生态安全格局，使长江经济带成为水清地绿天蓝的生态廊道。

事实上，以上相关表述的拓展扩充以及顺序和表述变化，特别是把"生态文明建设的先行示范带"提到首位，用"引领全国转型发展的创新驱动带"替换"沿海沿江沿边全面推进的对内对外开放带"，清晰地表明党中央、国务院对于长江经济带的发展定位逐步形成了更深刻、更系统的认识，对于推动长江经济带发展的指导思想、基本原则尤其是对"共抓大保护、不搞大开发"和"坚持生态优先、绿色发展"的理念有了更明确的要求。

2. 社会经济地位

2016～2019 年，长江经济带人口总量在 6 亿左右，年均增长 4‰，高于全国的 2.5‰，人口总量持续增加，城市人口规模呈现扩张趋势，约占全国总人口的 43% 左右。GDP 总量从 2016 年的 33.9 万亿元增长到 2019年的 45.8 万亿元，年均增长 11.7%，高于全国的 10.9%，占全国比重从45.4% 增长到 46.2%，增长 0.8 个百分点。社会消费品零售总额从 2016

年的 14.12 万亿元增长到 2019 年的 17.58 万亿元，年均增速为 8.2%，高于全国的 8.0%，占全国比重稳定在 43% 左右。固定资产投资从 2016 年的 4.76 万亿元增长到 2019 年的 6.35 万亿元，年均增速为 11.16%，高于全国的 9.62%，占全国比重从 2016 年的 46.4% 增长到 2019 年的 48.1%，增长 1.7 个百分点。地方财政收入从 2016 年的 4.1 万亿元增长到 2019 年的 4.8 万亿元，年均增速为 5.55%，高于全国的 3.56%，占全国比重从 2016 年的 47.0% 减少到 46.0%，减少了 1 个百分点。客运量从 2016 年的 117.7 亿人次增加到 2019 年的 128.4 亿人次，年均增速 3.03%，高于全国的 2.65%，占全国比重从 2016 年的 66.8% 增长到 2019 年的 67.9%，增加了 1.1 个百分点。货运量从 2016 年的 187.4 亿吨增长到 2019 年的 206.5 亿吨，年均增速 3.41%，高于全国的 2.43%，占全国比重从 2016 年的 42.7% 增加到 2019 年的 43.9%，增长 1.2 个百分点。R&D 人员数量从 2016 年的 180.4 万人增长到 2019 年的 234.8 万人，年均增速为 10.09%，高于全国的 7.93%，占全国比重从 2016 年的 46.5% 增加到 2019 年的 48.9%，增加了 2.4 个百分点。专利授权数量从 2016 年的 71.8 万件增长到 2019 年的 114.3 万件，年均增速为 19.72%，高于全国的 5.35%，占全国比重从 2016 年的 41.0% 增加到 2019 年的 56.20%，增加了 15.2 个百分点。R&D 内部经费支出从 2016 年的 7027.9 亿元增长到 2019 年的 10562.5 亿元，年均增速为 16.8%，高于全国的 13.8%，占全国比重从 2016 年的 44.8% 增加到 2019 年的 47.7%，增加了 2.9 个百分点。进口总额从 2016 年的 6676.6 亿美元增长到 2019 年的 11898.0 亿美元，年均增速为 26.07%，高于全国的 10.28%，占全国比重从 2016 年的 42.1% 增加到 2019 年的 44.3%，增加了 2.2 个百分点。出口总额从 2016 年的 9476.8 亿美元增长到 2019 年的 1215.5 亿美元，年均增速为 9.42%，高于全国的 6.38%，占全国比重从 2016 年的 45.2% 增加到 2019 年的 48.6%，增加了 3.4 个百分点。实际利用外资从 2016 年的 1329.1 亿美元增长到 2019 年的 1702.5 亿美元，年均增速为 9.37%，高于全国的 3.62%，占全国比重从 2016 年的 52.7% 增加到 2019 年的 60.9%，增加了

8.2 个百分点（见表 1 - 1 和表 1 - 2）。

表 1 - 1 长江经济带社会经济发展情况

指标	长江经济带				长江经济带在全国占比（%）			
	2016 年	2017 年	2018 年	2019 年	2016 年	2017 年	2018 年	2019 年
GDP（万亿元）	33.9	37.3	40.3	45.8	45.4	44.9	43.8	46.2
年末人口（亿人）	5.91	5.95	5.99	6.02	42.8	42.8	42.9	43.0
社会消费品零售总额（万亿元）	14.12	15.79	16.84	17.58	42.5	43.1	44.2	42.7
固定资产投资（万亿元）	4.76	5.15	5.73	6.35	46.4	46.9	47.6	48.1
地方财政收入（万亿元）	4.1	4.3	4.6	4.8	47.0	46.8	46.8	46.0
客运量（亿人次）	117.7	121.3	125.6	128.4	66.8	67.6	67.6	67.9
货运量（亿吨）	187.4	205.8	206.78	206.5	42.7	42.8	45.4	43.9
R&D 人员数量（万人）	180.4	181.4	207.5	234.8	46.5	47.4	47.4	48.9
专利授权量（万项）	71.8	82.4	110.3	114.3	41.0	44.9	45.0	56.2
R&D 内部经费支出（亿元）	7027.9	8077.6	9205.5	10562.5	44.8	45.9	46.8	47.7
进口总额（亿美元）	6676.6	8017.6	9220.8	11898.0	42.1	43.6	43.2	44.3
出口总额（亿美元）	9476.8	1047.6	1175.2	1215.5	45.2	46.3	47.3	48.6
实际利用外资（亿美元）	1329.1	1449.4	1469.0	1702.5	47.0	46.8	46.8	46.0

表 1 - 2 长江经济带产业结构

年份	第一产业比重（%）		第二产业比重（%）		第三产业比重（%）	
	长江经济带	全国	长江经济带	全国	长江经济带	全国
2016	9.3	8.1	42.2	39.6	48.5	52.4
2017	8.6	7.5	41.6	39.9	49.8	52.7
2018	7.9	7.9	41.0	41.0	51.1	51.1
2019	7.8	7.1	38.8	39.3	53.5	53.9

3. 对外开放新优势明显

发挥长江三角洲地区对外开放引领作用，建设向西开放的国际大通道，加强与东南亚、南亚、中亚等国家的经济合作，构建高水平对外开放平台，形成与国际投资、贸易通行规则相衔接的制度体系，全面提升长江经济带开放型经济水平。

发挥上海对沿江开放的引领带动作用。加快建设中国（上海）自由贸易试验区，大力推进投资、贸易、金融、综合监管等领域制度创新，完善负面清单管理模式，打造国际化、法治化的营商环境，建立与国际投资、贸易通行规则相衔接的基本制度框架，形成可复制、可推广的成功经验。通过先行先试、经验推广和开放合作，充分发挥上海对外开放的辐射效应、枢纽功能和示范引领作用，带动长江经济带更高水平开放，增强国际竞争力。

增强云南面向西南开放重要桥头堡功能。提升云南向东南亚、南亚开放的通道功能和门户作用；推进孟中印缅、中老泰等国际运输通道建设，实现基础设施互联互通；推动孟中印缅经济走廊合作，深化参与中国—东盟湄公河流域开发、大湄公河次区域经济合作，率先在口岸、边境城市、边境经济合作区和重点开发开放试验区实施人员往来、加工物流、旅游等方面的特殊政策；将云南建设成为面向西南周边国家开放的试验区和西部省份"走出去"的先行区，提升中上游地区向东南亚、南亚开放水平。

与丝绸之路经济带战略互动的核心区域。发挥重庆长江经济带西部中心枢纽作用，增强对丝绸之路经济带的战略支撑；发挥成都战略支点作用，把四川培育成为连接丝绸之路经济带的重要纽带；构建多层次对外交通运输通道，加强各种运输方式的有效衔接，形成区域物流集聚效应，打造现代化综合交通枢纽；优化整合向西国际物流资源，提高连云港陆桥通道桥头堡水平，提升"渝新欧"、"蓉新欧"、"义新欧"等中欧班列国际运输功能，建立中欧铁路通道协调机制，增强对中亚、欧洲等地区进出口货物的吸引能力，着力解决双向运输不平衡问题；加强与沿线国家海关的合作，提高贸易便利化水平；提升江苏、浙江对海上丝绸之路的支撑能力。加快武汉、长沙、南昌、合肥、贵阳等中心城市内陆经济开放高地建设。推进中上游地区与俄罗斯伏尔加河沿岸联邦区合作。

发挥沿江沿边开放口岸和特殊区域功能，打造高水平对外开放平台。在中上游地区适当增设口岸及后续监管场所，在有条件的地方增设铁路、内河港口一类开放口岸，推动口岸信息系统互联共享。条件成熟时，在基本不突破原规划面积的前提下，逐步将沿江各类海关特殊监管区域整合为综合保税区，探索使用社会运输工具进行转关作业。在符合全国总量控制目标的前提下，支持具备条件的边境地区按程序申请设立综合保税区，支持符合条件的边境地区设立边境经济合作区和边境旅游合作区，研究完善人员免签、旅游签证等政策。推动境外经济贸易合作区和农业合作区发展，鼓励金融机构在境外开设分支机构并提供融资支持。

4. 长江经济带是畅通国内国际双循环的主动脉

上、中、下游差异化竞争，在竞合发展中畅通产业链循环。现代经济的国民经济循环主要表现为产业链循环，长江经济带不同地区的发展差异，为国内大循环提供了产业链条件。长江经济带上既有创新策源地，又有产业转化地。从长三角转移出来的劳动密集型产业，可以在坚持绿色环保的前提下，沿江而上布局到中游和上游地区，从中游和上游地区流动出来的劳动力则可以实现本地就业，从而激活当地消费市场。创新资源丰富的上海、南京、合肥等城市作为创新策源地，苏锡常等产业基础扎实的传统工业重镇作为产业转化地，皖江城市带、成渝经济圈等新兴经济区作为承接产业转移地，通过差异化竞争和地区合作可以在产业链上实现生产环节的循环。沿江省市应按照中央决策部署，坚守实体经济，坚持科技创新，发挥协同联动的整体优势，围绕产业链部署创新链，围绕创新链建设产业链。既发挥市场在资源配置中的决定性作用，充分激发科技人员的创新活力，又发挥好政府作用，充分利用我国的制度优势，在上海、南京、合肥、武汉、重庆等有条件的城市布局一批重大创新平台。既要做好创新的"最初一公里"，也要做好创新的"最后一公里"，把长江经济带建成创新链产业链循环带。

东、中、西部全要素配置，在互通有无中畅通供应链循环。生产要素在更大范围的合理、高效配置既是提升生产效率的内在要求，又构成了供应链上的大循环。生产要素包括劳动、土地、资本、技术、数据等。长江经济带的要素资源合理配置、有序流动，可为国内大循环提供基础动力。上海在建设国际经济中心、国际金融中心、国际贸易中心、国际航运中心和具有全球影响力的科技创新中心过程中，必将集聚更多的全球高端要素，资本、技术、人才、数据等要素不仅要在长三角扩散，还要沿长江经济带向上扩散。上海张江和安徽合肥在建设综合性国家科学中心过程中将为长江经济带提供创新原动力，通过整合中下游地区的创新资源，催生变革性技术，沿长江经济带搭建起从科学到技术、从技术到产业的转化桥梁。长江经济带人口、经济、土地资源分布并不均衡，这就需要优化国土空间规划，东部地区特大城市要疏解人口，中西部地区要进一步培育特大城市；土地资源要与人口流动、项目落地更加紧密地衔接，破除人口在城乡之间、区域之间流动的阻力，使要素按生产效率原则在长江经济带上合理配置，在提高人民收入水平的同时，加大就业、教育、社保、医疗投入力度，促进公共服务便利共享，使不同地区在互通有无中提升供给能力，夯实供应链。

水铁陆空协同化布局，在双向互济中畅通物流链循环。交通是经济循环的重要条件，畅通大循环就要求构建统一开放有序的运输市场，优化调整运输结构，创新运输组织模式。长江经济带发展还要和共建"一带一路"融合，通过战略支点建设，促进东西双向互济、内外联动发展。长江是连通我国东、中、西部三大区域的黄金水道，但长江船运的特点是成本低，可运输大宗货物，其主要针对的是重化产业产品和原料，按照这一逻辑，只有在长江中上游两岸布局重化类产业，长江大船运输才更有"用武之地"。但在"共抓大保护，不搞大开发"理念的指引下，长江经济带的交通运输不能过于倚重长江船运，而应水铁陆空联运，协同推进多种运输方式的组合互动，沿江各地也应根据本地条件积极嵌入综合交通体系之中。目前，12.5米深水航道疏浚到南京龙潭港，海运货物可到达龙潭港后转铁路运输，继续西行，也可从上海港卸货后走陆路运输到马鞍山再转江船；沿长江的高铁线可承担很大一部分物流任务，应进一步提升沿江铁路等级；上海、南京、武汉、成都等城市的机场可建立起长江经济带的"空中走廊"；从合肥、义乌、苏州、武汉、成都、重庆等地出发的中欧班列将把长江经济带与"一带一路"连接起来，把内循环与外循环对接起来，在内外联动发展中畅通物流链大循环。

海江边陆全流域统筹，在构筑国内大市场中畅通商品链循环。长江经济带发展的重要突破点，是统筹沿海沿江沿边和内陆开放，形成统一的市场体系，夯实国内超级大市场的坚实基础。对一个快速增长型的经济体来说，交换和消费环节产生的市场需求对经济的顺畅循环特别重要。要充分利用长江经济带不同地区的消费能力、消费偏好，做好需求侧管理，拉动供给侧改革，进而推动消费升级。长三角地区具有较强的消费能力，且平台经济和网络新消费发达，应与长江中上游地区充分进行市场对接，通过对消费者需求倾向的大数据分析，提高供给的针对性。同时，将沿海开放地区的市场制度和经验向中上游地区推广复制，努力在整个长江经济带形成统一的市场体系，推动中上游地区消费升级。随着制造业产业从长江下游向中上游转移，长江经济带上的分工合作将变得更加紧密，商品的流动将变得更加频繁。上海、浙江、江苏、安徽、湖北、四川等自贸区的建设，又为商品的外循环提供了支撑点。

（五）长江经济带战略实施的意义

第一，长江经济带战略实现了东、中、西部三大区域的联动。通过长江水道和已贯通的沪汉蓉沿江高速铁路网，联动东、中、西部三大发展区域，构建中国经济可持续发展的新动力。长江流域9省2市，是一个典型的横贯中国大陆的雁形发展形态，从人均产出比较来看，东部长三角苏浙沪地区，人均产出已经达到13000~15000美元，按世界银行的标准，已经进入了发达地区的行列；中部地区的湖南、湖北和重庆，人均产出为6000~7000美元，和中国大陆的平均水平齐平；西部的贵州、云南，人均产出还只有3000~4000美元。这种发展水平的梯级形态，如果孤立地看待，会被认为是消极的地区发展差距和区域发展不协调的标志，但如果把它连接成一个整体空间来看，它恰恰体现了中国作为一个幅员辽阔、发展不均衡，并因此具有资源要素禀赋和市场多样性的发展中大国的发展潜力和发展后劲。众所周知，"二战"后发达国家之所以能够继续繁荣，东亚和东南亚以及其他一些原本处于发展边缘地区、有较好的国际贸易区位条件的欠发达国家和地区之所以能较快地发展起来，这和它们之间的要素流动、产业转移以及市场的一体化有很大关系（陈建军，2014）。

第二，它将联动长三角、大武汉（长江中游）和成渝三大城市群，由此撑起三大发展区域的骨架，形成具有世界意义的长江沿岸城市带。长江经济带的空间范围的界定，从最初长江水道经过的7省2市拓展到包括浙江和贵州的9省2市，一方面更完整地涵盖地理学意义上的长江流域，另一方面更加突出了以三大城市群为主要架构支撑长江经济带的内容重心。国家经济带的形成具有内在的社会经济和产业经济发展的内生机制，长距离低成本的航运线路和充裕的水资源的存在，容易形成空间上的点轴发展模式，有利于要素和产业集聚，同时降低城市之间的运输成本，推动区域与城市之间的产业和城市功能分工，以及市场的一体化，形成不同城市和地区间轻重工业和二、三产业的协调发展格局，提高资源配置效率。

第三，它联动了"两带一路"的国家区域战略，使之具有了整体特征。长江经济带连接东海出海口和西部云南口岸，把对东部的开放和对西部、西南部（中印半岛和印缅）开放，以及通过渝新欧大通道与对中亚西亚乃至东欧地区的开放连接起来，使得中国打造丝绸之路经济带和打造海上丝绸之路的设想有了更为坚实的基础。中国的发展和改革离不开对外开放，30多年，中国的对外开放重点在于东部地区，由此形成了沿海地区一马当先的区域发展格局，但近年来国内外形势的变化，使得中国不仅需要对东部沿海的发达国家和地区开放，还需要加强对西部、西南部地区的发展中国家和地区以及能源原材料输出国和地区的联系，求得东西部双向开放的平衡，谋划东西联动、以我为主的国际化发展战略的新格局。显然，推动长江经济带的形成和发展是实现这个战略的关键步骤。

第四，它将有利于发挥上海自由贸易区建设对长江流域的示范带动作用。上海自贸区作为中国新时期改革开放的标志性举措，将通过长江经济带的打造，从功能拓展和制度引领两个方面带动中国的内陆地区的改革开放。长江经济带中，上海具有突出的龙头引领作用，因为上海地处长江经济带和中国沿海经济带的交会点，同时也是长江经济带上最大和功能最为完善的城市。上海自贸区的功能辐射和制度创新引领将通过上海、长三角经济影响力层层扩散，对整个长江经济带的改革开放形成带动和示范作用。长江经济带的形成本身就是和要素的自由流动、贸易的自由化及市场的一体化密切相关，通过上海自贸区的改革实践和示范引领，将为长江经济带的建设走出一条政府引领、市场推动、企业主导的区域协调发展的新路子。

（六）长江经济带急需解决的问题

1. 水资源问题

长江流域以水为纽带，水资源总量约占全国的35%，连接上下游、左右岸、干支流，形成经济社会大系统，也是连接"一带一路"的重要纽带。在推动长江经济带发展的过程中，无论是发展产业、现代农业，还是推进工业化、城镇化，都涉及水资源利用这一关键问题。尽管长江流域水质近年来不断改善，流域水质优良（Ⅰ~Ⅲ类）断面比例不断提高，但水资源总量、水体污染问题却不容乐观。这需要贯彻落实"节水优先、空间均衡、系统治理、两手发力"的治水新思路，要把水生态、水资源、水环境和水灾害防治作为一个系统来考虑。同时，需要协调发挥好市场与政府的作用，借鉴国外的成功经验，大力发展节水产业、水资源修复产业、水污染治理产业等，以便发挥科技对保障水资源的支撑作用（李朱，2020）。

2. 生态环境的普查与监测问题

迫切需要从生态系统整体性和长江流域系统性出发，充分利用科技的力量，开展长江生态环境大普查；系统梳理和掌握各类生态隐患和环境风险，做好资源环境承载能力评价；以便于编制"十四五"时期长江经济带发展规划，并建立健全资源环境承载能力监测预警长效机制。但是，长江全流域生态环境底数不明晰，对各类生态隐患和环境风险梳理掌握不全面，相关指标体系及基础数据库尚待建立。针对这些问题，无论是在国家整体层面，还是在沿江 11 个省域层面，都尚未拿出系统性的解决方案（何立峰，2019）。例如，长江经济带的区域发展地图集编研、生态屏障监测、地质灾害监测、岸线资源普查与监测等功能，都需要科技界贡献力量。亟须综合运用卫星遥感、无人机航拍、无人船监测以及智能机器人探测等先进科技手段，全面排查长江流域的各类排污口，以更好地完成"查、测、溯、治" 4 项任务（李朱，2020）。

3. 黄金水道的综合效益问题

（1）提高运输效率。长江黄金水道的综合效益体现在促进和改进运输效率上。要坚持把长江黄金水道建设作为首要任务，打造网络化、标准化、智能化的综合立体交通走廊；扩大交通网络规模，优化交通运输结构，强化各种运输方式衔接，提升综合运输能力；协调并解决好交通运输方式协调不畅、结构不平衡、不合理导致的运输成本较高等问题。这其中就需要利用科技手段完善沿江运输智能服务和安全保障系统，从综合交通运输体系全局出发找出解决问题的有效办法。

（2）防范生态环境风险。长江黄金水道的综合效益需要统筹岸上水上，协调好通航、防洪、发电、供水、生态等诸多问题之间的关系，促进长江生态的良性循环；需要自觉推动绿色循环低碳发展，防范生态环境风险；需要借助科技手段，通盘谋划长江经济带的综合防洪体系、水资源综合开发利用体系、复杂生态安全体系、生态文明制度体系等；需要保持高度警觉，综合利用科技力量，把生态环境风险纳入常态化管理，系统构建全过程、多层级生态环境风险防范体系（习近平，2019）。

4. 空间布局与城镇化问题

空间布局是落实长江经济带功能定位及各项任务的载体，也是长江经济带规划的重点，目前所形成的思路是"生态优先、流域互动、集约发展"，提出了"一轴、两翼、三极、多点"的格局。具体来说，从城镇化空间格局来看，需要以长江为地域纽带和集聚轴线，以长三角城市群为龙头，以长江中游和成渝城市群为支撑，以黔中和滇中两个区域性城市群为补充，以沿江大、中、小城市和小城镇为依托，形成区域联动、结构合理、集约高效、绿色低碳的新型城镇化格局，促使人员、技术、资金和信息等各种要素集聚产生巨大的虹吸效应，进而促进内循环经济的充分发展。鉴于人类活动强度数据集可以用于评估人类活动对生物多样性的影响等，通过长江经济带人类活动强度数据集的深度研究，可以深化对人地关系的认识，为长江经济带发展战略的实施提供科学的数据支撑（李朱，2020）。

5. 绿色发展与产业发展问题

绿色发展是长江经济带建设的必然要求，不仅要研究生态恢复治理防护的措施，而且要加深对生物多样性等科学规律的认识；不仅要从政策上加强管理和保护，而且要从全球变化、碳循环机理等方面加深认识，依靠科技创新破解绿色发展难题，进而形成人与自然和谐发展新格局。在贯彻落实长江经济带发展战略的过程中，推动产业发展与经济结构转型升级，必须加快新旧动能转换；而新动能覆盖一二三产业，重点是以技术创新为引领，以新技术、新产业、新业态、新模式为核心，以知识、技术、信息、数据等新生产要素为支撑（李克强，2018）。这些都需要发挥科技对新生产力的促进作用。例如，从国家粮食安全层面来考虑，长江经济带的农业发展需要考虑科技化、工业化的道路。那么，无论是培育优良的农业种子以实现良种良法配套，还是促进农业技术集成化、劳动过程机械化，都需要加快构建适应高产、优质、高效、生态、安全农业发展要求的技术体系。

6. 科技创新与科技人才建设问题

长江经济带9省2市科教资源富集，长江沿线集聚了2个综合性国家中心、9个国家级自主创新示范区、90个国家级高新区、161个国家重点实验室、667个企业技术中心（周成虎等，2019），占据了全国科教资源的"半壁江山"。推动长江经济带高质量发展，必须依托区域人才、智力密集优势，大力激发创新、创业、创造活力，实现由要素驱动、投资驱动向创新驱动转变，使长江经济带成为培育新动能、引领转型发展的创新驱动带。在推动长江经济带发展的过程中，应尊重科技创新的区域集聚规律，因地制宜探索差异化的创新发展路径，加快打造具有全球影响力的科技创新中心，建设若干具有强大带动力的创新型城市和区域创新中心。可以坚持以问题为导向，以国家实验室建设为抓手，建立目标导向、绩效管理、协同攻关、开放共享的新型运行机制；在有望引领未来发展的战略制高点和领域，以重大科技任务攻关和国家大型科技基础设施为主线，整合长江沿线的创新资源，形成功能互补、良性互动的协同创新格局。要加快建立科技咨询支撑行政决策的科技决策机制，加强科技决策咨询系统，建设高水平科技智库，以支持长江经济带的高质量发展。当然，在推动长江经济带科技创新发展的过程中，通过体制机制创新将会培养出一支规模宏大、结构合理、素质优良的创新人才队伍（李朱，2020）。

四、研究方法

本书的总体思路是根据城市创新发展的基本特征入手，结合地理数据、统计数据、微观数据，以产业创新格局与城市创新网络两方面表征城市创新发展体系，分析不同时段长江经济带城市创新能力空间格局和规律特点，通过要素和结构之间的相互作用机制和驱动力，探测城市创新发展演变的主导因子，根据城市创新发展演变的主要驱动力和主导因子，从时间和空间视角探索城市创新发展的演化规律，为优化长江经济带创新驱动发展提供决策建议。

（一）文献综述法

通过查阅、分析、提炼纸质文献和电子资源文献，掌握国内外研究现状，找出现有研究薄弱点，充分利用各年度各省区市统计年鉴、城市统计年鉴以及开放获取大数据等获取各区域社会经济发展宏观数据，利用地理信息数据平台获取地理基础数据，利用国家及省区市相关规划获取创新发展政策。

（二）数理统计分析

数理统计是进行统计分析的重要手段之一。本书利用极差、标准差、变异系数等对城市产业创新动态过程进行差异分析；基于 Excel、Stata、Geodetector、MaxDEA 8 Ultra 等平台对长江经济带城市中心性影响因素、城市经济与生态效率、经济与环境协调发展过程及耦合协调类型、城市创新发展过程中的产业创新、创新网络等进行回归及影响因子探测。

（三）复杂网络分析

基于城市创新网络，采用复杂网络分析方法，借助 UCINET、Gephi 等软件定量刻画创新、交通和信息网络拓扑结构、空间结构并进行可视化表达；运用复杂网络分析方法，构建 QAP 回归模型探讨创新网络演化影响因素。

（四）空间分析

空间分析及其可视化是地理信息的重要技术手段，本书应用 ArcGIS 软件空间分析和可视化的方法来分析长江经济带城市中心性、经济与环境协调发展类型与区域差异、创新发展系统维度的空间特征，以反距离权重插值法来揭示长江经济带城市中心性、经济与环境发展水平和问题区域、创新网络中的程度中心度和中介中心度、不同产业创新能力集聚水平等的空间分布特征，有助于直观展现隐藏在数据背后的规律。

五、研究思路与框架

本书立足经济地理学、城市地理学视域，运用定性与定量分析、空间分析与复杂网络分析，基于产业创新格局—城市创新网络两个层次的格局—过程—

机理视角的城市创新发展研究框架，探讨长江经济带城市创新发展空间格局特征、动态演化过程及影响因素。本书技术路线如图1-3所示。

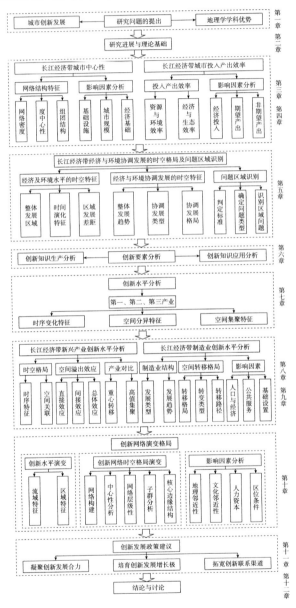

图1-3 技术路线

六、本书内容安排

本书共有 12 章，各章具体研究内容安排如下：

第一章为绪论。分析了本书的研究背景、研究目的、研究意义，介绍了研究目标、研究内容、研究区域，阐述了研究方法以及技术路线。

第二章为研究进展与理论基础。对本书涉及的研究相关基本概念（创新网络、城市创新发展）进行界定，系统梳理并分析了关于城市创新发展、产业创新和创新网络等方面国内外相关研究进展，论述了相关理论，包括演化经济地理学理论、创新价值链理论、区域创新系统理论、创新效率理论、知识溢出理论和协同创新理论等。

第三章为基于交通信息流的长江经济带城市中心性及其影响因素分析。基于铁路客运班次、公路客运班次和百度指数构建了 3 个不同属性的城市关联矩阵，在此基础上从网络密度、程度中心性、中介中心性、凝聚子群等方面分析了长江经济带城市网络结构特征。然后运用地理探测器方法从地区生产总值、第三产业从业人数、年末户籍人口、年末金融机构各项贷款余额、社会消费品零售总额、公共财政支出、固定资产投资、互联网宽带接入用户数、年末实有公共汽（电）车营运车辆数 9 个方面分析了长江经济带城市中心性的影响因素。根据研究结果从增长极培育、完善基础设施建设及统一要素市场构建等方面提出相关对策建议。

第四章为长江经济带城市投入产出效率空间格局及影响因素分析。构建了投入产出分析框架，基于传统和非期望 Super - EBM 模型分别对 2003 ～ 2018 年长江经济带城市经济与生态效率进行分析，利用 Dagum 基尼系数及其分解进一步揭示长江经济带资源与环境效率的空间差异及其差异来源。基于 Max - DEA 8 Ultra 平台，分别采用全局参比的传统和非期望 Super -

EBM 模型测度长江经济带 108 个城市的经济与生态效率，在此基础上，运用 Stata16.0 软件采用高斯 Kernel 密度函数对 2003 年、2008 年、2013 年和 2018 年长江经济带城市经济与生态效率进行估计，以反映区域城市经济与生态效率的总体演进特征。运用面板 Tobit 回归模型对长江经济带全域及上、中、下游资源与环境效率的影响因素进行分析。

第五章为长江经济带经济与环境协调发展的时空格局及问题区域识别。从环境状态、环境压力以及环境响应 3 个方面构建评价指标，采用熵值法对各项指标进行赋权，通过加权求和法对区域经济与环境水平进行综合测度。通过 Arcgis 对长江经济带经济与环境水平进行可视化，分析其时空变化格局。借鉴耦合度协调模型定量分析长江经济带经济与环境协调发展状况，在此基础上进一步识别协调发展的问题区域，提出相应的政策建议。

第六章为长江经济带区域创新要素分析。从科技支出占财政支出比例、R&D 人员数量和高等学校数量 3 个方面分析了长江经济带创新投入情况，根据专利申请受理量分析了长江经济带创新产出情况。

第七章为长江经济带产业创新水平空间格局演变分析。首先，分析了长江经济带第一产业的发展状况，在此基础上运用 ArcGIS 断裂点分析方法进行空间可视化，得到长江经济带第一产业创新指数空间格局，通过 ArcGIS 平台的空间统计分析工具模块—聚类分析—热点分析工具计算 Gi^* 指数，进而进行揭示长江经济带第一产业创新集聚冷热点演化趋势。其次，分析了长江经济带第二产业创新能力时序变化特征，通过 GeoDa 软件探讨长江经济带制造业创新能力的地域空间关联格局特征，借助地理探测器从经济规模、产业结构、创新基础、人力资本、信息化基础和对外联系水平等方面展开制造业创新能力空间格局演变影响因素分析。最后，介绍了第三产业发展概述，通过 ArcGIS 平台的自然断裂点方法将长江经济带第三产业创新指数划分为四个层级，从而分析其时空演变特征，通过 ArcGIS 平台的空间统计分析工具模块—聚类分析—热点分析工具计算 Gi^* 指数，分析了长江经济带第三产业创新集聚冷热点演化趋势。

第八章为长江经济带新兴产业创新水平时空格局演变分析。分析了长江经济带新兴产业创新水平时序变化，通过全局空间自相关和局部空间自相关探讨长江经济带新兴产业创新能力的地域集聚格局特征。选取经济发展水平 RGDP（人均 GDP）、产业结构 IS（第三产业生产总值占比）、人力资源 HR（R&D 人员数量）、政府政策 GDL（教育与科研经费支出占财政支出比重）、对外联系水平 OPEN（进出口总额占 GDP 比重）、创新环境 EI（互联网宽带接入用户数）等因素，基于 Stata15 软件对长江经济带新兴产业创新能力的空间溢出效应进行分析。为直观对比制造业与新兴产业创新能力空间分布特征，基于 ArcGIS 10. 2 平台中标准差椭圆分析法，计算得出 2001 年、2009 年、2016 年长江经济带制造业与新兴产业创新空间重心、标准差椭圆分布图，以揭示长江经济带总体产业创新能力空间格局演变特征。进一步绘制长江经济带制造业与新兴产业细分行业创新能力密度图，揭示 2001～2016 年长江经济带制造业与新兴产业细分行业创新能力精细化空间演化形态。

第九章为长江经济带制造业创新结构与竞争力分析。首先，利用空间偏离—份额分析方法，根据各细分行业的偏离分量（S）、空间产业结构偏离分量（P）、空间竞争力偏离分量（D）在各个研究阶段的变化，判断各细分产业的创新发展类型。利用 SPSS 软件对各行业的创新增长均值进行聚类分析，可划分为高创新产业、中创新产业和低创新产业，进一步对产业创新转移特征进行研究；在空间偏离—份额分析的基础上，对产业创新发展的类型进行归纳，以此判断长江经济带制造业创新能力类型的转变。其次，根据各地区偏离分量的符号分析各地级市制造业创新能力空间转移路径。最后，通过地理探测器定量分析了年末户籍人口、地区生产总值、科学技术支出、互联网宽带接入用户数、普通高等学校、当年实际使用外资以及医院、卫生院床位数这些经济社会指标对长江经济带制造业的创新能力增长的影响。

第十章为长江经济带城市创新网络演变分析。首先，对长江经济带 110 个地级行政区的创新指数进行统计，选择自然间断点分级法（Jenks）

对全部地区依次划分为高水平、较高水平、中水平、较低水平、低水平五类，分析了城市创新能力的空间格局。其次，构建创新网络并分析空间格局，对网络密度、中心性、凝聚子群、核心度等复杂性特征深入研究，通过空间可视化方法与拓扑图探讨了城市创新网络成员位置动态性特征。最后，运用 QAP 模型分析地理邻近性（时间成本）、经济规模（地区生产总值）、产业结构（第三产业增加值占比）、人力资本（科学研究、技术服务和地质勘查业人数）、开放程度（当年实际使用外资金额）、区位优势（客运量和货运量总和）和行政等级 7 项连续变量和行政等级、文化邻近性 2 个虚拟变量对城市创新网络演化进行实证分析。

第十一章为长江经济带区域创新发展政策与建议。首先对科技创新驱动发展北京案例、创新驱动产业发展"洛阳样板"、区域创新极"波士华样板"、美国大都市区创新发展案例进展针对性分析。然后总结这四个典型案例的成功经验。最后从加强跨区域统筹协调，形成创新发展合力，培育区域创新增长极，推动创新资源整合秉持，拓宽区域合作渠道，引导多元创新联系三个方面提出长江经济带创新发展政策与建议。

第十二章为结论与讨论。阐述研究结论，给出政策建议，总结研究可能存在的创新之处，指出研究的不足之处和需要改进的方向。

第二章

研究进展与理论基础

一、基本概念

(一) 创新网络

创新网络(Innovation Network) 的基本内涵是一种创新行为主体关系组织形式, 网络可以为创新主体提供可获资源、扩散技术、提升创新绩效的可能。创新网络依据不同的尺度包括: 以企业之间的正式与非正式联系构成的企业创新网络, 以集群企业或非企业组织之间的正式与非正式联系构成的产业集群创新网络, 以区域中的各种创新行为主体(府产学研资介用, "七位一体") 形成的各种正式与非正式合作关系所构成的区域创新网络(邓羽和司月芳, 2016; 周灿等, 2019)。

本书的城市创新网络是指一种基于城市空间联系的城市网络组织, 这种组织形式表现为以城市为主体的创新空间中创新要素和创新活动的空间交互过程。在具体的衡量方式上, 使用城市层面的创新引力模型来构建城市创新网络。

（二）城市创新发展

城市的产业发展特别是新兴产业易被软性创新要素如信息、人才、技术等吸附，使新兴产业发育为城市的主导产业。在此过程中，产业不断与城市生产性服务业如咨询、广告、信息等联结，促进经济增长方式的高级化、创新化、多样化（杨冬梅等，2006）。城市是创新活动的空间载体，城市之间相互关联、合作和分工的企业、科研机构、高等院校、政府、中介组织等创新主体之间正式或非正式的互动和作用构成创新联系，创新联系是组成创新网络的基本单元，无数的创新联系构成了城市创新网络（吕拉昌等，2015；Trippl et al.，2009）。城市在网络关系的作用下能够促进知识、信息和人才等创新要素集聚，这种"网络化创新"的城市发展模式已成为现代城市发展的主要方向。

综合而言，本书所指的城市创新发展是指以产业为具体对象，以科技进步为动力，主要依靠产业发展吸纳技术、知识、信息、人才、文化等软性创新要素的空间集聚，通过创新主体之间的网络关系交互作用提升城市在创新网络位置的一种高质量发展方式。本书具体通过城市产业创新格局及城市创新网络位置判定长江经济带城市创新发展空间格局。

二、国内外研究进展

（一）城市创新发展研究

21世纪，经济活动的全球化和以知识为基础的知识经济正日益广泛和深刻地影响人类生产和生活的各个领域，世界范围内的城市正经历经济结构方面的重大转型：人口、劳动力、人才资源越来越成为城市经济增长的重要因素，知识、技术和信息越来越成为城市经济增长的首要要素，知识的创新、扩散和使用越来越成为城市经济增长主要动力，这一浪潮促进了各学科领域重视人才、知识、创新的研究（甄峰等，2001；吕拉昌等，2016）。

在人文社科领域，经济学家 Schumpeter（1934）认为创新是一种内部自行发生的过程，是一种"创造性的破坏"，国际上使用包括科学家及工程师比重、创新政策、产业集群创新环境、联系质量、制度环境、人力资本培训和社会包容、监管和法律框架、研究和开发、采纳和利用信息和通信技术等在内的指标体系研判城市创新发展状态（方创琳等，2014）。城市规划领域则关注城市创新空间的性质和功能，可以分为三大基本类型：一是科学城，如海德堡基因研究中心、筑波科学城等；二是科技园（产业园），如硅谷、剑桥科技园、张江高科技园区等；三是城市更新创意产业的兴起，城市微观空间中强调融合图书馆、展览、媒体中心、休憩空间等形式开放式办公休闲空间，倡导建设一种集合学习、交流、研发等综合诱导创新功能发生的建筑空间。

在区域创新发展过程中，一定量的创新资源投入所表现出来的生产效率，即创新绩效，是衡量区域创新发展的重要指标（范斐等，2020）。白俊红和蒋伏心（2015）通过构建协同创新指标体系，论证了创新要素的区域流动可以有效促进知识的空间溢出，以提升区域创新绩效。刘学元（2016）以中国 278 家制造业企业为样本，研究发现创新网络关系强度和企业吸收能力均对企业创新绩效存在显著的正向影响。肖泽磊（2017）以长江经济带 6 大城市群为样本，探究得到城市群整体技术创新绩效与创新投入空间格局的城市首位度之间存在倒 U 形关系。马双（2017）的研究表明地方政府质量对区域创新绩效产生积极影响，其中地方政府责任是影响创新效率的主要因素。陆远权等（2016）发现区域创新绩效存在显著的空间自相关性，证券业集聚显著地提升了区域创新绩效。

从城市创新发展影响因素来看，已有研究从宏观、中观和微观层次对城市创新发展的作用机制进行了系统论述和实证检验。李雪伟（2020）系统阐述了社会资本驱动城市创新发展内涵。李星宇等（2017）发现创新能力、合作关系、协同机制、创新环境都对企业协同创新产生显著的正向影响。知识溢出是经济地理学研究中区域创新能力影响机制的重要视域，其本质在于知识的正外部性带来的社会回报率高于个人回报率。知识空间溢出和空间的集聚相互交织，创新主体在溢出与集聚区能获得大量显性知识与隐性知识，可以有效降低创新活动的成本，进而提升创新主体的创新能力（王俊松等，2017）。在研究方法方面，一般采用空间滞后模型（SAR）和空间误差模型（SEM）探究创新投入要素对区域创新活动的直接影响和溢出效应影响（周锐波等，2019）。

创新发生在特定的时间与地点，而创新活动比生产活动在空间上更为集中（Fagerberg et al.，2015）。在世界范围内，创新活动高度集聚在极少数区域，在中国长三角、粤港澳大湾区等重点地区，城市创新已表现出一定程度的空间溢出效应（王承云和孙飞翔，2017），广大中西部地区创新产出空间集聚性仍缺乏动力。地理学者着重关注创新发展空间异质性特征，具有代表性的包括 Hagerstrand（1967）的创新三阶段空间扩散理论，Bass（1969）的倒 U 形扩散模型。创新扩散遵循地理衰减规律（Fischer et al.，2009），同时受近邻效应、等级效应和轴向效应等的影响表现出接触扩散、等级扩散和位移扩散等模式（Morrill，1970；Casetti & Semple，1969；程开明，2010）。随着新经济地理学的兴起，创新能力空间格局研究聚焦知识溢出带来的收益递增（Krugman，1991）。普遍认为，创新本身影响有限，创新的扩散则是经济增长机制的核心（康凯，2004）；王公博和关成华（2019）测度了中国城市创新能力，城市创新能力与行政级别、经济水平之间密切相关，创新能力最高的城市往往是省会与副省级城市，特别是珠三角和环渤海的周边城市成为"创新低值集聚区"值得关注。马静等（2018）以发明专利申请受理量衡量城市创新产出水平，明晰了创新产出集中在少数沿海发达城市中，区域之间的创新差异大于区域内部创新差异，东部沿海城市对整体创新差异的贡献最高。王伟等（2020）探讨了粤港澳大湾区及扩展区创新能力空间格局，其创新产出呈核心—外围格局，创新产出水平呈空间正相关性，且具有显著空间溢出性。张建伟等（2020）发现1990年、1998年和2006年中部地区的创新产出空间集聚性不显著，在2016年中部地区创新产出开始呈现正相关性空间集聚性，基本形成以安徽部分地市为中心的高—高集聚地带，创新产出表现突出的区域主要是省会城市。

（二）产业创新研究

产业创新研究始终贯穿地理学、经济学、管理学等多学科领域，制造业是实体经济的基础，依靠创新驱动发展壮大制造业仍是未来世界经济重中之重。西方国家在产业发展过程中出现了去工业化现象，为保持其在世界制造业体系中的领导性地位，各国运用信息技术大力发展智能制造、先进制造，掀起了"再工业化"、"再实体化"浪潮（段德忠等，2019）。以创新驱动为核心的高技术理念与研究备受各界的关注，学者深入分析美国"重振制造业战略"、德国"工业4.0战略"、日本"再兴战略"、俄罗斯"创新国家战略"、印度"制造业国家战略"等（Lasi et al.，2014；李健旋，2016），掌握其内涵、机制、战略重点和政策举措，提炼制造业创新路径模式，对于我国制造业发展具有重要借鉴意义。

制造业创新能力是衡量制造业发展的重要方面。有关制造业创新能力研究涉及装备制造业、医药制造业、通信设备制造业等传统行业分类（王秋玉等，2016；刘秉镰等，2013；王明亮和余芳，2018）以及战略性新兴产业、先进制造业等新兴分类（金成，2019；Kopp et al.，2016），同时关注"互联网＋"、低碳经济、环境规制等新态势对制造业创新影响（唐孝文等，2019；李晓钟和何晨琳，2019）。涵盖了研发外包、产权结构、政府支持、生产者服务业FDI、环境规制、知识获取吸收能力、知识资产等要素对制造业创新能力的作用机制（陈启斐等，2015；沙文兵和汤磊，2016；余东华和胡亚男，2016；Liao et al.，2010；Delgado－Verdo et al.，2011；Wu，2019）。创新效率是衡量制造业发展的另一重要方面，已有研究通过DEA模型、SFA模型、STONED模型等对创新效率进行测度并探索了空间分异规律（范德成和杜明月，2018；杨玉桢和杨铭，2019；简晓彬等，2018；孙俊玲和马立群，2019），还有学者构建 Tobit 模型、空间误差分量模型、空间自回归等分析了创新效率影响因素（薛永刚，2018；肖仁桥等，2018；孟维站等，2019）。随着复杂网络视角的兴起，通过合作发明专利数据构建起实体单位合作创新网络（何地和白晰，2018），在制造业创新网络结构特征、创新主体之间的关联等方面展开研究与分析，已形成比较系统的理论体系（Swan et al.，1999；Cooke，1996；Van Aswegen & Retief，2020）。地理邻近、行政邻近及知识规模邻近等多维邻近对制造业创新网络发展产生了重要影响（韩增林等，2018；林兰等，2017；叶琴等，2017）。

区别于传统制造业，新兴产业以核心技术突破和重大社会需求为依托，科技含量高、物资损耗小、发展空间大、综合效益好，集中代表着新一轮科技革命和产业变革的方向。以创新推动传统产业向新兴产业转型升级是区域发展的重要议题，国内外注重从技术生命周期理论、耗散结构理论和自组织理论等方面研究产业演变路径，挖掘战略性产业或新兴产业培育策略（Forbes & Kirsch，2011；Carliner，1995；Anderson & Tushman，1990；Kaplan et al.，2008；Murmann & Frenken，2006；Suarez，2004；Song et al.，2015）。传统产业拥有形成新兴产业技术创新系统（TIS）的重要资源（Hanson，2018），对新兴产业与传统产业的耦合程度与阶段做出正确的判断，是推进传统企业以传统业务为支柱向以新兴业务为核心转变的基础（李少林，2015）。梁威和刘满凤（2017）发现我国中部、西部、东北地区新兴产业仍落后于传统产业的发展，两者协调度较低。朱瑞博（2010）提出基于技术经济范式的中国战略性新兴产业培育政策取向。李林玥（2018）借鉴多层次动态因子模型，为加快战略性新兴产业全球化发展的政策研究提供新的思路。宋韬和楚天骄（2013）介绍了美国培育战略性新兴产业的制度供给，对中国新兴产业培育具有一定启示。

此外，学者还聚焦新兴产业创新能力（张治河等，2015）、创新效率（刘春姣，2019）、创新绩效（桂黄宝和李航，2019）、绿色技术创新

（Luo et al.，2019）研究。在空间维度上，我国战略性新兴产业创新能力东部地区强于中部和西部地区。在产业层面上，新一代信息技术在我国战略性新兴产业中技术创新能力最强。战略性新兴产业创新能力遵循"蠕虫状"演进规律（张治河等，2015），研发人员、R&D 投入（李苗苗等，2014）、融资结构（孙早和肖利平，2016）、政府补贴（张莉芳，2018）、产业政策（Zhao et al.，2019）和市场需求（周泽炯和陆苗苗，2019）对战略性新兴产业自主创新能力提升具有正向作用，尤其是政府的财政干预可以有效促进企业、大学和科研机构之间的合作以促进战略性新兴产业创新能力（Liu & Yang，2018）。在复杂网络视角下，张路蓬等（2018）以新能源汽车产业为例，深入剖析了战略性新兴产业创新网络演化呈现衰减性的边缘—多核型混合结构。张敬文等（2018）研究表明集群创新网络结构和网络能力对战略性新兴产业集群创新网络协同创新绩效影响显著。已有研究对全国（韦福雷和胡彩梅，2012；汤长安等，2018）、区域（祝汉收等，2018；Yang，2015）等尺度下战略性新兴产业的空间格局的时空演变进行了深刻刻画，中国战略性新兴产业的空间集聚处于较低水平，区位分布重心趋于南移（刘华军和赵浩，2019），东部沿海是战略性新兴产业的集聚地（刘艳，2013；李燕和李应博，2015），战略性新兴产业扩张的主要地区是华北地区，华北与华东地区战略性新兴产业发展效益最好（刘华军等，2019），空间上非均衡现象显著。部分学者对中国生物产业（王欢芳等，2018）、新能源产业（王欢芳等，2018）等的空间集聚水平及其变动趋势特征进行了系统的分析，不同战略性新兴产业集聚度的差异取决于产业发展阶段、产业最低门槛、产业战略地位、经济发展条件、资源组合状况以及产业发展基础等因素（郭轶舟和冯华，2018；胡静和赵玉林，2015）。

（三）创新网络研究

20 世纪末期以来，伴随互联网通信、全球交通运输的日益普及，知识储存形式的革新以及研发创新活动的虚拟化，创新主体利用外部资源（尤其是全球范围内资源）的重要性和可实现性不断提高（Cooke，2017）。跨国公司通过与外部用户、供应商、大学或科研机构等建立的跨国公司合作关系网络，在全球范围内搜寻创新资源（Freeman，1991；司月芳等，2018）。经济地理学研究重点也从成本因素（Costanalysis）转向创新因素（Innovation Connection），从区位分析（Space of Places）转向现代流空间（Space of Flows）（叶琴和曾刚，2019；曾刚等，2018），创新的空间格局由等级化向网络化演化（Pino & Ortega，2018），由此出现了以全球生产网络（Global Production Network，GPN）、全球创新网络（Global Innovation Networks，GIN）和全球价值链为理论核心的全球创新网络学派（Parrilli et al.，2013），其重视区域之间的产业链分工合作、技术创新合作（Gereffi et al.，2005；Yeung，2005；Moodysson，2008），成为创新地理知识联系和创新网络领域的三大理论学派之一（周灿等，2019）。

随着网络范式的兴起，创新经济地理学者取得了一大批创新网络研究成果，创新网络研究范式和方法不断拓展。数据来源主要采用国际贸易（Harabi，1997）、跨国投资FDI（Keller，2002）、论文合作（刘承良等，2017；Gui et al.，2019）、专利引用（Breschi & Lissoni，2009）、共同参与研发项目（Balland，2012）等，其中专利数据成为最大的技术信息源，通过专利计量能够获得关于创新主体网络结构、网络地位、网络中的技术合作对象、网络技术影响力变化等重要信息。方法上社会网络分析开始引入创新网络研究（周灿等，2017），研究者采用参量替代方法构建起城市创新网络（段德忠等，2018）、产学研创新网络（王秋玉等，2016）、企业创新网络（曹贤忠等，2019）、技术合作网络（焦美琪等，2019）、技术转移网络（段德忠等，2018；刘承良等，2018）、论文合作网络（刘承良等，2017）、知识溢出网络（李丹丹等，2013），重点关注新兴技术产业（马慧等，2019）、电子信息产业（周灿等，2017）、工程机械产业（王秋玉等，2018）、装备制造业等行业，并运用平均路径长度、中心性、社团结构、结构洞、群集系数、凝聚子群等指标刻画了整体创新网络演化过程，研究尺度涉及企业、产业集群、省（市）、国家（曹贤忠等，2019；

刘承良等，2018；周灿等，2017）。

多学科交叉以及新理论和新方法的应用，创新网络演化机制理论研究得到了加强。生命周期理论（Terwal，2013）、自组织演化理论（许情和曹兴，2019）、路径依赖、路径锁定和路径创造理论（周灿，2018；陈肖飞等，2019）、多维邻近性理论均被成功地运用到创新网络演化机制的理论研究中。城市创新网络演化过程可分为形成、成长、成熟和退化四个阶段，创新网络中新成员的加入、网络内部现有成员之间的互动以及区域内成员与区域外建立密切有效的联系都会影响创新网络演化（曹贤忠等，2019；鲁新，2010）。Buchmann 和 Pyka（2015）对德国汽车工业 R&D 网络实证研究表明，企业的结构位置以及与知识相关的影响（如吸收能力、技术距离和知识库模块性）是网络演进的重要因素。演化经济学中路径依赖与路径创造理论被引入经济地理学用于解释集群网络演化等现象，本地网络的技术在演进过程中由于惯性的存在而进行自我积极强化或自我消极强化，从而出现路径锁定效应（徐蕾和魏江，2014）。近年来，邻近性视角引起学界的广泛关注，大量理论与实证表明地理邻近性越大，越有利于创新网络中创新主体交互和隐性知识溢出，但也有研究指出地理邻近有可能造成区域锁定，阻碍区域技术进步（Boschma，2005）。伴随研究的深入，单一维度邻近性分析对创新网络演化解释力有限，学术界提出多维度邻近性框架，即地理邻近性、认知邻近性、组织邻近性、制度邻近性和社会邻近性（Balland，2012；曹贤忠等，2019；吕国庆等，2014）。不同的邻近性对不同的技术知识网络演化机制作用不一，唐建荣发现地理邻近性是长三角城市群创新网络的重要驱动因素（唐建荣等，2018）。Broekel 和Boschma（2012）探讨了认知、社会、组织、地理邻近对知识网络的重要作用。曹贤忠等（2019）研究发现企业网络发现地理、认知和组织邻近对企业创新合作具有较为重要的促进作用。Gui 等（2019）对全球科研合作网络研究后发现经济邻近、科学能力邻近、社会邻近对国际科研合作有正向影响，而地理距离对国际科研合作起负向作用。

创新空间联系是探索区域一体化发展、协调城市竞合关系的基础，城市之间的功能、规模和等级差异形成城市体系位势差，创新可以通过城市体系进行等级扩散而形成创新的空间梯度，表现为高等级城市具有高创新能力和广泛而密切的创新联系（Taylor，2004）。由此，通过城市创新联系提高国家整体创新能力（马海涛，2016；宋旭光和赵雨涵，2018）。全球化和信息化促进了城市网络的复杂化，城际关系的重构往往需要通过功能、制度、创新等多方面要素才能较完整地表现出来。从城市网络的角度讨论创新联系，可以为国家、城市协同创新发展提供新思路，与更多更强的城市建立联系是提高城市竞争力的重要方式。学术界以城市为创新主体，构建起城市创新网络，刻画城市之间创新联系特征。马双等（2016）以多尺度视角刻画了中国城市创新网络格局，全国城市创新网络的整体联系较弱，网络极化现象明显，空间结构呈现出以北京为核心的放射形网络形态。区际城市创新网络的跨区域网络联系强于区内网络联系，东、中、西部形成以区域中心城市为核心的异质性空间结构。省内城市创新网络的本地结网不足，内部联系强度低，空间形态普遍呈现以省会城市为中心的核心—边缘结构（马双和曾刚，2020）。马妍等（2019）从功能网络与创新网络的视角，研究了海峡西岸经济区的城市网络特征，城市在两类网络中的地位整体一致，强中心性城市中存在对其他城市较显著的溢出效应，区域中小城市成了辐射的主要受益者。郑蔚等（2019）在福厦泉州跨城市合作创新网络中发现跨城市合作创新网络的演化过程中出现了较为明显的"熵增"现象。叶雷等（2019）根据创新联系强度将中国城市创新网络模式划分为网络创新城市、外部创新城市、地方创新城市和孤立创新城市4种类型。李迎成（2019）验证了长三角城市创新网络存在区域、国家和全球3个尺度，并且空间尺度越大，城市创新网络的功能多中心程度越低。

（四）文献述评

城市创新发展研究是一项综合意义十分明显的研究，现有研究多集中在管理学、经济学等学科领域。综合现有相关文献来看，地理学对城市创新发展研究仍处于一个探索阶段，主要体现在：

从现有城市创新发展研究来看，针对不同创新系统的实证性研究仍不足，城市创新发展的主要内容是构建不同的城市综合创新水平指标体系，得到城市创新水平，单一维度的城市创新表征研究较多，综合创新系统维度对比研究较少，急需加强宏微观城市综合创新发展研究。不同尺度区域创新的影响因素以及创新空间特性往往存在差异，对创新与空间关系的解释仍需要更多的实证研究。因此，在创新驱动和城市群战略大背景下，亟须从"格局—过程—机理"的地理学视角和在产业创新格局—城市创新网络的多维层面加强多维要素的城市创新发展研究。

从现有产业创新研究来看，多数研究集中在区域宏观、行业和企业微观三个层面，梳了产业的发展现状，并提出有关建议与策略，很少对城市尺度展开精细刻画，不能清晰地体现区域发展的空间异质与关联特征。地理学者侧重对产业的空间格局、产业集聚探讨，但对传统产业创新与新兴产业创新格局的对比研究较少，关于细分行业精细化创新能力的研究很少论及。

从现有创新网络研究来看，基于复杂网络的社会网络分析技术、基于GIS 的空间分析与空间模拟技术、网络结构与能力的衡量方法、网络知识测量方法成为探索创新网络空间复杂性的技术关键（司月芳等，2018）。社区检测、块模型、结构洞以及后现代数学分析方法等均对创新网络研究提供了方法拓展和技术支撑。但由于创新网络的复杂性，在研究和揭示创新主体内部相互作用机制时难度很大，特别是模型的构建和海量数据获取的困难，一些方法并未显现明显的可操作性。伴随创新经济地理的制度转向、关系转向、文化转向、尺度转向和演化转向，如何立足动态演化视角解析创新网络形成与演化核心驱动力的变化，从而深化创新网络形成与演化研究理论基础，便显得迫切且重要。

从研究区域来看，国内外对创新发展的研究，研究区聚焦全国及长三角、东北、省级、城市群等区域，但在特殊又具有代表性的长江经济带系统研究相对不充分，对长江经济带创新发展空间格局的研究仍有很多工作值得去做。为此，对长江经济带城市创新发展分析理论和方法的研究亟待深化。

三、理论基础

（一）演化经济地理学理论

演化经济地理学（Evolutionary Economic Geography，EEG）是经济地理学最新的一次转向，它主要借鉴了演化经济学中的思想，以动态、演化的视角来分析经济现象的演化规律以及经济现象的空间分布规律（安虎森和季赛卫，2014）。

演化经济地理学通常被看成是经济地理学研究的第三种方法（Boschma & Frenken，2006），把经济活动看成是在空间和时间两个维度上展开的演化过程，强调历史过程对经济活动空间不均衡分布的影响。演化经济地理学利用演化经济学的核心概念来解释不均衡的区域经济发展（Boschma & Lambooy，1999），它强调的两个方面分别：①从时间角度，强调历史的重要性，认为经济发展的动力来自新奇（Novelty）现象的出现，种群之间是共同演化的；②从空间角度，强调地理是创新的重要维度，它能够为创新或空间活动的差异提供分析的视角（刘志高和崔岳春，2008）。这样演化经济地理学主要关注：①经济新奇（创新、新企业、新产业）的空间分布；②经济代理人（个体、企业、各种机构）的微观行为导致的经济活动的空间结构；③经济景观的自组织过程；④路径创造和路径依赖对经济景观空间分布的影响以及这些过程对特定区位的依赖性（Martin & Sunley，2006）。

随着经济地理学越来越多地借鉴演化经济学的研究范式来解决空间经济的地理集中性及其差异等问题（Martin & Sunley，2006），近五年来相关研究已从初期的较为零散、对空间演化分析存在不足等状况，初步形成了演化经济地理学的基本框架。经济地理学主要分析经济活动的非均匀分布问题，而演化经济地理学则侧重分析其历史演进过程，或从历史角度解析经济活动空间异质性的渐进演化机制（Dosi，1997），认为区域资源禀赋的非均匀分布会对今后的区域经济增长产生影响。因此，演化经济地理学能够将时间与空间元素内在地联系起来，使得演化理论与经济地理学的基本观点相协调（Frenken & Boschma，2007）。为了说明经济活动空间非均匀分布是其历史演化的结果，演化经济地理学改进了西蒙的随机增长模型（Simon，1995），将企业视为基本分析单元，将创新视为增长动力，以组织惯例的传承为主线，认为企业是经济变迁的主体（Boschma，2004），从而提出了新的理论主张：区域经济增长源于原有企业与衍生的新企业，以及原有城市与新城市内创造出新产品或改进企业组织惯例的创新，创新依赖企业内部以及城市内的经济多样性，但仍将企业和城市规模视为一个演化增长过程；渐进式创新（不断改进产品或惯例）和激进式创新（创造出一个新产品或惯例）发生在产业生命周期的不同阶段，处于不同发展阶段的产业，其空间演化特征也不同（Klepper，2002；Boschma & Wenting，2007）。

演化经济地理学采用动态演化分析方法，补充并完善了经济地理学中的新古典和制度分析范式（Klepper，2007），通过分析企业的进入、增长、衰退、退出机制以及空间再配置过程，揭示了企业、产业、网络、城市与区域的协同演化机制及其对空间经济差异的作用机制（Essletzbichler，2007）。

演化经济地理学认为，企业组织惯例传承的空间范畴表现为一定的动态性。组织惯例的传承，既可能发生在本地，也可能发生在其他区域，但其发生在本地的概率很大。这说明企业组织惯例之间的基因结构与其空间结构存在密切关系，一般来说，成功的或行之有效的企业惯例更有可能得以传承，而且被传播至其他区域的可能性大，新惯例的创新源于惯例的选择性传承（Frenken & Boschma，2007），企业衍生和劳动力流动是其主要传承方式（Klepper，2007）。演化经济地理学不仅认为经济发展是一个路径依赖过程，也是一个地理依赖的过程（Martin & Sunley，2006），即创新、传承和新惯例的流动在地理空间上表现为不同的空间特征，并取决于其制度体系、网络结构和迁移类型。

演化经济地理学的经验研究主要集中在三个方面：①结合新经济地理学理论研究企业集群的演化机制。演化经济地理学通过分析企业的区域进入与退出模式来解析企业集群的形成机制，认为企业进入率依赖区域现有企业的数量，因为区域内每个现有企业，既是今后企业繁衍的潜在来源（Stuart & Sorenson，2003），也是企业空间布局倾向的标志（Suire & Vincente，2009）。企业集群的演化存在着路径依赖性（Iammarino，2005），因为第一代企业一般不拥有子企业，绝大多数第一代企业的企业家来自相关区域中与新产业存在关联的某些产业，这些企业家具有很高的创造新产业的能力（Buenstorf et al.，2010）。②借鉴区域科学的理论范式解析集聚外部性的本质。当一个区域内关联产业的数量越大时，知识在产业部门之间有效转移的机会就越多，即存在相关产业的多样性效应。这种效应既促进了区域经济的增长（Frenken et al.，2007），也成为相关产业集聚的源泉，相关多样性水平高的区域具有较高的就业增长率（Boschma & Iammarino，2009）。演化经济地理学注重从区域企业层面研究集聚经济的外部性，集聚外部性使得知识密集型企业从本地知识溢出效应中得到的收益水平低于非知识密集型企业，当企业的知识水平增加后知识密集型企业从集群的 MAR 外部效应中获得的收益水平将会下降，即对研发的投入越多，相对损失就越大，这会损害企业创新的动力（Shaver & Flyer，2000）。只有在企业增设新厂时，MAR 外部效应通过本地知识溢出、劳动力市场共享和本地供需关系，才能补偿企业因其积极的溢出效应而做出的"无私奉献"（Alcacer & Chung，2007）。演化经济地理学侧重通过探讨知识溢出路径来解析集聚外部性的本质（Giuliani，2007）。有一定知识或技能的劳动力在相关产业或企业间的流动，是促进知识溢出的重要路径（Boschma & Iammarino，2009）。流动的劳动者与以前的同事或合作者之间仍然保持的社会网络关系可以促进知识的交流（Breschi & Lissoni，2009）。③分析制度在区域发展中的作用。在演化经济地理学中，制度是影响企业行为和区域发展的条件，而不是决定因素（Boschma & Frenken，2009）。第一，决定企业行为的主要因素是企业惯例，而不是区域制度。因此，不应将企业行为与绩效评价完全置于区域制度框架下进行分析（Gertler，2010）。第二，为了将演化经济地理学与制度经济地理学中的政治经济学范式紧密结合（MacKinnon et al.，2009；Boschma & Frenken，2011），借鉴演化经济学的观点，从政治经济学视角分析了惯例在企业制度的空间演进过程中的作用。第三，演化经济地理学并不把制度视为预先给定或固定不变，而是随着技术和市场的变化而协同演进（Nelson，1995；Schamp，2010）。因此，区域制度演化与产业演进之间存在密切的相关性，各区域主体会主动调整制度，以适应新产业提供的发展机会，或者使成熟产业获得新生（Maskell & Malmberg，2007；Martin，2010）。

（二）创新价值链理论

创新价值链理论的建立和发展以技术创新、价值链、产业链等理论为基础，同时包含知识性和价值性的特征，是对创新活动链式过程的综合性分析理论。

20世纪20年代，Schumpeter为了从机制上更加准确地解释经济发展的动因，最先引入"创新"概念。他认为技术发明并不是完全意义上的创新，在生产体系中引入一种前所未有的生产要素和生产条件的"新组合"，建立新的"生产函数"即为创新。这一复杂过程中，实质在于技术知识的投入与产出。在强调技术革新对于经济发展重要影响作用的同时，Schumpeter还对发明创造与技术创新概念进行了区分，他认为发明创造是属于知识生产的科技行为，而技术创新的目的在于科技成果的商品化，属于一种经济行为，企业家在这两种行为的关联中扮演着极为重要的角色。

Solow（1957）对Schumpeter的创新理论进行了拓展性研究，指出技术创新成立的两个重要条件包括新思想来源和后阶段发展，这些理论思想对于界定技术创新过程的相关研究产生了深远影响。随着经济活动与知识生产的结合日益紧密，创新逐步进入体系化发展阶段，这个体系包含从知识的生产、传播、集聚到成果的应用、产业化，进而为创新主体获取核心竞争力、占领市场的一系列过程（李新宁，2018）。与之类似的是，Hirschman（1958）将产业链的概念定义为产业中的前向联系和后向联系，其后相关研究均遵循了这一基本思路。

价值链理论兴起于20世纪90年代，1985年哈佛大学教授Porter率先提出价值链理论，他在《竞争优势》一书中对该理论进行了详细阐述。他从战略重要性的角度将企业运行活动分解为若干组成部分，这些部分虽形式各异但相互关联，均具有价值创造的属性，共同构成了一个彼此相连、环环紧扣的动态过程即价值链。Kogut（1985）等学者基于Porter对价值链的定义，把价值链概念从企业层面扩展到区域和国家层面。随着经济全球化的发展，生产活动在世界范围内进行专业化分工，全球价值链理论也应运而生。

Hage等（2000）通过分析基于科学研究的工业部门成功实现商业化的案例，提出了创意—创新链概念，该链条的构成包括六个领域，分别是基础研究、应用研究、产品开发研究、生产研究、质量控制研究以及商业化营销研究。此时，创新价值链理论的雏形已开始形成。企业在技术开发和市场推广两方面能力的差异，使得其创新体系之间存在一定程度的信息不对称缺陷。为了更好地提升企业创新活动效率，Hansen和Birlcinshaw（2007）提供了评估创新绩效的全新理论框架——创新价值链。在此框架下，创新活动以创意（Idea）的产生、转换和传播三个阶段过程为主要表现形式，并伴随企业内外部知识搜索、资金流动和成果推广等一系列关键组织行为。在创新的价值实现过程中，创意产生是基础、转换是关键、传播是目标，蕴含在创新过程中的内在关联性在这三个阶段的有机结合中得到充分的体现。企业管理者能够以端到端的视角评估其创新工作的绩效，找出最薄弱的环节并适当调整加强。Hansen的这一观点标志着创新价值链理论的正式形成，其后关于创新过程的拓展性研究均围绕此理论展开。

就创新价值链的内涵而言，可以看作为知识流动的全过程，上下游环节因紧密的互动关系具有内在的不可分割性。如果在创新活动中只重视其中部分环节，而忽视了其他环节，那么就会出现过程衔接不顺畅、转化效率低等情况，进而对创新的价值实现产生不利影响。因此，增强整体创新能力需要实现创新体系内各种主体和制度的有效整合，以价值链思维把握创新活动的特殊属性，选择具有针对性的效率提升路径。

创新价值链理论的出现不仅为研究创新活动提供了指导方向，具有重要的理论价值。还通过细分创新过程，让创新主体更好地发现自身的薄弱环节以便加以改进，从而具有重要的实践意义。本书遵循创新价值链理论的研究框架，对于城市层面的创新活动进行上下游环节的划分，研发创新与生产创新共同作用于创新价值的实现，分别考察其效率水平有助于创新过程阶段性与差异性研究的深化。同时，按照创新价值链理论来分析外溢效应的发生路径。

（三）区域创新系统理论

区域创新系统理论始于 20 世纪 90 年代，因为创新与区域经济发展的互动影响关系逐渐成为区域研究的热点，该领域的理论研究与实证研究开始受到学者的广泛关注。有别于国家创新系统宏观视角和企业创新系统微观视角，区域创新系统可以视为联系二者的重要纽带，属于一种中观研究视角，较为广泛地应用于区域、城市创新活动的组织关系研究中（傅利平等，2011）。

Cooke 和 Mongan（1993）通过分析企业内部和企业之间网络活动的性质与范围，指出现有的组织理论在企业与公共或准公共中介机构之间的网络关系研究方面存在缺失。进而在此基础上，他对区域内各级网络的相互作用进行了详细的描述，强调创新主体之间的互动，明确了区域创新系统理论的基本概念，因而成为该理论发展的重要基础。

Autio（1998）认为区域创新系统在概念上与国家创新系统明显不同，它主要由知识开发与应用子系统以及知识产生与扩散子系统构成。前者主要包括工业企业，而后者涉及各种知识创造和传播的公共机构，这两类子系统类似公营和私营部门以及非商业性和商业性活动之间的划分。区域创新系统受到的外部影响主要表现为国家创新系统的机构和政策工具、其他区域创新系统以及国际机构和政策工具。Autio 在评估研究与技术开发绩效时，侧重区域创新系统组成单元之间的相互作用以及由此产生的知识流动。他认为明确系统内发生的知识创造和积累过程有助于在社会文化嵌入性、路径依赖性与部分结构隐形性特征的基础上更加准确地分析区域创新系统的运行效能。

Cooke（2002）的后续研究充分肯定了 Autio 的结论，同时他指出包括有关研发机构活动的法律、财务规则和税率等全国性监管制度在地方层面可以进行调整，这对于区域集群的培育、网络的形成、集群内部联系的增强甚至产品的商业化都起着至关重要的作用。这一阶段，理论研究的重点从主体之间的互动转向创新网络和制度。在此基础上，Todtling 和 Trippl（2005）对区域创新系统的结构差异进行了进一步的研究，他指出根据创新系统方法，制定创新政策的目的不仅在于弥补市场失灵，而且还包括诸如"组织薄弱"、"锁定"和"碎片化"之类的系统失灵。决策者必须对区域创新系统的特殊性以及影响其动态发展的因素有详细的了解，针对区域创新系统的特点和运行中存在的问题，采取差异化的创新政策方法。

Autio、Cooke 和 Todtling 的研究存在一致性，他们都认为区域创新系统是由具备不同功能属性的子系统共同构成，呈现相互作用、相互连接的网状结构，同时政策在这一网状结构中充当了"润滑剂"的作用，是区域创新系统稳定、高效运行的保障（付淳宇，2015）。

Maskell 和 Malmberg（2007）指出区域创新系统具备交互式学习、环境和嵌入性三个要素。交互式学习是知识生成的互动过程，行为者在生产系统中创造共享资产；环境可以包括法律法规、标准、价值观、人力资源和物质资源等；嵌入性指系统内不同的创造和生产形式难以复制，因为它们的运转需要应用基于本地环境的社会互动模型。新的区域科学和现代区域发展理论多围绕这些要素展开研究，进一步强调了集体学习以及社会文化环境的重要性（Zheng，2014）。

区域创新系统概念的普及，不仅与大量区域创新政策的出现密切相关，而且受到区域产业集群以及全球范围内产业竞争的影响。Asheim 和 Isaksen（2002）将区域创新系统定义为由"支持组织"围绕的区域集群。区域内主要产业集群中的企业以及研究和高等教育机构、技术转让机构、职业培训机构、商业协会、金融机构等"支持组织"是构成区域创新系统的两类关键要素。同时，两位作者指出区域创新系统理论对于探索产业发展战略具有积极意义，但可能仅限于有限数量的企业和地区。如果周边地区在同一产业部门或本地生产系统中企业过少无法形成区域集群，则会缺失区域创新系统运行的重要前提条件——本地网络构建和交互式学习。Andersson 和 Karlsson（2006）着重考察了区域创新系统对于中小地区创新发展的影响作用，他们认为以往相关研究对于理论基础缺乏明确的表述，这不利于区域创新政策的制定。创新主体之间的交互活动是区域创新系统发挥作用的必要条件，而这种交互主要依靠产业集群来实现。

不同于以往的研究侧重网络结构，Asheim 和 Andersson 等学者从地理邻近和产业集聚视角出发，解释不同参与者之间相互学习以及技术创新、扩散和积累过程，从而更加关注集群在区域创新系统中的重要作用，这也为区域创新系统结构的理论探讨提供了新的视角。

综合以往研究可以看出，学者基于不同的分析视角对区域创新系统的要素与结构进行了多样化的探讨。区域创新系统本质上可以视为一种组织性和制度化的网络系统，它与该区域的资源要素关系密切，同时具有明显的地理边界和一定程度的开放性。系统内的创新主体与创新网络受外部环境的影响，同时也与外部环境共同演化。经济、制度和科技影响着区域的知识共享过程与转化途径，区域创新系统逐渐成为产业发展的动态支撑体系。由于区域创新活动多维度、多主体的复杂性特征以及与区域经济发展的高度相关性，对于区域创新效率的研究多基于区域创新系统理论展开（李习保，2007）。当前，区域创新系统理论的研究仍在不断深化，横向维度上跨边界区域创新系统的观点被广泛认同（Makkonen & Rohde，2016），企业家精神的嵌入性在纵向维度研究中备受学者关注（Farinha et al.，2018）。

（四）创新效率理论

英国经济学家 Adam Smith 认为劳动分工是提高效率的关键，并提出劳动价值论，他对于生产活动投入产出关系的阐述开创了效率研究的先河。效率理论的演进过程主要是从古典经济学派的分工效率理论与竞争效率理论过渡到新古典经济学派的帕累托效率理论，再到新奥地利学派与新制度经济学的动态效率理论（车圣保，2011）。效率理论主要解决两个方面的核心问题：一是生产效率的内涵，阐明研究对象实际的资源转化能力；二是识别技术效率与配置效率的构成差异，体现研究对象潜在转化能力与实际转化能力的关联。

从 Solow 提出的余值理论到 Romer 开创的内生增长理论，学者对于技术创新如何作用于全要素生产率的提升进行了深入探讨。技术创新活动在经济发展中扮演着"原动力"的角色，其自身的效率评价也越来越受到关注。Farrel（1957）和 Leibenstein（1966）对于技术效率概念的开创性研究为后续理论发展提供了基本方向，他们分别从投入角度和产出角度对技术效率进行定义，核心思想是实现既定产出下投入最小化或既定投入下产出最大化。

创新效率理论是在技术效率理论的基础上发展而来，目的同样是实现创新资源要素投入最小化与产出最大化的优化配置。生产可能性合集与生产前沿面是研究创新效率最为重要的两个基本概念：生产可能性合集表示存在的所有创新资源投入产出向量（创新主体）组成的集合；如果某一投入产出组合在不减少其他产出（或增加其他投入）的情况下，无法从技术上实现增加产出（或减少投入），则称为技术有效。生产前沿面由所有技术有效的投入产出组合向量构成（韩松和王稳，2004）。通过使用距离函数，测算生产可能性合集内某一创新主体的投入产出组合到前沿面的距离，便可以与技术有效组合的距离进行比较从而获得其创新效率。

基于投入产出不同的分析视角，可以在前沿距离的理论基础上，进一步将创新效率划分为创新生产效率与创新经济效率。创新生产效率指创新生产活动过程中，从产出维度来测度创新要素的配置效率，即在创新资源要素投入既定的情况下产出可能提升的水平。而创新经济效率则是从投入维度来测度创新资源的生产效率，即在产出既定的情况下投入可能缩减的水平（方文婷，2018）。就创新活动的运作机制而言，这两种视角下的创新效率并无本质区别，均能够反映创新主体对于资源要素的配置能力与转化能力。

创新效率同样反映在区域创新系统的运行中，可以看作为区域内各创新主体投入资源与获得创新产出之间的比率，体现该区域创新系统对投入资源要素的利用程度。创新效率理论多始于对企业、科研机构等微观创新主体的研究，区域层面创新效率理论的发展相对较晚。由于区域对于创新活动可能同时存在吸引效应和促进效应，这使得衡量本地因素对创新产出的贡献更加复杂，以创新产出总量来测度空间单元的创新效率是一种更为有效的途径（Brenner & Broekel，2011）。在生产理论的基础上，将区域创新效率作为区域创新能力的表征已被学者广泛认同（Fritsch & Slavtchev，2011）。本书的研究内容主要围绕区域创新效率展开，用投入产出关系来诠释区域创新发展的水平与质量。

（五）知识溢出理论

作为解释集聚、创新和区域经济增长的重要概念之一，知识溢出在内生增长理论、新经济地理学等学科理论中具有基础性地位。一般意义上，知识溢出往往体现在知识能力存在差异的不同行业或地区之间进行的知识和技术转移过程，它属于一种外部性经济，可以视为知识和技术的自然"副产品"。

知识溢出思想源于 Marshall（1920）对产业集聚实际问题的研究，知识溢出对产业聚集的形成具有显著的促进作用。他认为知识的外部性是知识溢出的本质正是由于知识溢出的存在，知识本身能够给社会带来超越其所有者经济收益的积极作用和正面价值。Marshall 的研究虽未形成知识溢出的完整概念，但知识外部性特征的揭示为该领域的理论发展奠定了基础。

MacDougall（1960）把知识的溢出效应视为外商直接投资影响东道国社会收益的重要因素，指出外商投资企业在东道国从事经济活动会在一定程度上产生技术的外溢效应，从而促进东道国本土企业生产力水平的提高。他首次明确提出了知识溢出的概念。Arrow（1971）构建的理论框架分析了知识累积对生产效率提高的贡献以及对经济的影响机制，推导出知识溢出效应的特征，开拓了对知识和技术如何作用于经济发展的深入研究。Romer（1986）在 Arrow 研究的基础上提出了知识的公共产品特征属性，并证明了知识的非竞争性和非排他性促进了溢出现象的发生，他认为新知识的产生取决于研发资本和劳动力的数量。Romer 假定知识是厂商追逐利润而进行投资决策的产物，由于知识溢出的存在，资本的边际生产率不会因固定生产要素的存在而无限降低，因此厂商的私人收益率能够普遍高于社会收益率。Arrow 和 Romer 研究的共同之处在于将知识溢出作为内生变量，经济活动主体通过学习和经验获得知识以提高专业化水平，以此促进生产率的增长。

尽管新古典经济学理论与累积经济学理论对于知识溢出的作用程度和作用范围存在差异化的观点，但知识作为公共产品的非竞争性和部分排他性特征被学者普遍认同。新经济增长理论强调知识溢出和知识积累的作用，知识溢出的成本与集聚效应的强度往往呈现出反向相关关系。

通过对溢出范围进行划分，MAR（Marshall Arrow Romer）外部性和 Jacobs 外部性可分别用于解释产业内和产业间的知识溢出现象（郭嘉仪，2012）。MAR 外部性理论认为同一产业内不同企业之间的技术差距较小，知识溢出门槛更低，强调专业化对于创新发明的促进作用。Jacobs 外部性理论认为知识溢出发生在互补产业而非相同产业之间，地理邻近产业的差异化和多样化提升了知识的外部性，最终推动创新和经济增长。

随着知识经济的快速发展和知识作用的日益凸显，知识溢出的研究逐渐受到更多学者关注，研究内容愈加丰富。内生增长理论与新经济地理学均认为知识收益的增加和知识溢出受到空间范围的限制，通过将知识溢出框架拓展到区域层面，可以更好地研究邻域效应在创新空间集聚中的作用。区域知识溢出可视为空间效应的一种表现，知识在区域之间的扩散和吸收使得空间上彼此分离的区域个体逐渐形成为具有内在联系的空间系统。

本书基于知识溢出的理论基础，对知识概念进行延展。城市创新活动是对知识资源的整合行为，创新效率反映出知识承载地获得知识收益的程度，其自身同样存在外部性特征。分别考察城市创新效率在价值链环节和空间两个层面的外溢效应，遵循了知识的多样化溢出路径，相较于由创新活动带来的知识成果以及相应收益分配方面的溢出研究，更加具有理论价值和现实意义。

（六）协同创新理论

协同学由 Haken（1983）创立，其突出特点是可以研究系统性相变过程，因而可以较好地应用于分析社会、经济等复杂系统中出现的发展变化情况。在整个复杂系统中可能存在多个子系统，各子系统自身也存在着自组织运动，而协同学的非线性思维可以有效地对复杂系统的内部关系进行研究，从而为解决整个系统的有序演进提供指导。

随着科技与经济的关系日益密切，加之技术创新活动非线性、网络化、全球化的发展趋势，协同思想在创新系统理论中得到应用与推广。在以多元创新主体合作为基础的协同创新模式下，学者更加关注政府、企业、大学、科研机构与中介组织之间如何通过要素互动实现创新合力，以线性和链式为主的传统技术创新模式适时而变（赵增耀等，2015）。

Abend（1979）将技术创新转化视为工业生产力管理策略的关键因素，他认为需要对创新观念、流程、主体及组织进行协同式管理和整合，协同创新的主体不仅指企业还涵盖各种类型的组织。Serrano 和 Fischer（2007）认为协同创新是指设计和开发新产品以及服务或流程的结构化联合过程，它需要信息共享、联合计划、联合解决问题机制以及集成的活动或运作。协同创新可以受益于信息和通信的质量，使分散的参与个体能够进行高水平的交互和协调工作。Dubberly（2008）认为协同创新是各个创新主体在资源整合与互动两个方面的合作优化过程，在发展路径上表现出沟通—协调—合作—协同的特点。网络构建、影响因素、各主体作用等方面的问题，是协同创新理论发展完善的主要内容。创新理论与协同理论的融合发展，使协同创新研究具有重要的时代意义和现实意义，开放的协同创新模式成为当前经济发展新的驱动引擎。

协同创新理论在本书研究过程中的作用体现为：随着协同创新理论的发展，研究视角从微观创新主体、产业逐步外延至区域层面。在创新网络下，不同区域广泛开展创新合作并在创新价值链环节上下游协同配合。在此情形下，由获取知识、创新资源的需求而开展的协同创新活动成为区域之间平衡发展的重要途径，协同创新可以看作是创新型国家建设或地区培育创新竞争力的新型组织形式和制度安排。无论是研发活动与生产活动衔接转化的技术协同，还是优化创新资源配置、缩小区域创新发展差距的政策协同，对于区域创新系统的演化发展均具有重要影响。

第三章

基于交通信息流的长江经济带
城市中心性及其影响因素分析

中心地理论是城镇体系研究的基础理论之一。作为中心地理论中的指标因子，中心性主要从场域空间出发刻画中心城市的相对重要程度，在传统的城市等级体系研究中具有重要意义。随着全球化和信息化进程的加快，城市之间空间相互作用愈加紧密，改变了时间与空间的关系，引发了区域空间关系从场所空间孕育的中心地模式向流空间塑造的网络化模式转化（Taylor，2009）。在流空间中，城市就是各种要素的汇聚场，它在网络中的等级地位取决于其汇集、转换资源能力的强弱，而与传统规模等级的相关性不强，很多中小城市通过某项突出职能和自身的不可替代性在城市网络中扮演着重要角色（赵梓渝，2018），成为城市实现弯道赶超和跨越式发展的重要机遇。

继中国沿海经济带之后，长江经济带已成为我国最具优势和发展潜力的第二大经济带，将成为引领我国经济高质量发展的生力军，而推动长江经济带发展是关系国家发展全局的重大战略之一。按照国家的顶层设计，要将长江经济带打造成为引领全国转型发展的创新驱动带、东中西互动合作的协调发展带。作为一个横跨我国东、中、西部，包含9省2市的巨型区域，受内部经济发展状况、政策引导差异、要素市场割裂等发展状况影响，要素网络的全域一体化远未形成（钟业喜等，2016）。国内外关于长江经济带的研究多聚焦在流域经济、产业开发、要素资源、区域空间格局、城市群网络结构等方面，基于流空间视角，并通过多元要素流探讨长江经济带城市中心性的研究相对较少。不同要素流对时空压缩效应不同，这种不同将导致长江经济带内不同流视角下的城市网络中心性存在显著差异。鉴于此，本章基于交通流及信息流要素构建长江经济带城市联系网络，通过交通流和信息流进行对比研究，尝试探讨不同流空间视角下的长江经济带城市网络中心性发育状况及其影响因素，以期丰富长江经济带流空间网络结构的实证研究，为认知流空间背景下地理网络空间系统特征及促进区域联动发展提供一定有益的思考。

一、研究数据与方法

（一）数源来源

本章的原始数据为长江经济带 126 个地级以上城市（自治州以州府所在地代替）间的铁路客运班次、公路客运班次和百度指数。各类型数据结构为 126×126 的矩阵，共 15750 个关系数值。铁路班次数据源于极品列车时刻表 2018 年 3 月 8 日版，其中：若两城市之间无须中转、经停列车班次数量即为两城市之间联系强度；若两城市之间需中转或无直接中转车站则两城市之间联系强度均赋值为 0。若城市内出现多个火车站点，则对站点数据进行合并提取。公路班次数据源于汽车服务网站（https：//www.qichezhan.cn/），利用循环查询从中提取城市间汽车班次数据，数据抓取过程在 Python 软件平台下进行，并通过随机抽取、交叉检验等方式进行人工校验和修正以确保数据的科学性。因行程均相对固定，均以 1 天的数据为代表，数据采集时间为 2018 年 5 月 18 日。由于国内学界对于铁路网和公路网以何种权重计入综合交流网，没有确定的标准，本书参考黄晓燕等（2011）和程钰等（2013）学者的研究成果，将铁路网络、公路网络视为同等重要，权重各为0.5。信息网络数据主要采用了百度指数中的搜索指数，它能够科学分析并计算各个关键词在百度网页搜索中搜索频次的加权和。本书主要采取了长江经济带内两两城市之间关注度的年平均数代表城市之间信息流强度；数据采集时间段为2018年1～12月。

社会经济数据源于2019年《中国城市统计年鉴》。信息网络数据则主要采用了百度指数中的搜索指数，它能够科学分析并计算各个关键词在百度网页搜索中搜索频次的加权和。本书采取了长江经济带内两两城市之间关注度的年平均数代表城市之间信息流强度。数据采集时间段为2018年1～12月。

（二）研究方法

1. 社会网络分析方法

社会网络分析是社会学领域比较成熟的一种方法，被广泛运用于地理学中的经济、交通、信息联系等流空间研究中（钟业喜等，2020）。它将区域联系的网络化过程变得更加直观，量化效果也愈加明显。本书基于Ucinet软件平台定量测度长江经济带内各城市之间的综合联系，从整体与个体视角重点探测整体网络、各城市的节点中心性差异等。

（1）网络密度。用于反映区域网络完善程度及网络中节点之间空间相互作用的紧密程度。网络密度越大，城镇间空间联系越紧密，城市网络越趋于完善。其计算公式为：

$$D = \sum_{i=1}^{k} \sum_{j=1}^{k} d(i, j) / k(k-1) \tag{3-1}$$

式中，D 为网络密度；k 为城镇节点数；$d(i, j)$ 为城市节点 i 与 j 间的空间相互作用强度。

（2）节点中心性。用于测算节点在网络中的中心地位，比较常用的有程度中心性、中介中心性（刘军，2004）。程度中心性指网络中某节点自身的综合联系能力，中介中心性用来反映某节点对其他节点的控制能力。本书利用程度中心性和中介中心性对长江经济带城市节点交往力和控制力进行计算。其计算公式分别为：

$$CD(i) = \sum_{j=1}^{n} X_{ij} \qquad\qquad (3-2)$$

$$CB(i) = \sum_{j}^{n} \sum_{k}^{n} \frac{g_{jk}(i)}{g_{jk}} \qquad\qquad (3-3)$$

式中，$CD(i)$ 为 i 城市程度中心度；X_{ij} 为城市 i、j 之间的空间相互联系强度；$CB(i)$ 为城市中介中心性；g_{jk} 为城市 j 和城市 k 之间存在的捷径数目；$(g_{jk}(i))/g_{jk}$ 表示城市 i 处于城市 j 和城市 k 捷径上的概率。

（3）凝聚子群。这是一个含义广泛的子群概念，用于揭示群体内部的子结构，在社会结构研究中得到广泛应用。当网络中某些节点之间联系紧密并形成一个次级群体时，这种团体在社会网络分析中被称为"小群体"，也称凝聚子群。本书的凝聚子群分析以城市之间的交通流强度和信息流强度为依据，探讨长江经济带城市的小团体集聚现象，用以体现城市之间联系的亲疏关系，进而判断长江经济带信息网络的组织结构演变状况。

2. 地理探测器

空间分异性是指某一属性在不同的区域存在差异的现象。地理探测器是探测空间分异性并提示其背后驱动因子、分析变量间交互关系的一种统计学方法，被广泛应用于不同尺度下的自然和社会经济问题研究中（王劲峰和徐成东，2017）。本章运用地理探测器下的因子探测器对长江经济带城镇中心性的不同影响因素进行了探讨。影响因素的地理探测力值可表示为：

$$P_{D,C} = 1 - \frac{1}{n\sigma_C^2} \sum_{h=1}^{L} n_h \sigma_h^2 \qquad\qquad (3-4)$$

式中，$P_{D,C}$ 为影响因子 D 对城镇中心性 C 的探测力值；n、σ_C^2 分别为整个区域的样本量和方差；n_h、σ_h^2 为 h（$h=1,2,\cdots,L$）层样本量和方差。$P_{D,C}$ 的值域区间为 $[0,1]$；$P_{D,C}$ 越大，表明 D 因素对城镇中心性的影响越大。

二、长江经济带城市中心性特征

（一）网络密度

网络密度反映了网络中节点之间联系的紧密程度。网络密度越大，网络中节点之间的联系越强，反之，则联系越弱。以 0 为临界值（即存在联系则为 1，反之则为 0）进行二值化处理，得到长江经济带交通流网络密度为 0.38，信息流网络密度为 0.47。长江经济带交通与信息流网络均处于弱连接状态，其网络结构紧凑性存在显著差异。在交通流视角下，仅 38% 左右的城市建立相互联系，而在信息流视角下则有 47% 的城市存在相互作用关系。相较于信息流而言，交通流仍受制于空间依赖作用，区内存在多个孤立城市，网络联系更松散。

为进一步探讨省域之间的相互联系，在省域尺度下对城市进行网络化处理并计算其密度（见图 3 - 1）。从省域联系来看，交通联系网络总体呈现明显的距离衰减性特征。在核心增长极的扩散作用影响下，长三角地区交通一体化建设逐步凸显，江苏、浙江与上海的省际融合特征显著；长江经济带西部地区开始形成以重庆为核心的次级融合区；长江中游地区的鄂、湘、赣三省的省内密度均较高，而省际的联系密度欠佳，表明长江中游地区呈现组团化、分散化的发展趋势，一体化进程相对缓慢。在信息网络中，长江经济带已形成以上海、重庆为核心的相对稳固的强联系轴带，且泛化效应显著（冯兴华和钟业喜，2018）；以上海为核心的东部地区信息一体化进程显著，而以重庆为核心的信息产业也为其成为西部地区信息网络核心奠定了良好基础。总体来看，无论是交通流还是信息流网络，区内均形成以上海、重庆为核心的两大融合区，长江经济带城市网络初步形成局域一体化格局，但交通、信息流均在不同程度上受制于行政壁垒的固定效应，中西部、东西部联系仍松散薄弱。

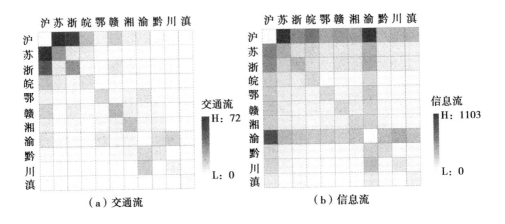

（a）交通流　　　　　　　　　　（b）信息流

图3－1　长江经济带省域尺度密度图谱

（二）城镇节点中心性特征

1. 程度中心度

程度中心度能有效刻画城市在区域网络中的交往能力。交通网络、信息网络下的城市程度中心度的值域区间分别为［0.5，2167.75］和［1587，45194］，变异系数分别为1.098、0.714，表明信息网络下的城市度数中心度相对差异较小，城市联系相对均衡。分析其原因是信息流具有的瞬时性、虚拟性及超时空性特征大大加强了信息网络的时空压缩效应，其网络拓展速度明显优于交通流，网络结构相对有序、协调；而交通流主要载体为道路基础设施，其拓展速度相对滞缓，流要素的交互作用在地域空间内的不均衡性更加突出。

交通网络视角下的城市程度中心度显示，上海、南京、杭州、长沙、武汉等区域核心城市位于第一层级，此类城市均为地区乃至整个长江经济带的交通核心枢纽地位。其中，上海、南京、杭州作为长三角的核心城市，在铁路和公路客运联系网络中均具有较强的交往能力；武汉和长沙作为长江中游地区的核心城市，区位优势明显、整体联系能力较强。第二层级城市多分布于东中部地区，西部地区仅有成都和重庆两个城市跻身第二层级，表明西部地区的交通建设相对滞后，在整个长江经济带中，与其他城市的交往能力相对薄弱。第三、第四层级城市多为省域内枢纽城市和次级枢纽城市，在区域交通网络中处于从属地位或是边缘地区，但其对城市交通网络的拓展以及资源的优化配置仍具有促进作用。从信息网络来看，上海、成都、杭州、武汉、南京、苏州、重庆等城市位于第一层级，信息流总量占比高达15%，是网络内的核心节点城市。此类城市均为长江经济带内三大国家级城市群的核心节点，它们对区域网络骨干支架的构建与拓展以及提升城市群内信息流强度的作用举足轻重。第二层级城市多为东部沿海城市及省会城市，与第一层级城市共同构成了网络骨干支架的核心。第三、第四层级的城市多为省域次级核心城市及一般城市，该类城市经济发展水平整体薄弱、信息基础设施建设相对滞缓，在网络中的信息资源汇聚能力仍有待进一步提升。

无论是在交通网络还是在信息网络中，上海、南京、杭州、武汉都处于第一层级，表明这四大城市是长江经济带的经济中心和综合交通枢纽，在交通流和信息流中均显现强大的资源汇集能力。此类城市在交通往来、信息交互等方面具有不可替代的主导性和引领性作用。与此同时，由于要素对时空的压缩效应存在显著差异性，交通及信息网络下的城市中心度分布也存在地域差异性特征。例如，张家界、丽江、景洪等省域边缘城市，在交通网络中交往能力薄弱，处于从属和边缘地位；而受旅游资源丰度及其知名度、信息要素虚拟性及超时空性等特征影响，该类城市在信息网络中则处于较高层级（见图3－2）。

2. 中介中心度

中介中心度是反映节点在网络中的控制能力和连接作用的重要指标。在交通流网络中，昆明、成都与重庆稳居前三，对西部地区的交通网络联系的控制力较强、空间遮蔽效应较大，同时也反映了西部地区交通网络密

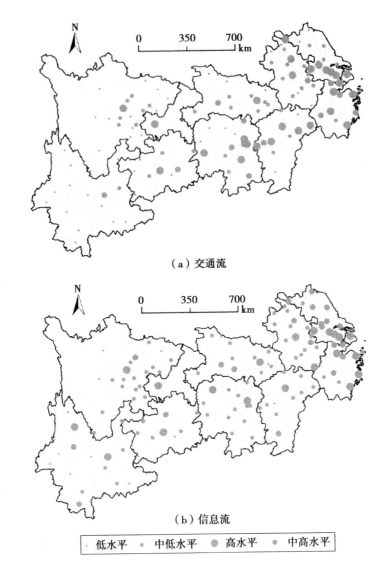

（a）交通流

（b）信息流

· 低水平　　· 中低水平　　● 高水平　　● 中高水平

图3-2　长江经济带城市程度中心性空间水平

度较低、可选择路径相对较少的基础设施发展现状；上海、武汉为整个长江经济带中的交通核心枢纽，受经济辐射能力强、地理区位居中等优势影响，对整个交通流网络也具有较强的控制能力。第二层级的城市多为省域核心城市或者是交通核心节点城市，该类城市对局域交通网络的控制力较强。第三、第四层级的城市在交通网络中的路径可替代性较强，网络对该类城市的依赖程度较低，但其对优化城市交通联系路径、提高资源流通速度、拓展交通基础设施网络仍具有重要意义。

　　信息流网络视角下的城市中介中心度表明，第一层级城市集中分布于长三角地区和西部地区，中部地区城市较少。长三角地区因其信息基础较好、有强大的信息汇集能力，成为信息流的高度集中区域；而西部地区信息流强度较高则多依赖其相对丰富的旅游、相对完善的信息基础资源；中部地区城市虽在地理区位上具有一定优势，但由于信息要素的超时空特征使得其地理区位优势下降，其在信息网络中的控制和链接作用处于弱势地位。值得注意的是，长沙因其第三产业（文化及娱乐业）发展相对迅速并在全国范围内形成良好的"大事件效应"，使得长沙在长江经济带信息网络具有较高的中介作用（见图3－3）。

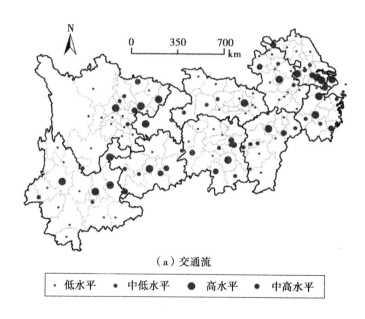

（a）交通流

· 低水平　　· 中低水平　　● 高水平　　● 中高水平

图3－3　长江经济带城市中介中心性空间水平

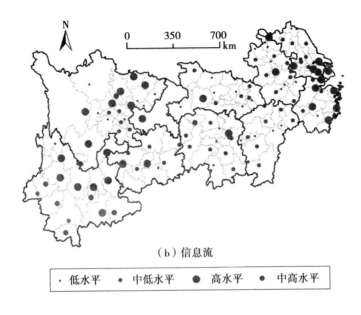

（b）信息流

· 低水平　· 中低水平　● 高水平　● 中高水平

图 3-3　长江经济带城市中介中心性空间水平（续图）

（三）城镇层级及组团状况

基于 Concor 算法的凝聚子群分析，区域网络中存在的小团体集聚和组团现象能够有效反映出来。本书以城市之间的交通和信息流强度为依据，分析小团体集聚现象，并根据相关结果判别区域城市的核心组团状况及组团间联系状况（见图 3-4）。

从交通网络来看，在二级层面上形成东中部、成渝鄂—云贵湘、川西—黔中、滇西四大组团，在三级层面上则包含 8 个子群，地域空间内呈现显著集聚特征。具体来看：以上海、南京、杭州、武汉等东中部核心城市形成的子群，密度最大，在整个长江经济带城市交通网络中处于核心地位，带动东中部城市的发展。该子群内各节点综合实力强，交通基础设施完善且一体化趋势明显，成为长江经济带交通最发达和资源交换最密集的区域；以西部两大交通枢纽——成都和重庆为核心形成的子群和以云贵湘的省会城市为核心形成西南城市群组团发展，其内部交通网络整体成长阶

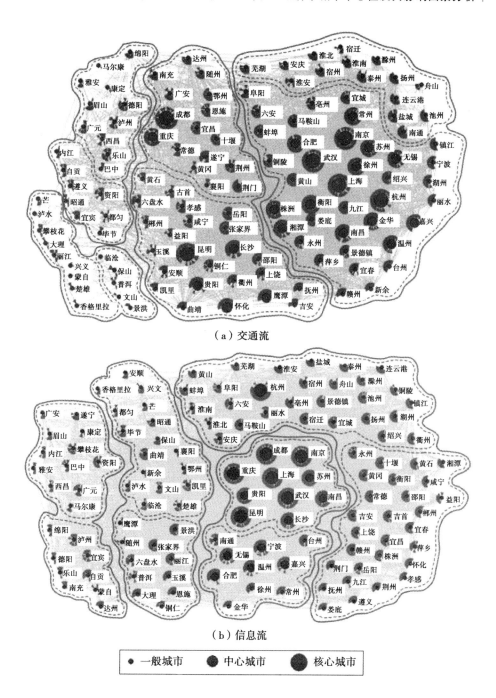

（a）交通流

（b）信息流

● 一般城市　● 中心城市　● 核心城市

图 3－4　长江经济带交通流与信息流凝聚子群拓扑图

段，但内部交通基础设施一体化发展水平仍有待提升。川西、滇西、滇西南等省域边缘城市形成的子群，受地理区位、自身经济发展以及交通基础设施的影响，在交通网络中基本处于盲区，且区域内缺乏核心枢纽城市的引领带动作用，与其他子群之间的空间相互作用联系较弱，群内交通枢纽城市培育与交通联系网络亟须完善。

在信息网络方面，由上海、南京、苏州、武汉、成都、重庆、长沙、昆明、南昌和贵阳10个省会及东部沿海城市组成信息流子群，群内信息流交互作用较好、城市之间信息流强度较大，该子群在长江经济带信息网络中处于主导地位，成为区内信息辐射能力最强的区域；香格里拉、大理、安顺、兴义等组成的子群中大部分为旅游城市，该子群内旅游资源相对丰富，知名度较高，其信息汇聚与扩散能力相对较强；云贵、川四地区以及其他省域边缘城市组成的子群信息联系相对较弱且与其他子群联系均处于较低水平，分析其原因主要是受城市规模偏弱、信息化水平不足等因素制约，在信息网络中处从属地位，子群内城市信息控制力与交往力均有待进一步提升。

总体来看，受流要素的属性特征影响，交通信息流网络形成的子群具有显著差异性。信息要素具有虚拟性、瞬时性及超强渗透性等特征，信息网络内城市之间相互作用联系基本超越了场所空间的距离衰减作用，形成了相对协调、有序的组团格局；而交通网络仍受路径依赖作用而呈现出显著的地域差异特征，组团之间联系相对匮乏，子群内城市在空间上形成不连续性、紊态化发展态势。

三、长江经济带城市中心性影响因素分析

中心性是区域网络节点所处地位和角色的重要表征，无论是在交通流

视角还是信息流视角下的长江经济带城市中心性都呈现显著的空间异质性特征，讨论相关因素在不同流视角下城市中心性空间分异规律对实现城市差异化发展、拓展区域网络等均具有重要意义。根据空间相互作用理论、中心地理论及流空间相关理论，流空间背景下，个体节点与整体网络密不可分，节点存在于整体网络中，节点的角色和地位与区域空间相互作用强度呈现出显著相关性。一般来说，人口和经济发展水平是测量城市质量和区域空间相互作用的基本因子，其通过流通道进行空间集聚和扩散来影响网络内节点的规模及地位，地区生产总值和年末户籍人口2个指标分别代表经济发展水平和人口规模（何胜等，2014）。市场活力、产业结构、资金投入通过城市之间的互补作用于区域网络，进而影响城市节点的服务水平和交往能力，社会消费品零售总额、第三产业从业人口、年末金融机构各项贷款余额、公共财政支出分别是反映市场活力、产业结构和资金投入的相关指标（郭卫东等，2019）。完善的基础设施是空间联系发生的基本前提，是城市之间沟通与交流的必要条件，固定资产投资和年末实有公共汽（电）车营运车辆数都反映了一个城市的基础设施（安俞静等，2019）。互联网宽带接入用户数是信息开放水平和信息基础设施建设的直接体现，代表一个城市挖掘信息的能力和接受新事物的速度，成为信息化时代背景下城市网络中心性的重要因素。基于以上分析，选取了地区生产总值、第三产业从业人数、年末户籍人口、年末金融机构各项贷款余额、社会消费品零售总额、公共财政支出、固定资产投资、互联网宽带接入用户数、年末实有公共汽（电）车营运车辆数9个指标来对城市中心性进行影响因子分析。将选取的9个影响因子按照因子平均值的50%、100%及150%将城镇依次划分为低水平、中低水平、中高水平和高水平四个层级并进行空间可视化（见图3-5），结果显示，各类因子在区域内存在显著的空间分异和梯度推移特征，东部地带在经济、产业、交通、信息基础设施、市场等各方面均处于较高水平；而在中西部地带，省会城市出现"一极独大"、省域中心城市带动作用不强、城市等级体系欠合理的发展态势相对明显；省域边缘地带受区位、经济发展及交通基础设施建设相对滞后等多种因素复合影响，各类因子在区域内往往处于较低水平。

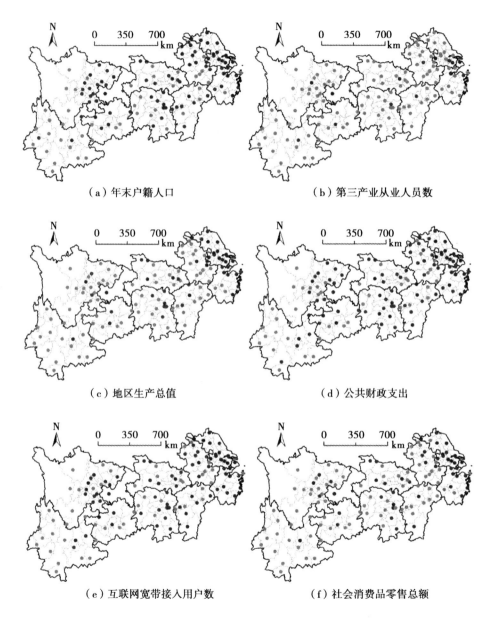

（a）年末户籍人口　　　　　　　　（b）第三产业从业人员数

（c）地区生产总值　　　　　　　　（d）公共财政支出

（e）互联网宽带接入用户数　　　　（f）社会消费品零售总额

图 3-5　长江经济带城市中心性影响因子空间分布

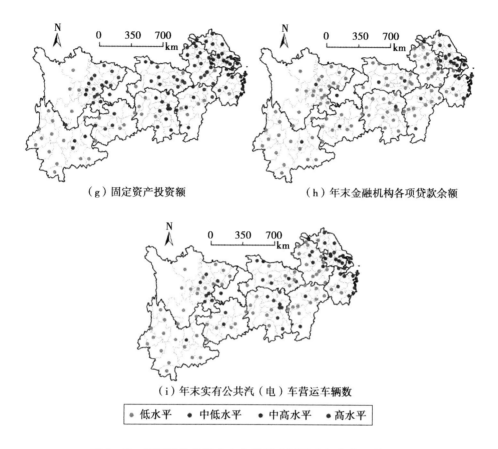

（g）固定资产投资额　　　　（h）年末金融机构各项贷款余额

（i）年末实有公共汽（电）车营运车辆数

・低水平　・中低水平　・中高水平　・高水平

图3-5　长江经济带城市中心性影响因子空间分布（续图）

将城市程度中心性和9个网络中心性影响因子导入地理探测器模型中的因子探测模块，计算各影响因子对城市中心性的影响力值（即q统计量）和因子解释力值（即P值）。q统计量越大，表明该因子对城市中心性的影响力越强，反之，则越弱；P值越大，表示该因子影响城镇中心性的解释力越小，反之，则越大。

分析结果显示（见表3-1），对交通流网络影响较大的因子（q值大于0.6的因子）依次是：年末实有公共汽（电）车营运车辆数（0.68）、社会消费品零售总额（0.61）、公共财政支出（0.61）、年末金融机构各项贷款余额（0.60）。由此可知，营运车辆数对交通网络的连接和控制能力的影响最突出，社会消费品零售总额、公共财政支出及年末金融机构各项贷款余额对交通流视角下的城市程度中心性影响力均在 0.6 以上，表明市场活力、行政能力及资金投入对区域交通网络拓展及城市交通基础设施建设的影响相对较大。

表 3 - 1　长江经济带城市中心性影响因素地理探测器结果

影响因子	交通流程度中心度		信息流程度中心度	
	q 统计量	P 值	q 统计量	P 值
年末实有公共汽（电）车营运车辆数	0.6841	0.000	0.5965	0.000
公共财政支出	0.6149	0.000	0.6995	0.000
社会消费品零售总额	0.6130	0.000	0.7001	0.000
年末金融机构各项贷款余额	0.6060	0.000	0.7067	0.000
第三产业从业人数	0.5657	0.000	0.7194	0.000
地区生产总值	0.5505	0.000	0.6414	0.000
固定资产投资	0.5319	0.000	0.6323	0.000
年末户籍人口（万人）	0.5090	0.000	0.6039	0.000
互联网宽带接入用户数	0.4803	0.000	0.7272	0.000

对信息流网络影响较大的因子（q 值大于 0.7 的因子）依次是：互联网宽带接入用户数（0.7272）、第三产业从业人数（0.7194）、年末金融机构各项贷款余额（0.7067）、社会消费品零售总额（0.7001）。由此可知，互联网宽带接入用户数对信息网络交往能力及其网络链接效益影响为显著。第三产业从业人数、年末金融机构各项贷款余额、社会消费品零售总额等因子对信息网络背景下的城市中心性的影响力均在 0.7 以上，显示了第三产业发展（尤其是信息服务业）、资金投入及市场活力对信息资源的汇聚及扩散存在显著影响。

相较于交通流网络，大部分因子对信息流要素下的城市中心性的影响力均处于较高水平，而不同要素流网络下的城市中心性的主导影响因子存在差异性。需要说明的是，无论在交通网络还是信息网络中，人口规模对城市中心性的影响均较弱。

基于上述分析，应从增长极培育、基础设施完善、要素壁垒破除、城市活力提升等方面提升长江经济带城市中心性，推动长江经济带要素网络的一体化发展。具体来看：①积极培育省域边缘地区中心城市，提升城市活力，增强省域边缘城市对要素的集聚与扩散能力。省域边缘城市在交通及信息网络中多处于从属地位，加强边缘地区中心城市的培育不仅有利于打造网络的核心节点及省域边缘网络的融入，也有利于长江经济带城市网络的拓展。省域边缘城市应积极提升城市规模，推动产业转型发展，培育特色优势产业，积累城市的原生活力；同时，通过确立西部纵向关联轴带，完善立体交通网络及信息基础设施提升边缘城市的外向联系水平。②推动中西部地带基础设施建设，促进中西部地带全面融入长江经济带一体化发展格局。中部地区应充分利用承东启西的区位优势，以产业、基础设施、要素市场一体化推动长江中游城市群建设，承接长三角地区信息及产业结构转移，释放区位对要素资源的"凸透镜效应"；西部应加大交通、信息等基础设施建设的投入，提升科技水平和创新意识，加强信息化与其他产业的融合发展。③构建统一的要素市场与共享平台，破除行政壁垒效应。受社会经济发展、区位等多重要素影响，长江经济带交通及信息网络一体化远未形成，上游板块与中下游板块存在明显的要素割裂和行政壁垒。为此，应加大现代化基础设施同建共享，加强市场的自由流通与开放，推动社会经济要素跨界自由流动，使资源在区域内得到合理有效的配置，促进带内各板块间的协同发展。

四、本章小结

本章基于交通流和信息流双重视角，借鉴空间分析及社会网络分析方法刻画了长江经济带城市网络结构及城市中心性的空间分异特征，并对城市中心性的影响因素进行深入探讨，得到以下结论：

在交通及信息网络中，长江经济带城市联系均处于较弱连接状态，城市间要素联系有待进一步提升。交通网络中，省域融合特征开始显现，长江中游地区空间组织结构相对松散；信息网络虽具有超时空特征，但信息的跨地带交互作用仍然薄弱。

在度数中心度视角下，交通网络中的城市程度中心性的等级差异显著，西部地区城市的交往能力明显弱于东中部地带；而信息网络中的城市程度中心性则分布相对均衡、有序。在中介中心度视角下，交通网络中的各城市控制力差异较大，西部地区中心城市的连接作用和遮蔽效应较高；在信息网络中的东西部城市控制力较强，而中部城市的连接作用较弱。

受流要素的属性特征影响，长江经济带交通及信息流网络形成的子群存在显著差异，要素分割及行政壁垒仍然存在。信息网络在地域空间内初步形成了相对协调、有序的组团格局；而交通网络下的城市联系具有空间异质性特征，组团之间联系相对匮乏，子群内城市在空间上形成不连续性、紊态化发展态势。

不同要素流网络下的城市中心性的主导影响因子存在一定差异，营运车辆数对交通网络城市中心性起着决定作用，而互联网宽带接入用户数是影响信息流视角下城市中心性最重要的因素之一。大部分因子对信息流要素下的城市中心性的影响力均强于交通流网络；而单纯的人口规模对交通信息网络下的城市自身交往能力及其空间链接作用影响较小。

为进一步完善长江经济带城市网络、提升流空间背景下的城市中心性，本章从增长极培育、完善基础设施建设及统一要素市场构建等方面提出相关对策建议。具体包括：积极培育省域边缘地区中心城市，提升城市活力，增强省域边缘城市对要素的集聚与扩散能力；推动中西部地带基础设施建设，促进中西部地带全面融入长江经济带一体化发展格局中；构建统一的要素市场与共享平台，破除行政壁垒效应。

第四章
长江经济带城市投入产出效率
空间格局及影响因素分析

　　长江经济带横跨我国东、中、西部三大区域，资源丰富，产业发达，当前经济总量占全国44%以上，是我国综合实力最强、战略支撑作用最大的区域之一。伴随经济发展，长江经济带城市化、工业化对沿江生态环境的压力日益增加，《长江经济带生态环境保护规划》指出长江沿线污染排放总量大、强度高，传统的粗放型发展方式仍在持续，生态环境保护形势严峻。随着我国经济发展进入高质量发展阶段，在注重资源配置效率提升的同时，还应关注生态环境的安全。为保护长江生态，促进与经济的协调发展，党的十九大报告提出以"共抓大保护、不搞大开发"为导向推动长江经济带发展。2014年国务院发布《关于依托黄金水道推动长江经济带发展的指导意见》，部署将长江经济带建设成为具有全球影响力的内河经济带、东中西互动合作的协调发展带、沿海沿江沿边全面推进的对内对外开放带和生态文明建设的先行示范带。《长江经济带发展规划纲要》强调，长江经济带发展必须坚持"生态优先、绿色发展"的战略定位。2020年，习近平总书记进一步指出，要坚定不移贯彻新发展理念，推动长江经济带高质量发展，使长江经济带成为我国生态优先绿色发展主战场、畅通国内国际双循环主动脉、引领经济高质量发展主力军。因此，实现经济建设与生态文明的协调发展已成为长江经济带经济建设与实现可持续发展的必然要求。在此背景下，科学评价区域经济活动的投入产出效率，并关注经济活动对生态环境的影响，对推动长江经济带经济实现转型发展具有重要意义。

一、研究数据与方法

（一）研究框架

结合现有研究，对区域投入产出效率的评价往往仅结合单一效率指标进行分析，其一为传统的注重经济效益的效率评价，过去区域经济发展更多关注经济发展效益而不重视环境效益，因此在投入产出效率评价中常常忽略环境要素的制约问题而存在明显的不足；其二则在环境要素地位日渐提升的情况下，将其作为非期望产出纳入投入产出框架以进行综合分析，实现经济与生态效益的双重考量，并逐渐替代仅重视经济效益的做法。但现有评价方法仍存在显著的问题：一是无法识别由于加入环境要素造成的区域投入产出效率相对水平的变动，如较低环境压力推动投入产出效率水平的相对提升；二是由于传统效率测算的"黑箱"问题，无法分别从经济效益和环境效益角度探讨提升区域整体投入产出效率的路径问题。

为解决这些问题，本章借鉴现有研究，构建综合多种模型的多维度投入产出效率评价体系，以递推的方法测算不同模式下的投入产出效率，旨在丰富现有区域投入产出效率分析的框架，并在此基础上提出推动长江经济带城市投入产出效率有效提升的路径（见图4-1）。首先，借鉴传统的综合效率评价方法，在以不考虑环境压力的城市经济效率评价的基础上，进一步将环境压力纳入效率评价体系以评价城市生态效率水平，并对两者效率结果进行比较分析，剖析在考虑环境压力前后的城市投入产出效率产生相对变化的情况，初步讨论城市投入产出效率水平的时空特征。随后，以网络两阶段DEA模型将包含环境压力的投入产出过程进行两阶段效率分解，即分解为资源效率和环境效率，揭示两阶段效率的时空变动特征，并以此为基础提出提升投入产出效率的具体路径。

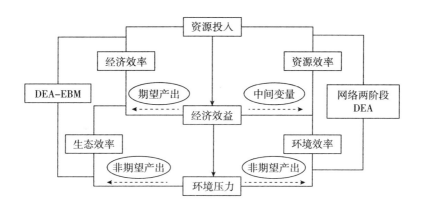

图 4 - 1　投入产出效率研究框架

（二）研究方法

1. 效率测度模型

（1）传统 Super - EBM 和非期望 Super - EBM 模型。数据包络方法
（Data Envelopment Analysis，DEA）是常见的投入产出效率测度方法，Tone
和 Tsutsui（2010）提出兼容径向（CCR）与非径向（SBM）混合距离函数
的 EBM 模型，能够消除因考虑单一距离函数导致的测算结果偏误。为综
合考量城市投入产出效率，首先在不考虑非期望产出前提下使用传统 Su-
per - EBM 模型测度城市经济效率，随后在此基础上纳入污染指标作为约
束条件，构建包含非期望产出的 Super - EBM 模型以测算生态效率，以探
究非期望产出约束对城市投入产出效率水平的影响。仅列出包含非期望产
出的模型如下：

$$
\begin{cases}
s.\,t.\ \sum_{j=1}^{n} x_{ij}\lambda_j + s_i^- = \theta x_{i0} \\[2mm]
\sum_{j=1}^{n} y_{ij}\lambda_j - s_r^+ = \phi y_{r0} \\[2mm]
\sum_{j=1}^{n} u_{pj}\lambda_j + s_p^- = \phi u_{p0} \\[2mm]
\lambda_j \geqslant 0,\, s_i^-,\, s_r^+,\, s_p^- \geqslant 0 \\[2mm]
r^* = \min \dfrac{\theta - \varepsilon^- \sum\limits_{i=1}^{m} \dfrac{w_i^- s_i^-}{x_{i0}}}{\varphi + \varepsilon^+ \left(\sum\limits_{r=1}^{s} \dfrac{w_r^+ s_r^+}{y_{r0}} + \sum\limits_{p=1}^{q} \dfrac{w_p^{u-} s_p^{u-}}{y_{p0}} \right)} \\[2mm]
i = 1,2,\cdots,m;\, r = 1,2,\cdots,s;\, p = 1,2,\cdots,q
\end{cases}
\qquad (4-1)
$$

式中，r^* 为模型测算的最有效率值，x_{i0}、y_{r0}、u_{p0} 分别为 DMU_0 的投入、期望产出和非期望产出；s_i^-、s_r^+、s_p^{u-} 分别为投入松弛、期望产出松弛和非期望产出松弛；w_i^-、w_r^+、w_p^{u-} 为各项投入指标、期望产出和非期望产出的权重；θ 是径向条件下的效率值，可以通过计算得到；ε 是 Super - EBM 模型中代表非径向部分重要程度的核心参数，其取值范围为 [0，1]。当 $\varepsilon = 0$ 时，EBM 模型相当于 CCR 模型；当 $\theta = \varepsilon = 0$ 时，EBM 模型转变为 SBM 模型。

（2）网络两阶段 Super - EBM 模型。在以不同投入产出框架下对城市投入产出效率进行对比后，本书尝试打开城市投入产出过程的"黑箱"，参考韩洁平等（2019）的研究，构建网络两阶段 Super - EBM 模型，以经济社会效益产出为中间变量将包含非期望产出的城市投入产出过程分解为两个阶段，中间变量既是阶段 1 过程的产出，同时又是阶段 2 过程的投入，其中阶段 1 以资源消耗为投入，表现为实现经济社会投入效益产出活动过程的资源效率，阶段 2 以环境压力为非期望产出，表现为经济社会效益产出过程中形成环境压力的环境效率，测算得到网络两阶段综合效率以及两个子阶段的效率（见图 4 - 2）。

图4-2　网络两阶段 DEA 模型示意图

2. 时空分析方法

（1）Kernel 密度估计。由 Rosenblatt 和 Parzen 提出的一种非参数检验方法，主要被运用于空间非均衡分布的研究，通过连续的密度曲线描述变量的分布动态演进，进而反映其分布的位置、形态和延展性等（冯兴华等，2017）。本书使用高斯核密度函数对长江经济带投入产出效率进行估计，其分布位置反映城市投入产出的效率水平，波峰则反映效率极化的趋势（刘华军等，2020）。以 $f(x)$ 表示变量 x 的密度函数，则 x 的概率密度函数如式（4-2）所示，高斯 Kernel 密度估计的形式如式（4-3）所示。

$$f_n(x) = \frac{1}{nh}\sum_{i=1}^{n} K\left(\frac{X_i - x}{h}\right) \tag{4-2}$$

$$K(x) = \frac{1}{\sqrt{2\pi}}\exp\left(-\frac{x^2}{2}\right) \tag{4-3}$$

式中，$K(x)$ 为核函数，n 为观测值数量，x 为观测值的均值，h 为带宽表现核密度曲线的光滑程度和估计精度，带宽越大，曲线越光滑，估计精度越低；带宽越小，曲线越不光滑，估计精度越高。

（2）Dagum 基尼系数。可反映总体差异，并将总体差异 G 分解为区域内差异贡献 G_w、区域间差异贡献 G_{nb} 和超变密度贡献 G_t，本书利用该系数反映长江经济带城市投入产出效率的空间差异，并进一步分解讨论长江经济带上中下游地区内部差异、地区之间差异以及各地区交叉重叠对城市投入产出效率差异的贡献率大小，揭示长江经济带投入产出效率空间差异的主要来源，具体公式（刘华军和赵浩，2012）如下。

$$G = \frac{\sum_{j=1}^{l}\sum_{h=1}^{l}\sum_{i=1}^{n_j}\sum_{r=1}^{n_h}\left|y_{ji} - y_{hr}\right|}{2n^2\bar{y}} \tag{4-4}$$

$$G_w = \sum_{j=1}^{k} G_{jj}p_j s_j \tag{4-5}$$

$$G_{nb} = \sum_{j=2}^{l} \sum_{h=1}^{j-1} G_{jh}(p_j s_h + p_h s_j) D_{jh} \tag{4-6}$$

$$G_t = \sum_{j=2}^{l} \sum_{h=1}^{j-1} G_{jh}(p_j s_h + p_h s_j)(1 - D_{jh}) \tag{4-7}$$

式中，I 表示长江经济带总体划分的地区个数；n_j（n_h）表示 j（h）地区内的城市个数；y_{ji}（y_{hr}）表示 j（h）地区内任意城市的投入产出效率值；n 表示城市的个数；$\overline{y}$ 表示长江经济带城市投入产出效率的平均值；G_{jj} 表示 j 地区的基尼系数，$P_j = n_j/n$，$S_j = n_j \overline{Y}/n\overline{Y}$；$G_{jh}$ 表示 j 和 h 区域之间基尼系数；D_{jh} 表示 j、h 地区间投入产出效率的相对影响。

3. 面板 Tobit 模型

由于长江经济带城市投入产出效率范围均在 0 以上，若采用普通最小二乘法进行回归分析，参数估计结果将有偏且不一致。为进一步考察长江经济带城市投入产出效率的驱动因素，采用受限因变量面板 Tobit 模型进行回归分析，其具体模型如下：

$$Y = \begin{cases} Y_i^t = \beta_0 + \beta_j X_i^t + \varepsilon_i^t, & Y_i^t > 0 \\ 0, & Y_i^t \leqslant 0 \end{cases} \tag{4-8}$$

式中，Y_i^t 为因变量；X_i^t 为自变量；β_0 为常数项；β_j 为待估参数（$j = 1，2，\cdots$）；ε_i^t 为误差项。

（三）研究指标

1. 投入产出指标

考虑数据可得性，借鉴已有相关研究（杜宇等，2020），构建包含资源投入、经济产出和环境污染在内的投入产出框架。其中选取的投入指标包括城市固定资本存量、科学技术投入、劳动力、水资源、能源和土地。城市固定资本存量的计算参照单豪杰（2008）等的做法，采取永续存盘法进行计算，计算公式为：$K_{i,t} = (1 - \delta_{i,t}) K_{i,t-1} + I_{i,t}$、$K_0 = I_0 / (g_i + \delta)$，其中 $K_{i,t}$ 和 $K_{i,t-1}$ 是 i 城市在 t 年和 $t-1$ 年的资本存量，$I_{i,t}$ 是以不变价衡量

的 i 城市在 t 年全社会固定资产实际投资，$\delta_{i,t}$ 是 i 城市在 t 年的资本折旧率，本书取 10.96%，K_0 是基期资本存量，I_0 是基期全社会固定资产实际投资，g_i 为研究期内实际固定资产投资额的几何平均增长率。科学技术投入以财政支出中科学技术支出部分表征，劳动力投入以个体从业人员、城镇私营与单位从业人员的汇总数据表征，采用全社会供水量、全社会用电量和城市建设用地面积分别表征水资源、能源和土地资源投入。选取的产出指标包括期望和非期望产出，多数研究仅以地区生产总值表征期望产出包括地区生产总值，借鉴卢丽文等（2016）的研究成果，认为在关注经济效益的同时不应忽视社会效益，因此将财政收入和社会消费品零售总额纳入期望产出指标，非期望产出以工业二氧化硫、工业废水和工业烟尘排放量表征。以上投入产出指标中科学技术支出、地区生产总值和财政收入均以 2003 年为基期的 GDP 指数平减，全社会固定资产投资以 2003 年为基期的固定资产投资价格指数平减，社会消费品零售总额以 2003 年为基期的商品零售价格指数平减。

2. 影响因子指标

影响区域投入产出效率的因素很多，借鉴已有研究成果（陈明华等，2020；阎晓和涂建军，2021），选取以下几类影响因素：

（1）经济发展水平（PGDP）。以 2003 年为基期平减的各市人均 GDP 来衡量经济发展水平。

（2）产业结构（ST）。鉴于研究期内长江经济带第二产业在经济发展中处于相对主体地位，以第二产业增加值占 GDP 的比值表示。

（3）金融发展（FI）。以各市年末金融机构人民币各项存贷款余额占 GDP 的比值表示。

（4）财政投入（GO）。以各市财政支出占 GDP 的比值表示。

（5）对外开放（OP）。以各市实际使用外资额占 GDP 的比值表示。

（6）创新能力（IN）。以爬虫技术获取的各市专利授权量表示，考虑创新影响的滞后性，滞后两期加入回归模型。

（四）数据来源

为保证面板数据的平衡性，剔除研究期内出现行政区划变动的巢湖、铜仁和毕节3市，最终选择长江经济带108个地级以上城市为研究对象，选取数据跨度为2003~2018年，包括上游川渝黔滇31市、中游湘鄂赣36市和下游沪苏浙皖41市，数据主要来自历年《中国城市统计年鉴》、《中国城市建设统计年鉴》以及各省统计年鉴，部分地级市GDP平减指数、人均GDP平减指数、固定资产投资价格指数及商品零售价格指数缺失严重，以各省区市相关指数替代，部分缺失值通过插值法和几何增长率法等进行合理补全。

二、长江经济带城市投入产出效率空间格局

（一）城市资源效率与环境效率的时空格局及其空间差异

1. 城市资源效率和环境效率的基本格局

基于传统和非期望模型，对长江经济带城市经济与生态效率水平的基本格局及其动态演进特征进行分析后，不难看出加入环境压力对原有城市投入产出效率水平存在一定的影响，为进一步分析经济效益和环境压力作为投入产出框架中不同阶段产出的具体效率表现，利用网络两阶段Super-EBM模型，将城市投入产出系统划分为两个阶段，同时测算得到资源效率和环境效率，以进一步分析城市投入产出过程中的效率短板（见图4-3）。

总体上看，长江经济带城市资源效率和环境效率水平分别介于0.774~0.900和0.560~0.695，资源效率总体及各区域变动情况与经济效率变动相近因此不再赘述，主要考量环境效率水平的表现特征。长江经济带城市

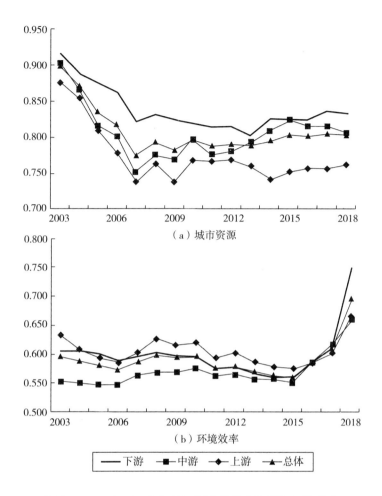

（a）城市资源

（b）环境效率

下游　中游　上游　总体

图4－3　2003～2018年长江经济带城市资源与环境效率

环境效率总体水平不高，且呈现一定的效率水平趋同现象，其总体变动可分为两个阶段：2003～2015年，总体呈现微弱波动下降趋势，这一阶段长江经济带整体环境效率水平处于较低水平，主要是长期以来经济发展过度重视直接经济效益，而对生态环境的保护不足；2015年后环境效率出现较大幅度的快速上升，随着长江经济带逐步实施"共抓大保护、不搞大开发"的战略定位和发展方向，有效推动了长江经济带环境效率的提升。分区域来看，各区域环境效率总体水平差距不大，上游地区较高，下游地区次之，中游地区则相对较低，上游地区有着较好的生态环境基础，且工业化水平整体不高，经济活动对环境的影响较小，中游地区工业化程度较高，且长期以重工业化发展作为主要发展方式，工业发展对环境的压力相对较大，因此其环境效率相对较低，下游地区第二产业占经济总体比重不断下降，同时新型工业化发展迅速，工业生产过程产生的环境压力相对中游地区较小。

2. 城市资源效率和环境效率的空间差异及其来源

利用 Dagum 基尼系数及其分解进一步揭示长江经济带资源与环境效率的空间差异及其差异来源（见图 4-4）。长江经济带城市资源效率基尼系数大致呈初期快速上升—中期缓慢下降—末期短暂上升的三个阶段变化态势。从全域来看，研究初期伴随资源效率的快速下降，城市之间的效率差异不断扩大，基尼系数呈现快速上升态势，资源效率基尼系数从 2003 年的 0.076 增长至 2008 年的 0.111，随着资源效率进入缓慢上升阶段，基尼系数呈微弱波动下降的趋势，2008～2015 年城市资源效率基尼系数年均下降 1.86%，这说明在该时间段内长江经济带城市之间经济协同发展取得了一定的成效。但在研究期末，效率差异出现了显著的增长，这主要是随着生态文明战略的持续推进，地区之间产业结构处于重整阶段，打破了区域之间原有的经济发展平衡；同时，长江经济带城市环境效率基尼系数变动趋势与其效率变动趋势相近，2015 年前基尼系数处于较低水平，且呈微弱波动下降的趋势，年均下降 4.44%，2015 年后随着部分城市深入推进实施生态文明战略，伴随环境效率的迅速提升，城市间的效率差异反而出现扩大，说明环境效率的提升并不全面，仍需要持续推进。

分地区来看，各区域城市资源与环境效率的区域内差异变化与总体趋势相近，但上、中、下游不同区域内差异仍较为明显。从资源效率来看，上游地区城市之间差异大于中下游地区，上游地区城市经济基础和资源禀赋差异显著，不同城市之间的资源效率水平差异较大。2003～2010 年，中游地区城市之间的差异大于下游地区，但 2011 年后下游地区的差异反而大于中游地区。从环境效率来看，上游地区尽管整体环境效率较高，但城

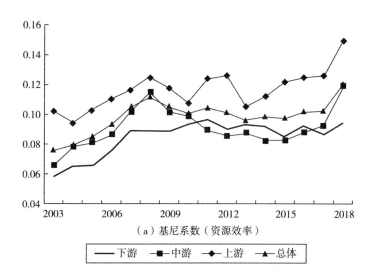

（a）基尼系数（资源效率）

下游　中游　上游　总体

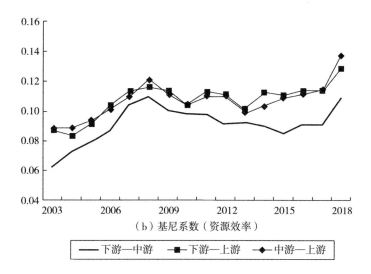

（b）基尼系数（资源效率）

下游—中游　下游—上游　中游—上游

图 4 - 4　2003～2018 年长江经济带城市资源与环境效率空间差异

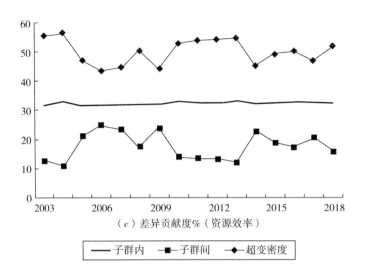

（c）差异贡献度%（资源效率）

子群内 ——■—— 子群间 ——◆—— 超变密度

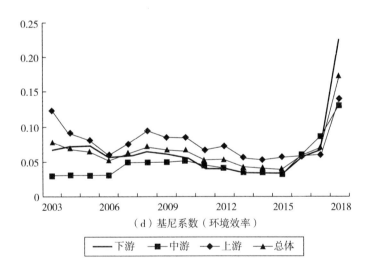

（d）基尼系数（环境效率）

下游 ——■—— 中游 ——◆—— 上游 ——▲—— 总体

图4-4 2003~2018年长江经济带城市资源与环境效率空间差异（续图）

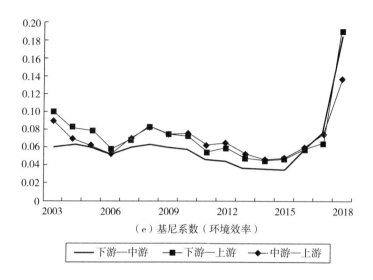

（e）基尼系数（环境效率）

下游—中游　下游—上游　中游—上游

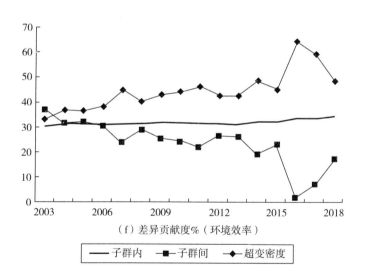

（f）差异贡献度%（环境效率）

子群内　子群间　超变密度

图 4－4　2003~2018 年长江经济带城市资源与环境效率空间差异（续图）

市之间差异同样高于中下游地区，主要是部分资源型工业城市环境效率不佳，下游地区次之，中游地区最小。资源与环境效率区域间差异变动均与总体差异相近，下游与中游的资源与环境效率地区之间差异较小，中游与上游、下游与上游差异相对较大。

从效率差异的贡献来源看，资源与环境效率差异的主要来源均为超变密度，这表明城市发展中存在的交叉重叠问题是造成效率差异的主要原因，其中资源效率尤为显著，达50%左右。资源与环境效率区域内差异贡献均在30%左右，保持长期稳定且略大于区域之间差异。资源效率超变密度和区域间差异贡献总体上存在一定的波动但总体变动不大，环境效率超变密度贡献波动上升，区域之间差异贡献则波动下降。

（二）城市经济效率和生态效率的时空格局及其演变

1. 城市经济效率和生态效率的基本格局

基于MaxDEA 8 Ultra平台，分别采用全局参比的传统和非期望Super - EBM模型测度长江经济带108个城市的经济与生态效率（见图4-5）。总体上看，长江经济带经济效率与生态效率水平分别介于0.753~0.884和0.772~0.897，均呈先降后升的U形变化趋势，总体效率水平在总体上均有一定下降。2003年，长江经济带经济与生态效率均快速下降，以要素集聚为主要驱动手段的发展模式难以为继，资源利用率快速下降，伴随成本上升、资源浪费与环境恶化，经济效率在2007年达到最低点，随后表现为较为稳定的逐步上升态势，生态效率则持续波动下降并于2013年达到最低点，随后逐渐上升，且上升态势较同期经济效率更为明显。分区域看，各区域总体效率变动与总体相近，下游地区城市经济与生态效率水平均大幅领先中上游地区。下游地区以良好的经济基础为依托，其经济发展方式与资源配置能力均有利于其实现较高效率水平的经济发展，同时作为我国实施创新驱动发展和生态文明建设的核心地区，其生态效率相对较高；研究初期中游地区经济效率水平一直略高于上游地区，作为承接下游地区产业转移的主要区域，2011年后中游地区经济效率快速上升，并迅速拉开了与上游地区的效率差距，但在2015年后随着产业结构深入调整出现了一定程度的效率下降，同时中游地区生态效率长时间处于较低水平，2012年后伴随经济效率的大幅提升以及生态文明战略的深入实施实现有效改善；上游地区经济效率相对较低且长期未能有效提升，这主要是区位条件和资源禀赋决定的，但依托良好的生态环境基础，在 2014 年后实现了生态效率的提升。

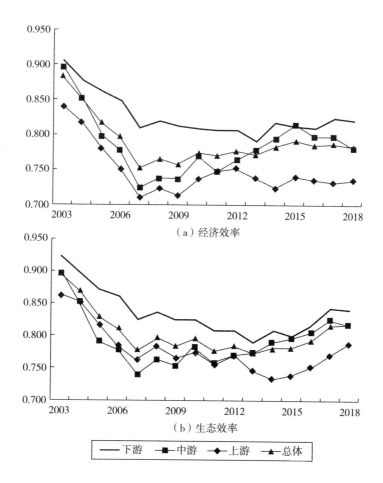

（a）经济效率

（b）生态效率

> 下游 ■中游 ◆上游 ▲总体

图 4 - 5　2003～2018 年长江经济带城市经济与生态效率

2. 城市经济效率和生态效率的动态演进特征

为进一步探索长江经济带城市经济与生态效率的时间变动特征及其差异，运用 Stata16.0 软件，采用高斯 Kernel 密度函数对 2003 年、2008 年、

2013 年和 2018 年长江经济带城市经济与生态效率进行估计，并生成核密度曲线（见图 4-6），以反映区域城市经济与生态效率的总体演进特征。总体来看，在 4 个时间截面上长江经济带城市经济与生态效率的核密度曲线大致相似，主要呈现"单峰"和"双峰"两种分布形态交替演变趋势。2003 年总体效率处于较高水平，经济与生态效率均在效率值 1.0 左右出现极高的单峰状分布，伴随效率水平的迅速下降，至 2008 年均呈较明显的 M

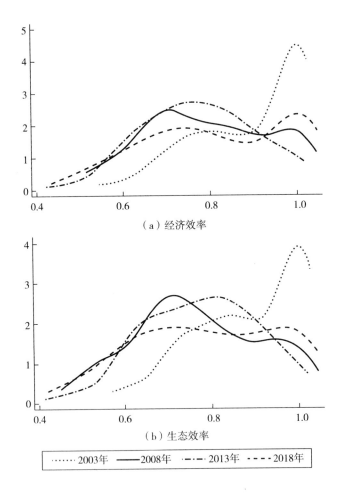

（a）经济效率

（b）生态效率

········ 2003年 ——— 2008年 —·—·— 2013年 ----- 2018年

图 4-6 长江经济带城市经济与生态效率动态演进

形双峰分布，主峰均位于效率值 0.7 左右，副峰则位于 1.0 左右，随着效率分化逐渐消弭，2013 年均在效率值 0.8 左右出现较宽的单峰分布，随着效率水平的逐渐提高，2018 年再次呈现与 2008 年相似的 M 形双峰分布，但主峰位于 1.0 左右，副峰则位于 0.7 左右，值得注意的是，经济与生态效率在 2003 年、2008 年和 2018 年均在效率 1.0 左右存在峰状分布，但生态效率峰高均相对较低，说明环境压力对城市投入产出效率的高值区存在一定的"削峰"效应，即生态效率水平相对较高的城市数量相对经济效率较少。

3. 环境要素制约下的城市投入产出效率变动

由上文可知，环境压力对区域投入产出效率的总体评价结果产生了一定的影响，在总体分析的基础上，从城市个体角度对效率差异进行分析，以进一步反映加入环境压力对不同城市效率水平的影响。由于不同效率模型效率值具有不可比性，因此分别对城市经济与生态效率的效率值进行排名，对比发现加入环境压力对不同城市效率水平存在一定的影响，表现出一定的区域性差异且与城市自身特点密切相关。经计算，研究期内环境压力的加入使长江经济带各城市排名平均变动 7.296 个位次，上、中、下游城市排名平均变动数分别为 9.649 个、6.628 个和 6.103 个，且总体上上游地区表现为效率水平上升（排名上升 3.044 个），中下游分别表现为不同程度的效率水平下降（排名分别下降 1.340 个和 1.125 个），说明上游地区环境效益相对较好，实现了效率水平的相对提升，中下游则环境效益相对较差，中游地区尤为明显。

总体上经济与生态效率值较高（低）的城市相对集中，且经济效率较高（低）的城市生态效率也往往较高（低），出现"双高"和"双低"的同步现象，说明环境约束对部分城市投入产出效率水平的影响较小，另以全局空间自相关发现研究期内城市经济与生态效率 Moran's I 指数均为正且绝大部分年份通过显著性检验，这说明总体上城市效率确实存在较强的空间集聚效应，"双高"城市相对集中于下游地区，如上海、台州、金华、温州、常德、无锡等市，"双低"城市多集中于中上游地区，如六盘水、贵阳、攀枝花、淮北、广元、九江、景德镇等市，中上游地区仅长沙、资阳两市经济与生态效率较高，且纵观研究期内经济与生态效率高值区与低值区相对恒定，"马太效应"特征显著，说明城市经济与生态效率与城市自身的资源禀赋、发展模式和经济区位等有很大关联，城市间的相对效率水平差异往往较难改变。例如，长三角地区有着良好的区位条件和先发优势，在经济活动中占据先导地位，能够实现经济发展的高效运行，同时又能够凭借经济优势发展高新技术带动传统工业转型实施转型发展，使经济活动对环境的影响大幅度减小；而上游地区部分城市，如攀枝花、六盘水等市，作为我国钢铁、煤炭工业基地，长期受制于"资源陷阱"，城市产业转型困难且生产效率较低，加之严重的工业污染，导致其经济与生态效率均处于较低水平。另外，部分城市在考虑环境压力后效率排名出现显著上升，如丽江、遵义、张家界、雅安、遂宁等市，而该类型城市多为上游地区城市，说明上游地区部分城市尽管经济发展效率水平不高，但同时经济发展对环境压力较小，城市生态效率水平反而相对较高；但同时也出现乐山、重庆、抚州、黄石等中上游城市经济效率不高，生态效率水平更低的情况，出现了低经济效率向生态效率恶性传导的发展效应。

三、城市投入产出效率影响因素的实证研究

（一）回归模型构建与实证结果

在考虑环境压力的前提下，已有研究多以单一效率进行驱动要素研究，忽略了投入产出过程中的系统"黑箱问题"，无法对系统内部的运作过程加以区分对待，使相关研究的要素估计存在一定的不足。为进一步探索城市投入产出效率的驱动因素，选择面板 Tobit 回归模型对长江经济带

全域及上、中、下游资源与环境效率的影响因素进行分析。在进行回归之前，为保证数据的平稳性以削弱异方差对估计结果的影响，对人均 GDP 和专利授权量做对数化处理，同时对各检验模型进行共线性检验，各模型变量均通过方差膨胀因子法检验，VIF 均值均小于 4，各变量 VIF 值均不大于 5，能够进行面板 Tobit 模型分析。基于 Tobit 回归模型和各项指标，建立以下回归模型：

$$EFF_i^t = \alpha_0 + \alpha_1 \ln PGDP_i^t + \alpha_2 ST_i^t + \alpha_3 FI_i^t + \alpha_4 GO_i^t + \alpha_5 OP_i^t + \alpha_6 \ln IN_i^t + \chi_i^t$$

$$(4-9)$$

$$ENEFF_i^t = \beta_0 + \beta_1 \ln PGDP_i^t + \beta_2 ST_i^t + \beta_3 FI_i^t + \beta_4 GO_i^t + \beta_5 OP_i^t + \beta_6 \ln IN_i^t + \varepsilon_i^t$$

$$(4-10)$$

式中，EFF、$ENEFF$ 分别为网络两阶段 DEA 模型测算得到的城市资源效率和环境效率测度值；i 表示地区；t 表示年份；α_0 和 β_0 为常数项，α_1、…、α_6 和 β_1、…、β_6 为各自变量的待估参数；χ_i^t 和 ε_i^t 为误差项。

应用 Stata16.0 软件进行模型回归（见表 4-1），根据各回归模型沃尔德卡方检验（Wald chi^2）及其 P 值（Prob > chi^2）、对数似然值（Log likeihood）可知，基于长江经济带全域及其上、中、下游城市样本的各回归模型总体上均显著。

表 4-1　长江经济带城市资源效率与环境效率面板回归结果

变量	上游		中游		下游		全域	
	EFF	*ENEFF*	*EFF*	*ENEFF*	*EFF*	*ENEFF*	*EFF*	*ENEFF*
lnPGDP	0.042	0.0041	-0.049**	0.076***	0.097***	0.055**	0.077***	0.053***
	(1.37)	(0.18)	(-2.46)	(5.08)	(8.74)	(2.41)	(8.11)	(4.58)
ST	-0.390***	-0.066	-0.322***	-0.326***	-0.667***	-0.665***	-0.504***	-0.321***
	(-3.65)	(-0.82)	(-4.42)	(-5.97)	(-10.68)	(-5.16)	(-11.76)	(-6.19)
FI	-0.051***	0.019**	0.011	0.033***	-0.001	0.032**	-0.020***	0.025***
	(-4.72)	(2.37)	(0.99)	(3.78)	(-0.20)	(2.37)	(-4.34)	(4.31)
GO	-0.297***	0.020	-1.174***	0.141*	-0.388***	0.018	-0.370***	0.0932*
	(-3.93)	(0.36)	(-10.68)	(1.72)	(-6.31)	(0.14)	(-8.69)	(1.81)

变量	上游		中游		下游		全域	
	EFF	ENEFF	EFF	ENEFF	EFF	ENEFF	EFF	ENEFF
OP	−0.673 (−0.85)	−0.944 (−1.59)	−2.084*** (−6.72)	−0.597** (−2.57)	0.283 (1.46)	0.305 (0.76)	−0.680*** (−4.14)	−0.567*** (−2.85)
lnIN	0.017*** (2.77)	−0.004 (−0.87)	0.040*** (6.53)	−0.003 (−0.78)	0.001 (0.42)	−0.003 (−0.59)	0.009*** (3.67)	−0.004 (−1.29)
_cons	0.680*** (2.99)	0.579*** (3.39)	1.397*** (9.05)	−0.018 (−0.16)	0.271*** (3.24)	0.330* (1.91)	0.398*** (5.53)	0.225*** (2.58)
N	496	496	576	576	656	656	1728	1728
Wald chi^2 (6)	61.18	14.36	192.61	100.43	288.12	62.78	389.66	128.05
Prod > chi^2	0.0000	0.0259	0.0000	0.0000	0.0000	0.0000	0.0000	0.0000
Log likeihood	219.329	360.536	433.501	600.899	556.534	81.0780	1084.787	757.215

注: *、**、***分别表示在10%、5%、1%水平上显著,括号内为t值。

(二) 回归结果分析

总体来看,经济发展对城市资源和环境效率的提升均具有显著支撑作用,说明经济发展水平的提高能有效提升资源和环境效率,且从系数看对资源效率的提升尤为显著,经济发展提高了人们对物质需求和环境质量的期望,推动资源优化配置和社会生产效率提升,并对低碳行为、环境规制和企业污染排放提出了更高的要求,从而提高了环境效率。同时创新能力的增强对资源效率的提升较为显著,但创新能力提高并未实现对环境效率的有效支撑,创新能够减少经济活动对各项资源的需求,提高资源生产率,但由于研发成本的存在,创新产出可能多以提高生产力为导向,而非绿色环保技术的开发,使生产规模扩大的同时污染排放也相应增加;产业结构、对外开放对城市资源和环境效率的提升均存在显著负面效应,在较长时间内长江经济带经济发展以第二产业为主导,同时工业领域尤其是传统工业成为国际低端外资的主要目的地，尽管这对经济发展总体有利且推动经济实现了较快发展，但"高投入、高能耗、高污染"的发展形式不仅效率低下，且对生态环境保护形成了巨大压力；而金融发展和财政投入对资源效率的提升呈现显著负面影响，原因在于金融体系发展现状与金融规模的迅速扩大不适应，反因降低了市场的必要流动性而形成了一定的负面效应，同时资本的逐利行为往往导致资金局部过度集中，且部分企业的过度融资行为同样造成了资源浪费，同时政府财政对市场过度干预影响了市场经济环境下的合理资源调配，造成了较为严重的资源分配失衡。但金融发展和财政投入对环境效率的提升较为显著，金融发展有助于拓宽企业资金获得的渠道，有助于企业实现产业转型，尤其是绿色金融规模的不断扩大，有效降低了企业生产对环境的压力，而在生态文明建设的背景下，政府财政直接参与生态保护工作，实施更为严格的企业排污监管和更为有效的环境治理，以及政府主导下的地方产业战略转型，在一定程度上推动了区域环境效率的提升。

分区域来看，不同驱动因子对各区域资源效率、环境效率的影响具有显著异质性。①伴随经济水平的提高，仅下游地区资源与环境效率有显著提升，表现出良好的发展效应，而中游地区环境效率提升的同时资源效率反而出现显著下降，可能是由于中游地区为实现环境压力的减负，在一定程度上牺牲了自身发展效益。②第二产业作为资源消耗和环境压力的主要来源，对各区域效率提升均存在一定的负面效应，仅对上游地区环境效率不显著，概因其产业发展相对滞后，包括重化工和建筑业等在内的污染性工业规模较小。③金融发展对各区域环境效率的提升均较为显著，金融规模的扩大推动经济转型发展，尤其绿色金融规模的不断扩大，促进了资源节约型和环境友好型产业的发展，但金融发展对资源效率的支撑不足，在上游地区更是表现为显著负面效应，上游地区较差的经济环境和产业基础使得企业较难盈利，加之资本的逐利性，金融发展反而导致本地资本过度流失，对地区产业发展产生不利影响。④政府财政的干预活动仍对资源效率提升存在普遍的负面影响，政府财政的使用多以地方战略为导向，容易出现过度使用和重复建设现象，导致整体效率下降，且政府财政对各区域环境效率的支撑不明显，在中游地区存在一定的推动作用，说明政府对环境保护的直接介入对中游地区的环境效益改善有较显著作用。⑤外资流入仅对中游地区的效率水平产生负面影响，一方面上游地区的外资规模较小，其流入对区域效率影响不大，另一方面下游地区效率水平较高，区域资金充足且来源多样化，尽管外资引入规模较大，但对区域整体的影响较小，同时中游地区引进外资的目的地以工业化为主，加之长期以来对外资监管缺位，导致不良外资的使用造成了地区效率的损失。⑥科技创新是第一生产力，在中上游地区有效推动了资源效率的提升，说明科技发展有效提升了资源生产率，但对下游地区资源效率却并未表现出科技创新的应有正向作用，可能的原因是尽管下游地区科技水平相对较高，但科技发展形成的低成本效应导致资本、人才、资源的过度集中，反而不利于整体资源效率提升，同时科技发展对各区域环境效率优化均未形成有力支撑，科技对环境保护支撑不足的现象普遍存在。

（三）稳健性检验

为确保上述分析具有较强可靠性，需对模型进行稳健性检验。考虑到现有研究更多以传统和非期望效率模型的效率结果进行影响因素分析，为进一步验证研究结果的稳定性，将现有因变量替换为经济效率（econo）和生态效率（ecolo）进行重新回归（见表4-2），若回归结果能以资源效率与环境效率的回归结果解释，则上述分析的可信度较高。结果显示，长江经济带全域及上中下游回归结果中，经济效率与环境效率基本一致，而生态效率也能够通过对资源效率和环境效率回归结果的叠加效应进行解释，且不难看出生态效率回归结果以资源效率为主导，较难反映城市环境压力形成效率的外部驱动特征，进一步验证了打开系统"黑箱"，对不同阶段效率作分别探讨的必要性。

表4-2 长江经济带城市经济效率和生态效率面板回归结果

变量	上游		中游		下游		全域	
	econo	ecolo	econo	ecolo	econo	ecolo	econo	ecolo
ln$PGDP$	0.033	0.029	-0.053***	-0.031	0.105***	0.096***	0.078***	0.079***
	(1.14)	(1.01)	(-2.65)	(-1.53)	(9.45)	(8.24)	(8.39)	(8.46)
ST	-0.397***	-0.476***	-0.283***	-0.456***	-0.637***	-0.726***	-0.489***	-0.591***
	(-43.70)	(-4.79)	(-3.83)	(-6.26)	(-10.19)	(-11.10)	(-11.63)	(-14.02)
FI	-0.051***	0.040**	0.011	0.033***	-0.001	0.032**	-0.020***	0.025***
	(-4.90)	(-3.95)	(0.96)	(1.09)	(-0.99)	(-0.75)	(-4.64)	(-3.68)
GO	-0.2973***	-0.238***	-1.123***	-1.106***	-0.3885***	-0.454	-0.358***	-0.321***
	(-3.76)	(3.38)	(-10.16)	(-9.25)	(-6.26)	(-7.06)	(-8.57)	(-7.65)
OP	-0.274	-01.223*	-1.678***	-1.743**	0.276	0.304	-0.483***	-0.627***
	(-0.36)	(-1.67)	(-5.41)	(-5.62)	(1.43)	(1.50)	(-2.72)	(-3.88)
lnIN	0.021***	-0.015***	0.041***	-0.039***	0.002	-0.003	0.011***	-0.008***
	(3.54)	(2.71)	(6.73)	(6.39)	(0.67)	(-0.83)	(4.59)	(3.32)
_cons	0.697***	0.816***	1.3971***	1.248***	0.175***	0.318*	0.345***	0.408***
	(3.20)	(3.86)	(8.85)	(8.10)	(2.09)	(3.63)	(4.90)	(5.77)
N	496	496	576	576	656	656	1728	1728
Wald chi^2 (6)	63.61	53.49	168.73	189.98	302.86	285.69	431.73	393.72
Prod>chi^2	0.0000	0.0259	0.0000	0.0000	0.0000	0.0000	0.0000	0.0000
Log likeihood	239.996	254.431	430.884	433.996	556.482	525.962	1119.052	1113.809

注：*、**、***分别表示在10%、5%、1%水平上显著，括号内为t值。

四、本章小结

本章基于传统和非期望Super-EBM模型分别对2003～2018年长江经

济带城市经济与生态效率进行分析，随后基于网络两阶段 DEA 模型测算了城市资源与环境效率，并以回归模型讨论了影响城市投入产出效率的驱动因子，主要结论如下：

长江经济带全域及上、中、下游地区城市经济与生态效率水平均呈先降后升的 U 形变化趋势，上升趋势相对较弱，总体效率水平出现下降，总体上经济与生态效率存在"单峰"和"双峰"分布交替变动趋势，下游地区经济与生态效率水平高于中上游地区，空间上效率分布存在较强的集聚效应，"马太效应"显著。资源效率整体特征与经济效率相近，环境效率则表现为长期微弱波动下降—短期显著提升的趋势，资源效率基尼系数变化大致呈上升—下降—上升的三阶段变化趋势，环境效率差异变化则与效率变化趋同，总体差异显著提高，下游区域内效率分异最为显著，下游与上游的区域之间差异较大，总体差异主要来源为超变密度，其次为区域内差异。

考虑环境压力约束对长江经济带城市投入产出效率评价产生一定影响，对上游地区总体效率水平影响较为显著，上游地区影响较为明显，其城市生态效率水平较高于经济效率，中下游地区生态效率水平则较其经济效率水平相对较低，表明环境压力对不同地区的投入产出效率的影响不同，且对不同城市影响差异较大，部分城市效率水平受环境要素影响较小，但另有部分城市在考虑环境要素后出现了效率水平的较明显变动。

从驱动因子看，资源与环境效率受外部因素的驱动效应存在较大差异，经济发展和科技创新对区域总体投入产出效率存在显著正向驱动作用，产业结构、对外开放则对资源与环境效率均有显著的负面效应，金融发展和政府财政尽管对区域资源效率存在显著的负面效应，但在一定程度上推动了环境效率的提升，同时由于各地区经济产业基础等的不同，各外部因素在不同区域的驱动表现存在显著差异。

上述实证结果揭示了长江经济带城市经济与生态效率时空格局及其差异，反映了环境要素制约下对区域投入产出效率的影响，在讨论城市资源与环境效率时空差异特征的基础上，挖掘实现区域效率提升的关键驱动因素，为实现区域城市投入产出效率的有效提升提供重要参考：

第一，建立共识，深化合作，突破固有发展壁垒。首先，长江流域经济发展联系紧密，生态安全一损俱损，应依托生态文明战略导向，正确处理经济发展、生态保护与污染防治的关系，构建绿色发展为导向的考评体系，形成全流域"经济发展共商共建、生态安全联防共治"的长期共识。其次，针对区域效率壁垒不断扩大，"马太效应"持续存在的现象，应在经济建设和环境治理上突破各自为政的行政壁垒，加强顶层设计，建立健全区域经济发展一体化和生态环境跨区域治理的双重机制。再次，发挥中心城市的辐射带动作用，以上海、武汉等城市为核心，以成渝城市群、长江中游城市群、长三角城市群为增长极，以点带面，充分发挥经济与生态效率的空间溢出效应，着力提升区域整体效率水平，以推动长江经济带全域高效发展。最后，针对部分区域城市经济与生态效率水平严重失衡的现象，应着力打破当前发展桎梏，一方面摒弃部分城市不顾生态安全的发展模式，另一方面应当保护部分城市的经济发展权利，着力实现城市经济发展与生态效益并行不悖。

第二，绿色转型，创新发展，增强新型发展动能。首先，充分依托地区经济发展基础与生态环境现状，制定有差异的地区发展战略，下游地区应持续实施改善产业结构，推动现代服务业发展，推动区域发展平稳有序；中游地区工业产业布局相对密集，经济发展伴随资源效率的显著下降，生态环境保护尽管得到一定改善但矛盾依然尖锐，应着力实施产业转型，强化环境保护监督，提高产业管理水平；上游地区应在保护长江源地生态安全红线的前提下，依托良好的资源环境发展生态工农业、生态旅游产业等实现经济发展，扩大生态经济规模，并着力推动相关城市走出"资源陷阱"，推动实现更有效发展。其次，当前科技创新多以转化为生产率为导向，对环境效率的支撑有限，应当扩大对高新前沿科技、绿色创新成果的引进落地，下游地区作为创新驱动发展的中心地区，应当有效推动科技创新能力向环保科技等领域扩张，同时推动科技创新成果向中上游辐射，特别是中游地区，应当加强以科技引领高效发展，发挥科技对效率提升的积极作用。

第三，金融驱动，合理干预，构建绿色发展模式。首先，应加快以中央银行为主体、民间资本为补充的全流域金融体系建设，有效扩大绿色金融规模，发挥绿色金融活动的重要中介作用，畅通资金流通渠道，保障市场的充足流动性，降低企业融资成本，引导资金从高污染行业流向创新型、环保型的高技术行业，进一步扩大绿色金融的生态效益，并扭转金融发展造成的资源效率损失。其次，以政府主导的发展方式导致地区资源的严重倾斜，应当注重资源的合理配置和集约化利用，减少政府财政对市场的不合理干预，提高政府干预的有效性和合理性，避免政府干预下的过度投资与重复建设，同时政府应当在环保监管、节能减排等方面扮演更重要的角色，推动地区生态效益的提升。最后，应加强对低质量外资流入的管控，扩大对高质量外资的引进，特别是中游地区，外资作为经济建设和工业化发展的重要推动力，其引进尽管实现了一定的经济增长，但低质量外资消耗了大量资源并增加了环境压力，造成了显著的效率损失，应严格审核外资准入资格，有效监控外资流向，逐步消除低质量外资导致的负面效应。

第五章

长江经济带经济与环境协调发展的
时空格局及问题区域识别

　　长江经济带本质上为一个相对独立而又系统完整的流域,是解决经济社会发展与资源环境矛盾的理想空间单元(陆玉麒和董平,2017)。长期以来,长江经济带在中国发展全局中起到了重要支撑作用,20世纪80年代陆大道院士所提出的国土开发与经济布局T形构架成为指导国家区域长期发展的主要战略,目前长江经济带仅21%的国土面积集聚了全国超过四成的人口和经济总量(陆大道,2002;樊杰等,2015)。近年来,长江经济带的规划建设引起了国家层面的高度重视,2014年《关于依托黄金水道推动长江经济带发展的指导意见》的出台将长江经济带发展推向国家战略层面,2015年国务院政府工作报告将长江经济带定位为新时期的"三个支撑带"之一,成为当前中国最高层级的发展战略。与此同时,尽管长江经济带在长时期以来实现了高于全国平均水平的经济高速增长,但不可忽视的是,过度依赖能源重化工等产业的传统发展模式使得长江经济带累积了相当严重的生态环境问题(陆大道,2018)。因此,习近平总书记对长江经济带提出要实施"共抓大保护、不搞大开发"的原则。在当前生态文明建设的背景下,如何将人类经济活动与生态环境纳入同一范畴,实现人地关系的和谐是可持续发展的永恒主题,也是学界和政界所高度关注的重大理论与实践问题。因此,借助科学合理的测度指标及方法,从系统耦合的视角研究长江经济带不同地域范畴经济发展和生态环境系统间的相互作用及其呈现的空间结构和区域问题,将对定量化评估长江经济带人地关系状况、实现区域协调可持续发展具有一定的指导价值。

一、研究数据与方法

（一）指标体系构建与指标权重计算

区域经济与环境均为复杂系统，其系统运行的好坏由多重因素所共同决定。因此，在遵循系统性、科学性及数据可获取性等原则的基础上，大量借鉴已有研究成果，分别构建区域经济与环境综合评价指标体系，以求展开准确评价。提升规模—完善结构—强化效率是区域经济发展过程中相互衔接、相互递进的有机统一体，共同成为区域经济系统运行状况的关键衡量指标。其中，提升规模是区域经济发展的前提与基础，而随着经济规模达到一定程度，区域社会主要矛盾和发展环境都将发生变化，此时要求更加注重提高经济发展的质量，在保障规模的前提下，完善经济结构、提升经济效率则成为区域经济发展的主要策略。因此，区域经济规模—结构—效率的框架能够反映区域经济由量变到质变过程的整体过程。根据刘艳军等的观点，区域环境水平的测度通常可从环境状态、环境压力以及环境响应3个方面构建评价指标，其中，环境状态代表了区域环境的承载力水平，环境压力代表了区域环境的消耗水平和污染排放程度，环境响应则代表了区域环境的治理水平（张荣天和焦华富，2015）。基于上述理论框架并借鉴已有研究成果，从系统层—子系统层—指标层构建长江经济带经济与环境的综合评价指标体系。需要说明的是，若忽略研究区域在行政区面积及人口方面的差异，将会导致研究结论存在偏差。因此，本书所选取的指标均为均量指标或相对指标。

在评价指标体系构建的基础上，进一步对区域经济与环境水平进行测度评价。为尽量减少权重确定过程中主观因素的干扰，采用熵值法对各项指标进行赋权，在此基础上通过加权求和法对区域经济与环境水平进行综合测度，指标选取及权重计算结果如表 5 - 1 所示。熵值法的计算步骤如下（王富喜等，2013）：

（1）原始数据标准化：

正向指标：

$$x'_{ij} = \frac{x_{ij} - \min(x_{ij})}{\max(x_{ij}) - \min(x_{ij})} \tag{5-1}$$

负向指标：

$$x'_{ij} = \frac{\max(x_{ij}) - x_{ij}}{\max(x_{ij}) - \min(x_{ij})} \tag{5-2}$$

式中，x_{ij} 为第 i 个样本、j 项指标的原始数值，x'_{ij} 为标准化后的指标值，$\max(x_{ij})$ 和 $\min(x_{ij})$ 分别为第 j 项指标的最大值和最小值。

（2）将各项指标同度量化，计算第 j 项指标下，第 i 城市占该指标比重（P_{ij}）：

$$P_{ij} = \frac{Z_{ij}}{\sum\limits_{i=1}^{n} Z_{ij}} \quad (i = 1, 2, \cdots, n; j = 1, 2, \cdots, m) \tag{5-3}$$

式中，n 为样本个数，m 为指标个数。

（3）计算第 j 项指标熵值（e_{ij}）：

$$e_{ij} = -k \sum_{i=1}^{n} P_{ij} \ln(p_{ij}) \quad k = \frac{1}{\ln(n)}, e_j \geqslant 0 \tag{5-4}$$

（4）计算第 j 项指标的变异系数（g_i）：

$$g_i = 1 - e_j \tag{5-5}$$

（5）对差异系数归一化，计算第 j 项指标的权重（w_j）：

$$w_j = \frac{g_j}{\sum\limits_{j=1}^{m} g_j} (j = 1, 2, \cdots, m) \tag{5-6}$$

（6）计算第 i 城市的经济与环境水平（F_i）：

$$F_i = \sum_{j=1}^{m} w_j p_{ij} \qquad\qquad (5-7)$$

表 5 - 1　区域经济与环境评价指标体系

系统层	子系统层	指标层	指标解释说明	权重
经济水平	经济规模	人均地区生产总值（正）	地区生产总值/年末总人口	0.0561
		人均第二产业产值（正）	第二产业产值/年末总人口	0.0635
		人均第三产业产值（正）	第三产业产值/年末总人口	0.0779
		人均工业企业数（正）	工业企业数/年末总人口	0.0852
		人均FDI（正）	当前实际利用外资总额/年末总人口	0.1517
	经济结构	第二产业比重（正）	第二产业产值/地区生产总值	0.0082
		第三产业比重（正）	第三产业产值/地区生产总值	0.0221
		FDI占社会投资比重（正）	实际利用外资总额/社会固定资产投资	0.0849
	经济效率	工业企业利润率（正）	企业利润总额/工业总产值	0.0253
		单位工业企业利润（正）	企业利润总额/企业数量	0.0546
		第二产业生产率（正）	第二产业产值/第二产业从业人口数	0.0296
		第三产业生产率（正）	第三产业产值/第三产业从业人口数	0.0456
环境水平	环境压力	单位GDP耗水量（负）	非生活用水量/地区生产总值	0.0003
		单位GDP耗电量（负）	非生活用电量/地区生产总值	0.0022
		单位GDP废水排放量（负）	废水排放量/地区生产总值	0.0007
		单位GDP二氧化硫产生量（负）	二氧化硫产生量/地区生产总值	0.0003
		单位GDP烟尘产生量（负）	烟尘产生量/地区生产总值	0.0028
	环境状态	人口密度（负）	年末总人口/行政区面积	0.0034
		建设用地占市辖区面积比重（负）	建设用地面积/市辖区面积	0.0043
		人均水资源量（正）	水资源总量/年末总人口	0.0906
		建成区绿化覆盖率（正）	建成区绿化面积/建成区面积	0.0056
		人均绿地面积（正）	绿地面积/年末总人口	0.1102

系统层	子系统层	指标层	指标解释说明	权重
环境水平	环境响应	工业二氧化硫去除率（正）	工业二氧化硫去除量/工业二氧化硫产生量	0.0400
		烟尘去除率（正）	烟尘去除量/烟尘产生量	0.0047
		工业固体废物综合利用率（正）	工业固体废物利用量/工业固体废物产生量	0.0073
		生活污水处理率（正）	生活污水处理量/生活污水产生量	0.0123
		生活垃圾无害化处理率（正）	生活垃圾无害化处理量/生活垃圾产生量	0.0106

（二）耦合协调度评价模型

耦合度模型用以度量系统内部序参量之间协同作用，是用来分析多个系统间相互作用与相互影响的常用模型（Valerie，1996）。其中，多个系统相互作用的耦合度模型为：

$$c_n = n \left[\frac{(u_1 \cdot u_2 \cdot \cdots \cdot u_n)}{\Pi(u_i + u_j)} \right]^{\frac{1}{n}} \qquad (5-8)$$

参考已有文献，引入区域经济与环境的耦合度评价模型，以此来计算和分析二者之间的交互耦合关系以及反映两个系统的整体功效和协同效应，其表达式为（陈昃，2014）：

$$c_{as} = \frac{2\sqrt{u_a \cdot u_s}}{(u_a + u_s)} \qquad (5-9)$$

式中，u_a 为区域经济水平指数，u_s 为区域环境水平指数；c_{as} 为耦合度，取值为 [0，1]，值越大表明耦合程度越高。

另外，尽管耦合度可体现两组指标之间的耦合发展情况，但难以判别一些特定差异，如区域经济和环境水平均处于较高水准或均处于较低水准都会带来较高的耦合度，而后者是与实际情况不符的伪评价结果。因此，根据通用做法，需要引入协调发展度的概念以反映区域经济与环境之间的真实协调发展水平，其表达式为：

$$d_{as} = \sqrt{c_{as} \cdot t_{as}} \qquad (5-10)$$

$$t_{as} = \alpha \cdot u_a + \beta \cdot u_s \qquad (5-11)$$

式中，d_{as} 为协调发展度；t_{as} 为区域经济与环境系统的综合水平指数；α 和 β 为待定系数（$\alpha + \beta = 1$），分别表示区域经济系统与环境系统对整体系统耦合协同作用的贡献系数。参照已有研究成果（李建新等，2018），同时考虑长江经济带经济发展已处在相对较高水平，而环境保护将成为未来的主要矛盾，因此在实际计算中将 α、β 分别赋值 0.4 和 0.6。

根据研究惯例，进一步根据区域经济与环境水平耦合协调度值 d_{as} 的大小，将协调发展度划分为 10 种基本类型，如表 5-2 所示。

表 5-2　区域经济与环境系统协调发展类型的判定标准

协调度值	$0.9 < d_{as} \leqslant 1$	$0.8 < d_{as} \leqslant 0.9$	$0.7 < d_{as} \leqslant 0.8$	$0.6 < d_{as} \leqslant 0.7$	$0.5 < d_{as} \leqslant 0.6$
所属类型	优质协调	良好协调	中级协调	初级协调	勉强协调
协调度值	$0.4 < d_{as} \leqslant 0.5$	$0.3 < d_{as} \leqslant 0.4$	$0.2 < d_{as} \leqslant 0.3$	$0.1 < d_{as} \leqslant 0.2$	$0 < d_{as} \leqslant 0.1$
所属类型	濒临失调	轻度失调	中度失调	严重失调	极度失调

（三）数据来源

以长江经济带为研究对象，在综合考虑行政区划完整性以及数据连贯性的前提下，将地级及以上城市作为基本研究单元，研究时间跨度为 2007～2016 年，选取的时间节点为 2007 年、2011 年以及 2016 年。由于多数民族自治州以及个别地级城市的数据缺失严重，因此对其予以剔除处理。另外，考虑研究期间行政区划调整因素，以 2011 年长江经济带行政区划方案为基准，对剩余年份的地级行政单元进行了修正，各年度纳入研究的空间单元数均为 110 个。研究所采用的数据主要源于历年《中国城市统计年鉴》、《中国环境统计年鉴》以及各相关省份统计年鉴，部分缺失数据通过各相关省区市的水资源公报、国民经济和社会发展统计公报以及前瞻网数据库等进行补充，个别仍有缺失的数据则通过相邻年份进行差值补齐。

二、长江经济带区域经济及环境水平的时空特征

（一）长江经济带经济水平的时空特征

基于上述经济规模—结构—效率的研究框架，结合熵值法的计算结果，通过 ArcGIS 软件对长江经济带经济水平指数进行空间可视化表达，并在 SPSS 软件中采用系统聚类方法将其划分为 5 个等级（见图 5 - 1）。结果表明，2007～2016 年长江经济带经济水平在数据可比情形下呈现快速提升态势，3 个研究年份各研究区域经济水平指数 u_a 的均值分别为 8.50、12.00、15.97，在 10 年内几乎实现了翻倍增长，也客观验证了将其作为中国经济发展主支撑带的合理性。

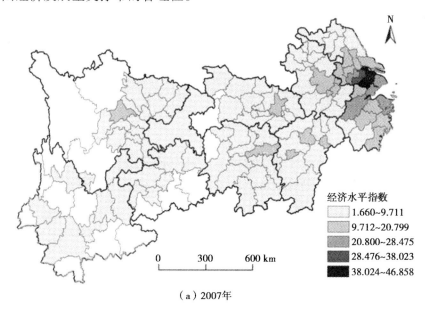

经济水平指数
☐ 1.660~9.711
░ 9.712~20.799
▒ 20.800~28.475
▓ 28.476~38.023
■ 38.024~46.858

（a）2007年

图 5 - 1　2007～2016 年长江经济带经济水平空间分布

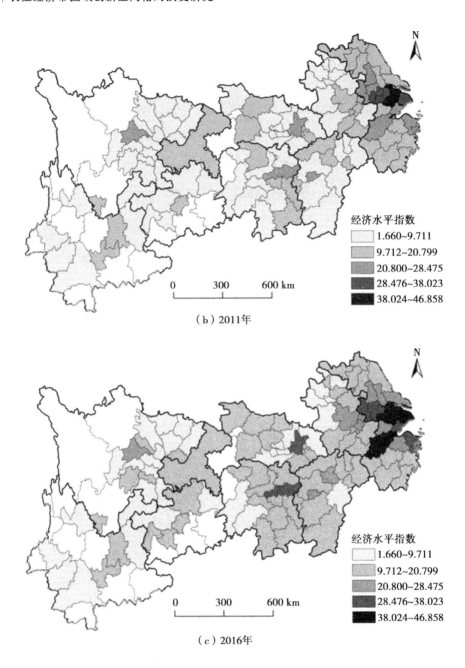

（b）2011年

（c）2016年

图 5-1 2007~2016 年长江经济带经济水平空间分布（续图）

由于发展基础、区位条件、政策导向、自然条件等方面差异的综合影响，长江经济带经济水平在区域内部同时存在显著的不均衡特征，突出体现在流域东、中、西部地区之间呈显著的梯度降低格局，3 个研究年份东部地区经济水平指数 u_a 均值最高，分别达到 16.71、21.15、26.38，中部地区次之，分别为 6.91、10.13、14.38，西部地区最低，分别仅为 4.45、7.59、10.11。结合空间分布图可以发现，高水平区域主要在流域下游的长三角核心区呈现集聚分布态势，尤其沪宁杭地区为整个长江经济带经济水平的极核地区，中西部各省会地区的经济水平相对较高，处于长江经济带经济水平的第二梯队，而除新余等个别区域外，其余地级单元的经济水平则总体相对滞后。再通过对 3 个研究年份的空间分布图进行对比可以发现，各研究区域经济水平呈现出明显的"继承"性特征，即既有格局基本都是建立在上一时段格局的基础上，区域经济水平难以实现跨等级的跃升，这也反映出区域经济增长固有的路径依赖特性。另外，进一步通过考察标准差指数和变异系数来分析长江经济带各研究区经济水平的差异演变情况。结果表明，3 个研究年份各区域经济水平之间的标准差指数分别为 6.67、7.68、9.18，表明高值区域与低值区域之间经济水平的绝对差距仍在不断扩大，变异系数则相对较小，分别为 0.78、0.64、0.57，表明经济水平滞后区域拥有相对更快的增长速度，使得区域之间经济水平的相对差异不断缩小。

综合上述分析，长江经济带经济水平持续快速提升，但"东高西低"的格局十分稳固，区域间所形成的路径依赖特性显著。

（二）长江经济带环境水平的时空特征

同样，基于上述环境"压力—状态—响应"的研究框架，结合熵值法的计算结果，通过 ArcGIS 软件对长江经济带环境水平指数进行空间可视化表达，并采用系统聚类方法将其划分为 5 个等级（见图 5 - 2）。结果表明，在数据可比情形下 3 个研究年份各研究区域环境水平指数 u_s 的均值分别为 7.52、7.60、9.47，与经济水平相比，2007~2016 年长江经济带环境水平明显相对较低，并且提升幅度较为缓慢，而这也客观验证了党中央坚持长江经济带"共抓大保护、不搞大开发"原则的必要性。

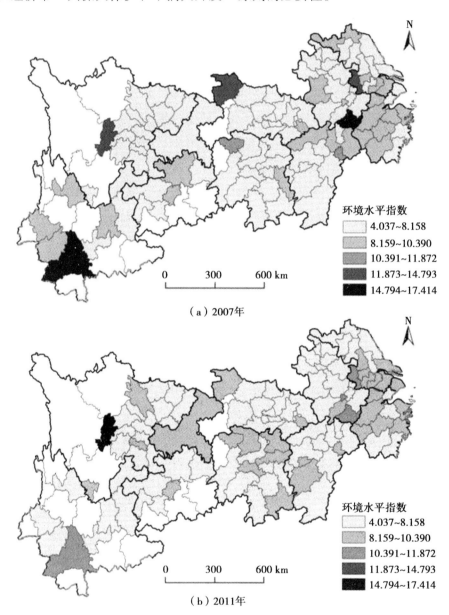

图 5 - 2　2007～2016 年长江经济带环境水平空间分布

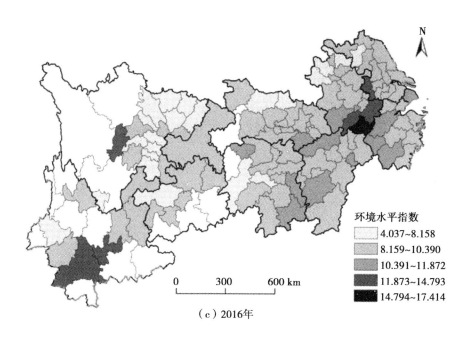

（c）2016年

图 5－2　2007～2016 年长江经济带环境水平空间分布（续图）

　　从时序变化来看，长江经济带环境水平指数 u_s 的提升幅度呈现出"先慢后快"的特征，其中，2007～2011 年仅提升了 0.08，究其原因，该阶段环境压力及环境响应得分分别上升了 0.01、0.81，但环境状态得分则大幅下降了 0.74，从而导致该阶段环境水平总体提升缓慢，这反映出该阶段长江经济带在经济快速发展的过程中忽略了环境保护及建设的重要性，导致城市公共绿地明显减少等环境问题的出现。2011～2016 年环境水平显著提升了 1.87，其中，环境压力、环境状态、环境响应水平分别提升了 0.02、0.56、1.29，表明随着经济水平的提升以及产业转型升级，长江经济带环境水平得到了较为均衡的提升，但与同期经济水平的提升幅度相比仍较为缓慢。与此同时，由于环境禀赋、环境污染、环境治理等方面差异的综合影响，导致长江经济带环境水平在区域内部同时存在显著的不均衡特征，但与经济水平呈现"高低集聚"态势有所不同的是，长江经济带环境水平在空间分布上未呈现明显的规律性特征，各类型区域的分布表现出相当的"随机"性。这主要是由于各区域难以实现环境压力—状态—响应之间的平衡，如长三角地区环境压力及环境响应指标相对较优，但有限的资源禀赋导致环境状态指标相对一般，而大部分中西部地区环境状态指标相对较好，但囿于产业结构及治理水平的差距导致环境压力及环境响应指标相对较差。进一步考察研究区域间环境水平的标准差指数和变异系数，结果显示，3个研究年份各区域环境水平之间的标准差指数分别为2.19、1.64、1.87，变异系数分别为0.29、0.22、0.20，验证了长江经济带各区域间环境水平的差距较经济水平差距明显更小这一结论，同时区域间环境水平的绝对差距呈先缩小再扩大并且总体缩小的趋势，而相对差距则不断缩小。

综合上述分析，长江经济带环境水平较经济水平明显滞后且提升具有阶段性和缓慢性特征，同时区域间呈现相对"随机"的分布模式。

三、长江经济带经济与环境协调发展的时空特征及问题区域识别

（一）经济与环境协调发展的总体态势

结合长江经济带各研究区域的经济及环境水平综合评价指数 u_a、u_s，采用耦合协调度评价模型计算各研究区域经济与环境水平的协调发展程度 d_{as}。结果表明，伴随经济及环境水平的共同提升，2007年以来长江经济带经济与环境之间的协调发展程度呈现稳步上升的态势，2007年、2011年、2016年的协调发展指数 d_{as} 分别为0.4468、0.4980、0.6023，由濒临失调阶段逐步进入初级协调阶段。总体上看，长江经济带区域经济与环境水平基本实现了自身系统的平稳发展，两者之间相互促进、相互作用的程度逐

步深化，尤其是伴随后期环境水平的较快提升，二者之间的协调发展程度在 2011 年呈现快速提升之势。但与此同时，由于环境水平长期滞后于经济水平，并且提升速度存在明显差别，因此，这种基数与速度之间的不平衡性将对经济与环境在后续进一步形成良性互动关系产生不利影响。

为深入分析各协调发展类型区的数量结构特征，对各研究年份的协调与失调区域进行初步分类统计（见表 5 - 3）。2007 年的整体协调发展水平 d_{as} 为 0.4468，各协调类型间的结构明显失衡，达到协调状态的区域仅有 21 个，占全部区域数量的 19.09%，有多达 89 个区域处于失调阶段，占全部区域数量的 80.91%。该阶段长江经济带经济水平指数 u_a 为 8.50、环境水平指数 u_s 为 7.52，两者均相对较小且差距不大，尚处在低水平均衡阶段，由此导致整个区域的协调发展水平 d_{as} 相对较低。2011 年的整体协调度发展水平较上一时段有小幅提升，为 0.4980，各协调类型之间的结构得到初步改善，达到协调状态的区域提升至 36 个，占全部区域数量的 32.73%，同时有 74 个区域仍处于失调阶段，占全部区域数量的 67.27%。该阶段长江经济带经济系统率先进入加速阶段，经济水平指数 u_a 较上一阶段大幅提升至 12.00，而环境水平指数 u_s 则提升缓慢，仅为 7.60，可见该阶段长江经济带各区域更多注重经济建设，尚未兼顾环境保护甚至重型化产业的快速扩张对环境本身带来巨大冲击，使得经济与环境间的耦合协调效应难以较好体现。2016 年的整体协调发展水平较上一时段有大幅提升，达到 0.6023，并且各协调类型间的结构进一步改善，达到协调状态的区域多达 76 个，占全部区域数量比重显著提升至 69.09%，有 34 个区域处于失调阶段，占全部区域数量的 30.91%，但所有失调区域的协调发展水平 d_{as} 均在 0.3 以上。该阶段长江经济带在经济持续快速提升的基础上环境水平也有明显改善，经济系统指数 u_a 较上一阶段大幅提升至 15.97，而环境系统指数 u_s 也快速提升至 9.47，可见随着生态文明建设的逐步深化以及产业结构的日渐转型，该阶段长江经济带各区域在注重经济建设的同时还在一定程度上兼顾了对于环境的保护，使得经济与环境之间的互动效应得到了较好体现。

表5-3 2007~2016年长江经济带经济与环境协调发展关系的分类统计

经济与环境水平耦合协调关系		协调度区间	2007年	2011年	2016年
协调类型	优质协调	[0.9，-1.0]	0	0	0
	良好协调	[0.8，-0.9]	0	0	2 (1.82%)
	中级协调	[0.7，-0.8]	1 (0.91%)	2 (1.82%)	11 (10.00%)
	初级协调	[0.6，-0.7]	6 (5.45%)	10 (9.09%)	31 (28.18%)
	勉强协调	[0.5，-0.6]	14 (12.73%)	24 (21.82%)	32 (29.09%)
	小计	[0.5，-1]	21 (19.09%)	36 (32.73%)	76 (69.09%)
失调类型	濒临失调	[0.4，-0.5]	24 (21.82%)	43 (39.09%)	27 (24.55%)
	轻度失衡	[0.3，-0.4]	36 (32.73%)	25 (22.73%)	7 (6.36%)
	中度失衡	[0.2，-0.3]	22 (20.00%)	5 (5.55%)	0
	严重失衡	[0.1，-0.2]	6 (5.45%)	0	0
	极度失衡	[0，-0.1]	1 (0.91%)	1 (0.91%)	0
	小计	[0，-0.5]	89 (80.91%)	74 (67.27)	34 (30.91%)

综合上述分析，尽管2011年以来长江经济带环境水平得到了加快提升，但仍不断滞后于经济水平，两者之间的差距仍在持续扩大。因此，未来长江经济带在保持经济稳步提升的同时，还需适当将重点转向生态环境建设，从而更好地实现两者之间的良性互动。

（二）经济与环境协调发展的空间格局

为深入分析长江经济带经济与环境协调发展的空间特征，根据各研究区域的协调发展水平 d_{as} 以及上述协调水平的分类标准，通过 ArcGIS 软件对计算结果进行空间可视化表达（见图5-3）。从图中可以看出，伴随经济与环境两大系统具有时空异质性的演化过程，2007~2016年长江经济带经济与环境协调发展的空间格局发生了较大变化，并且具有明显的空间差异性。

由于在长江经济带经济与环境两大系统的耦合协调过程中，经济系统较环境系统占据明显优势，因而协调发展格局与经济系统格局具有部分内

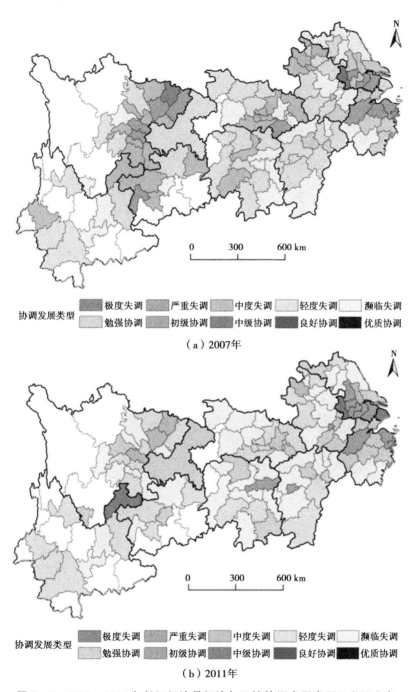

协调发展类型 | 极度失调 | 严重失调 | 中度失调 | 轻度失调 | 濒临失调 | 勉强协调 | 初级协调 | 中级协调 | 良好协调 | 优质协调

（a）2007年

协调发展类型 | 极度失调 | 严重失调 | 中度失调 | 轻度失调 | 濒临失调 | 勉强协调 | 初级协调 | 中级协调 | 良好协调 | 优质协调

（b）2011年

图5－3 2007～2016年长江经济带经济与环境协调发展类型区空间分布

115

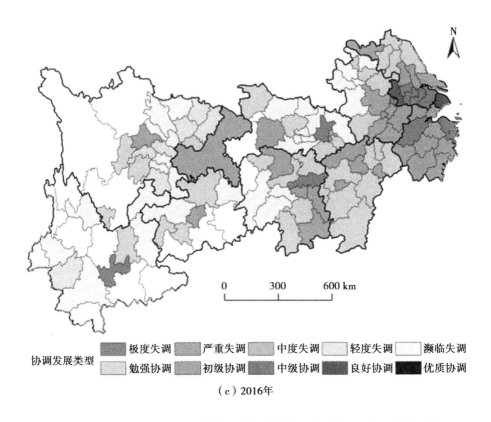

协调发展类型　■极度失调　■严重失调　■中度失调　□轻度失调　□濒临失调
　　　　　　　□勉强协调　■初级协调　■中级协调　■良好协调　■优质协调

（c）2016年

图5-3　2007～2016年长江经济带经济与环境协调发展类型区空间分布（续图）

在一致性，呈现"东部地区＞中部地区＞西部地区"的整体趋势。2007
年，长江经济带仅有19.09%的市域进入经济与环境的协调阶段，除南昌、
黄山、鹰潭、马鞍山、铜陵等少数中部城市外，其余进入协调阶段的区域
全部呈集聚态势分布在长三角地区。其中，南京的经济、环境水平分别达
到18.55、12.90，处在较高水平均衡状态，其协调发展水平 d_{as} 为全部区
域的最高值0.7102，宁波、无锡、苏州、镇江、杭州等城市的协调发展水
平 d_{as} 也在0.6以上。总体上看，该时段长三角地区为整个长江经济带的重
点战略区域，经济水平相对较优，产业结构更为合理，为环境治理和污染
控制提供了经济和技术支撑。相反，处于失调阶段的区域数量多、分布
广，协调发展水平较低区域主要集中分布在四川东部—贵州西部、湖北中

部—湖南中西部、安徽北部，这些区域多处于要素流失阶段，经济发展水平相对滞后，并且环境治理和污染控制能力较差。2011 年，长江经济带有 32.73% 的市域进入协调阶段，协调区域的分布范围有所扩展，但协调发展水平 d_{as} 大于 0.6 的区域仍主要分布在长三角地区，南京的协调发展水平 d_{as} 依然为最高的 0.7356，上海出现了跨等级提升，达到 0.7279，主要是得益于上海的环境水平在该阶段出现了质的提升，由 5.37 提升至 10.05。相对而言，该阶段中部地区协调发展水平的提升较为亮眼，进入协调状态的区域数量显著增加，这主要是由于中部地区为长江经济带的过渡地带，随着大量沿海地区产业的转入，中部地区领先于西部地区推进经济建设与环境治理，西部地区除成都、重庆等少数城市达到协调状态外，其余城市尚处于非协调状态。2016 年，伴随经济的快速发展和生态文明建设的推进，整个长江经济带的协调发展格局得到了整体优化，多达 76 个市域进入协调阶段，协调区域的分布范围遍布整个流域。其中，长三角地区依然为极核地区，南京和上海的协调发展水平 d_{as} 分别达到 0.8506、0.8285，率先进入良好协调阶段，杭州、无锡、苏州、宁波等城市也达到 0.7 以上，主要是由于长三角地区作为全国尺度下产业结构转型升级的核心区域，环境友好型经济发达，环境的有效治理和污染的合理控制在一定程度上弥补了其环境禀赋不足的缺陷。随着中部崛起、西部大开发等战略获得国家层面的重新重视，大量沿海产业的注入推动了中西部地区经济的快速发展，加之中西部地区本身具有较好的环境禀赋，使得整个中西部地区的协调发展水平也得到快速提升，武汉、长沙的协调发展水平 d_{as} 已达到 0.7 以上，重庆、成都、南昌、贵阳也达到 0.6 以上。此外，协调发展水平 d_{as} 处于 0.4 以下的城市较少，主要分布在四川东部和云南西部，这些省份尚处在省会城市极化发展阶段，导致部分所辖市域的经济水平仍未得到有效提升。

（三）经济与环境协调发展问题区域的识别

对问题区域进行识别是制定和完善相关政策的基本前提（刘彦随和杨

忍，2012），在上述对长江经济带经济系统 u_a、环境系统 u_s 及其协调发展水平 d_{as} 进行时空格局分析的基础上，进一步识别协调发展的问题区域，以期为提升长江经济带经济与环境之间的耦合互动效应提供直接参考依据。参照已有研究，将经济、环境、协调发展水平低于其所在区域（东部地区、中部地区、西部地区）同期平均水平 70% 的区域均定义为问题区域（李裕瑞等，2014），并且根据三种问题区域之间的组合情况将问题区域具体划分为 6 种基本类型，分别为经济滞后型、经济滞后并引起协调度滞后型、环境滞后型、环境滞后并引起协调度滞后型、经济与环境均滞后型、经济与环境均滞后并引起协调度滞后型，具体判断标准、问题等级及提升对策如表 5 - 4 所示。

表 5 - 4   问题区域的判定标准及类型

判定条件 1	判定条件 2	问题区域类型	问题等级	提升对策
u_a 低于区域平均水平的 70%	d_{as} 高于区域平均水平的 70%	I：u_a 滞后型	一般严重	适当提升经济水平
	d_{as} 低于区域平均水平的 70%	II：u_a 滞后并引起 d_{as} 滞后型	比较严重	显著提升经济水平
u_s 低于区域平均水平的 70%	d_{as} 高于区域平均水平的 70%	III：u_s 滞后型	一般严重	适当提升环境水平
	d_{as} 低于区域平均水平的 70%	IV：u_s 滞后并引起 d_{as} 滞后型	比较严重	显著环境经济水平
u_a 低于区域平均水平的 70% 并且 u_s 也低于区域平均水平的 70%	d_{as} 高于区域平均水平的 70%	V：u_a 与 u_s 均滞后型	比较严重	适当同时提升经济与环境水平
	d_{as} 低于区域平均水平的 70%	VI：u_a 与 u_s 均滞后并引起 d_{as} 滞后型	极为严重	显著同时提升经济与环境水平

基于上述判定标准对各研究年份的问题区域进行识别，并通过 ArcGIS 软件对计算结果进行空间可视化表达（见图 5 - 4）。结果表明，2007 年、2011 年、2016 年分别有 37 个、32 个、33 个区域不同程度地存在不同问

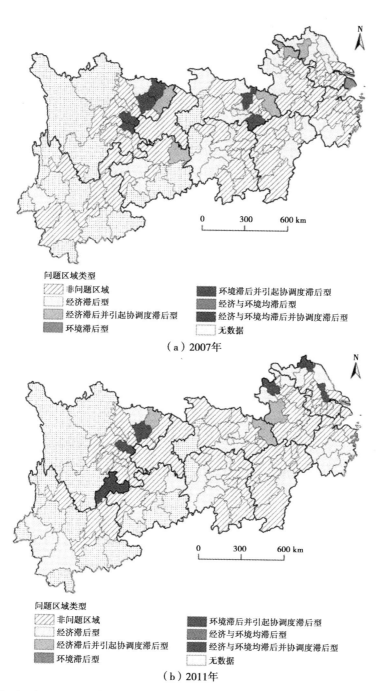

（a）2007年

（b）2011年

图5-4　2007～2016年长江经济带经济与环境协调发展问题区域的空间分布

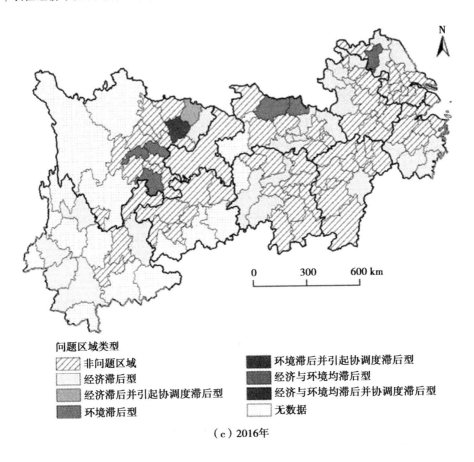

问题区域类型

(斜线) 非问题区域		(深黑) 环境滞后并引起协调度滞后型	
(空白) 经济滞后型		(灰) 经济与环境均滞后型	
(灰) 经济滞后并引起协调度滞后型		(黑) 经济与环境均滞后并协调度滞后型	
(深灰) 环境滞后型		(空白) 无数据	

（c）2016年

图 5 - 4　2007～2016 年长江经济带经济与环境协调发展问题区域的空间分布（续图）

题，分别占全部区域数量的 33.64%、29.09%、30.00%。由于长江经济带各区域间环境水平的差异相对较小，而经济水平的差异明显相对更大，因而导致与经济滞后相关的问题区域数量占据绝对比重。

经济滞后型区域数量最多，2007 年、2011 年、2016 年分别有 24 个、23 个、25 个。与所属大区相比，该类区域的环境水平未出现问题而经济水平相对滞后，但尚未引发协调度滞后的问题，未来应当适当加快经济建设步伐以防范新问题的出现。根据空间分布特征，该类型区域可进一步划分为两种亚类：①城市群或经济区的外围区域。这些区域由于受到附近城市群或经济区虹吸效应影响显著，导致经济发展要素持续向周边城市群或经济区转移，从而限制了当地经济的发展。这类区域主要分布在长三角地区的外围地区，如苏中北、浙西南以及鄂中等武汉城市圈的外围区域。对于这些区域而言，未来需要进一步整合资源要素并优化配置效率，加快融入所在城市群或经济区，推动经济快速发展。②自然条件相对一般的区域。这些区域主要分布在滇西、贵西、湘西、川东北、赣东南等地区，相对而言，这些区域主要是由于自然地理条件以及交通通达性限制导致经济发展相对滞后，未来应当充分挖掘地方比较优势，加强与周边经济区的一体化发展进程，以加快推动经济建设步伐。

经济滞后并引起协调度滞后型区域在 2007 年、2011 年、2016 年分别有 5 个、3 个、1 个。与所属大区相比，该类区域的环境水平未出现问题但经济水平明显偏低，并且已引发了协调度滞后的问题，未来应当显著加快经济建设步伐以防范问题的持续恶化。该类区域在空间分布上较为离散，主要分布在中西部地区，包括黄冈、宿州、铜仁、达州、巴中、六安等市，东部地区仅有宿迁在 2007 年属于该类区域。这类区域主要为省际边缘区，边缘性区位条件、增长核心缺乏、发展政策缺位等因素综合影响导致经济发展明显滞后（韩玉刚和叶雷，2016），未来应通过区域跨界整合、区域增长极培育、发展战略支援等措施以显著推动经济发展进程。

环境滞后型区域相对较少，并呈现阶段性波动特征，在 2007 年、2011 年、2016 年分别有 2 个、0 个、5 个。与所属大区相比，该类区域的经济水平未出现问题但环境水平相对偏低，但尚未引发协调度滞后的问题。2007 年该类型区域包括上海和舟山，主要原因在于经济的快速发展在短期内消耗了大量资源环境要素并难以及时治理，导致出现短暂的环境滞后问题。2016 年该类型区域以部分专业化城市为主，包括襄樊、随州、眉山、宜宾、资阳，这些城市大多对于重工业以及初级产品加工业的依赖程度较高，传统高耗能产业带来的消耗和污染导致环境水平相对偏低，未来应适当加快产业转型升级的步伐，加大绿色技术研发投入及技术引进，将环境消耗和污染压缩在可控范围内。

　　环境滞后并引起协调度滞后型区域在 2007 年、2011 年、2016 年分别有 1 个、4 个、1 个，包括咸宁、泰州、亳州、资阳、南充等。与所属大区相比，该类区域的经济水平未出现问题但环境水平明显偏低，并且已引发了协调度滞后的问题。总体上，该类区域的国土面积相对较小，环境资源禀赋相对较差，并且污染型产业的发展加剧了资源环境修复压力。因此，未来需要高度重视环境保护问题，一方面需要大力改造传统产业，另一方面需要加快发展绿色产业，从而突破区域原有发展路径。

　　经济与环境均滞后型区域较少，仅有宿迁在 2016 年属于该类型。与东部其余地区相比，一方面，宿迁距长三角核心区较远，并且经济联系有限，导致其经济水平相对滞后；另一方面，宿迁的主导产业仍主要集中于食品、服装、林木等初级产业部门，对资源环境的污染和消耗较大，从而导致环境水平相对滞后。未来应扮演长三角经济"后花园"的角色，加快承接外部产业转移，同时还需致力于传统产业的改造升级，有效治理区域环境问题。

　　经济与环境均滞后并引起协调度滞后型区域数量较少且不断减少，2007 年包括孝感、内江、资阳、南充和巴中，2011 年包括连云港和昭通，2016 年则无城市入选。与其余类型区域相比，该类型区域所面临的问题是最为严重且最为复杂的，不仅经济水平明显滞后，而且环境水平也明显滞后，并且还共同引起了协调度的明显滞后，应当引起相关部门的重视并防止问题重复发生。对于这类区域而言，经济发展与环境保护均是亟须完成的重要任务，未来应当通过强化区际之间经济联系、优化产业发展环境、加大产业转移承接力度、大力培育部分主导产业以显著加快经济发展进程。与此同时，还需要充分挖掘资源环境潜力，落实严格的环境保护和环境治理措施，以推动区域环境水平的显著提升。

四、本章小结

本章从区域经济规模、经济结构和经济效率三个方面构建经济水平指标，从环境状态、环境压力以及环境响应三个方面构建环境水平指标，在此基础上通过熵值法确定指标权重，利用线性加权求和计算经济水平和环境水平。在此基础上，利用 ArcGIS 可视化分析经济和环境水平时空演化特征，同时利用耦合协调度模型分析经济与环境协调发展状况，最后根据研究综合识别存在问题区域，提出相应的政策建议，主要结论如下：

基于经济规模—结构—效率的研究框架发现，2007～2016 年长江经济带经济水平在 10 年内几乎实现了翻倍增长，客观验证了将其作为中国经济发展主支撑带的合理性。同时，区域内部经济水平也存在显著的不均衡特征，突出体现在流域东、中、西部地区之间呈显著的梯度降低格局，高水平区域主要集中在长三角地区的核心区，中西部各省会地区的经济水平也相对较高，其余地区总体相对滞后。另外，各研究区域经济水平呈现出明显的"继承"性特征，反映出区域经济增长固有的路径依赖特性。

基于环境压力—状态—响应的研究框架发现，尽管 2011 年以来长江经济带环境水平有加快提升的态势，但 2007～2016 年长江经济带的环境水平及其提升速率仍长期滞后于经济水平及其提升速率，而这也客观验证了党中央坚持长江经济带"共抓大保护，不搞大开发"原则的必要性。同时，由于区域难以实现环境压力—状态—响应之间的平衡，导致长江经济带环境水平在空间分布上未呈现明显的规律，而是具有"随机"性特征。

耦合协调度评价模型表明，2007～2016 年长江经济带经济与环境之间的协调发展程度呈现出稳步上升的态势，协调发展指数由 0.4468 上升至 0.6023，由濒临失调阶段逐步提升为初级协调阶段，表明二者在基本实现自身系统的平稳发展的基础上，其相互促进、相互作用的程度也得到了逐步深化，但由于环境水平仍不断滞后于经济水平，因此将对经济与环境在后续进一步形成良性互动关系产生不利影响。空间格局方面，由于在长江经济带经济与环境两大系统的耦合协调过程中，经济系统较环境系统占据明显优势，因而协调发展格局与经济系统格局具有部分内在一致性，呈现出东部地区＞中部地区＞西部地区的整体格局，长三角地区为整个经济带经济与环境系统协调互动效应最优区域。

基于各研究区域经济水平、环境水平、协调发展水平三类数据之间的组合情况并考虑长江经济带内部也存在东、中、西部地区的实际，进一步构建判定标准识别协调发展的问题区域。根据问题的类型及严重程度将其划分经济滞后型、经济滞后并引起协调度滞后型、环境滞后型、环境滞后并引起协调度滞后型、经济与环境均滞后型、经济与环境均滞后并引起协调度滞后型共6种类型。识别结果表明，各研究年份均有超过30个区域不同程度地存在不同问题，主要分布在城市群与经济区的外围区域、省际边缘区域、自然条件相对较差的区域等，并且由于长江经济带区域经济水平的差异较环境水平的差异明显更大，因此与经济滞后相关的问题区域数量占据绝对比重。

经济与环境是区域发展系统的两大核心组成部分，当代区域发展理论以及国内外发展实践已充分表明，重经济不重环境或者重环境不重经济都会导致区域发展问题的出现。提升经济水平、强化环境建设是区域发展过程中相互衔接、相互递进的有机统一体，实现二者之间的协调发展是区域发展的根基所在。自20世纪90年代浦东新区建设以来，长江经济带获得了持续20多年的大规模开发机遇，本书实证分析充分证明，长江经济带在较长时期内的确实现了经济与环境水平的较快提升，但与此同时，经济发展差距过大、环境建设明显滞后以及经济与环境之间协调性不足的问题依然客观存在，不容忽视。因此，未来长江经济带在发展过程中需要正确树立长远发展、可持续发展和整体发展的科学理念，推动区域经济发展与环境建设形成合理布局和有效互动。在经济发展方面，需要进一步协调好流域上、中、下游之间以及城市群内外部地区之间的经济联系，推动经济发展要素形成自由流动，通过产业的转出与转入等手段构建优势互补、各具特色、协同发展的格局，合理缩小经济发展差距；在环境建设方面，需要深入贯彻"共抓大保护，不搞大开发"的指导原则，适当将区域发展转向以环境建设为引领，加快构建环境友好型的经济体系，完善地区内的环境保护规章制度和地区之间的协同管控治理举措，提升环境指标在区域发展过程中的硬约束力。由此，通过缩小区域经济发展差距和提升环境建设水平，实现长江经济带经济与环境的协调发展，保障经济带的整体性和持久的高水平竞争力。

第六章
长江经济带区域创新要素分析

国务院发布的《关于依托黄金水道推动长江经济带发展的指导意见》是中央政府首次系统提出的覆盖长江流域的经济社会发展规划与建设意见，不仅是沿岸省市社会经济创新发展的指导文件，更是站在国家高度应对国际政治经济格局发生深刻变化和国内社会经济发展面临重大历史转折的形势而提出的国家创新发展战略。

改革开放40年来，我国宏观经济快速增长，但也面临结构性失衡、供需错配、增长方式粗放等问题，迫切需要从投资驱动、要素驱动转向创新驱动。科技创新在促进经济发展、调整产业结构、优化区域资源配置、提升区域竞争力、促进区域可持续发展等方面起决定性作用。长江经济带横贯我国东、中、西部三大区域，地域面积约占全国的21%，人口和经济总量超过全国40%，经济增速持续高于全国平均水平，经济带动作用强、辐射范围广，是我国极具战略地位的国家级经济带。长江经济带创新资源充足，拥有全国1/3的科研院所和一半左右的院士，是我国创新驱动发展的起源地和主战场，致力于建设成引领全国转型发展的创新驱动带。但是，长江经济带内部创新资源分布不平衡、区域创新能力差距大、创新发展各成体系、创新市场分割等问题较为突出，严重影响了长江经济创新驱动带整体目标的实现。因此，科学地测度长江经济带创新驱动发展水平，深入揭示创新发展水平的地区差距及时空演变规律，对缩小区域创新发展差距、实现长江经济带创新水平提高和协调发展具有深远意义。

一、创新知识生产分析

创新是新时期经济高质量增长第一驱动力，实施创新驱动发展战略，对于提高经济增长的质量和效益、加快转变经济发展方式具有现实意义，对降低资源能源消耗、改善生态环境、建设美丽中国具有长远意义。科技创新能力的形成受创新环境和创新投入的影响，获得创新产出与创新成果转化与创新投入呈现一定的正相关关系。

（一）创新投入指标选取

1. 创新人才

习近平总书记在党的十九大报告中提出"人才是实现民族振兴、赢得国际竞争主动权的战略资源"，将对人才的重视提升至一个战略新高度。"培养和造就一大批具有国际水平的战略科技人才、科技领军人才、青年科技人才和高水平的创新团队"是建设创新型国家的根本保证与核心力量。发挥"具有国际水平的战略科技人才"等高端人才在创新驱动发展过程中的支撑保障和引领作用，积极推动国内国际人才创新，提升人才创新效率，是我国实施创新驱动发展战略的重要路径选择。着力实施创新驱动发展战略，要把长江经济带人才资源优势转化为其核心发展优势，让人才创新成为长江经济带发展的生力军和主动力。作为创新的核心要素，人才在推进企业及科研机构实现转型升级、价值创造和自主创新等方面的作用日益突显，人才作为创新第一资源的地位得到巩固与提升。发挥人才优势、提升人才创新效率是助力长江经济带创新驱动发展的关键手段，在此过程中离不开对人才创新效率的科学评价。因此人才因素是衡量区域创新的重要指标，其中，R&D人员是测度人才创新效率的重要因素，R&D人员丰度对提升区域人才创新效率、促进区域创新可持续发展具有现实意义。

2. 创新资金

人才是创新的第一动力,要实现人才资源向创新生产力转化,即将人才优势转化为创新发展的核心竞争力,创新资金的投入是不可或缺的重要资源。由于创新投资活动的高投入、高风险、回报周期长的基本特征,持续稳定的大规模资金支持是人才创新能力实现的首要前提。公共物品理论认为,由于市场无法有效地分配商品和劳务,即存在市场失灵的状况,因此在科技创新的过程中,政府应进行合理的干预。科学技术支出具有更强的公共物品性质,政府为推动其发展,应该承担起其研究与开发的费用。公共物品理论论证了政府对科技创新干预的合理性,政府在科技创新的投入有利于推动科技创新及社会的发展。在我国,政府对于创新的支持力度极大地影响了区域创新发展能力,政府干预通过政策制定、公共财政等方式影响市场创新活动,因此,科技支出占财政支出比例能够较好地测度人才创新的资金投入水平。

3. 创新环境

科技人才作为科学技术的能动载体,是推动国家创新驱动战略的核心资源,科技人才的培养和引进成为各地区获取核心竞争优势的战略选择。人才是技术创新的核心力量,一个地区的人力资本是影响技术创新效率的重要因素,而人力资本的发展水平又和地区的教育程度紧密相关。R&D人员是科技人才投入的主体力量,主要集中分布在高技术产业、科技创新型企业、研发机构和高校,这是推动创新的核心动力所在。潜在人才投入水平反映国家和地区人才创新的潜力,地方高校致力于构建一支富有发展潜力的人才队伍,为经济社会可持续高质量发展提供源源不断的潜在创新动力。地方高校数量情况能够体现地方潜在人才水平和数量,因而,选取高等学校数量能在一定程度上反映地方潜在人才培养力。

(二) 创新投入情况

从创新投入(见表6-1)来看,2009~2016年长江经济带整体创新投入增大，各个省市对于创新的重视明显有所提升，但内部差异仍较为显著。

表 6-1 2009~2016 年长江经济带各省市创新投入情况

省市	科技支出占财政支出比例（%）		R&D 人员数量（人）		高等学校数量（所）	
	2009 年	2016 年	2009 年	2016 年	2009 年	2016 年
上海	0.0720	0.0494	132859	183932	66	64
江苏	0.0292	0.0389	273273	543438	122	141
浙江	0.0340	0.0378	185069	376553	91	97
安徽	0.0187	0.0488	59697	135829	101	110
江西	0.0076	0.0170	33055	50620	75	96
湖北	0.0125	0.0328	91161	136608	114	126
湖南	0.0137	0.0107	63843	119345	103	111
重庆	0.0118	0.0129	35005	68055	51	65
四川	0.0078	0.0128	85921	124614	87	105
贵州	0.0106	0.0157	13093	24124	35	52
云南	0.0089	0.0100	21110	41116	52	58
平均值	0.0206	0.0261	90371	164021	82	93
变异系数	0.9278	0.5994	0.8784	0.9666	0.3448	0.3166

科技支出占财政支出比例能够直观地看出地方政府对于创新的支持力度，从科技支出占财政支出比例看创新投入情况，长江经济带各省市之间的差异呈缩小态势。2009 年，上海在整个区域中的领先地位十分明显，其科技支出占财政支出比例达到 7.2%，而江西仅为 0.76%；随着社会经济的发展，城市建设、社会福利等需要更多的投入，到 2016 年，上海科技支出占财政支出比例降为 4.9%，而其他城市大多增加了投入比例，投入比最低的云南也增加到 1%，因此，在研究期内长江经济带各省市科技支出占财政支出比例差距呈逐渐缩小态势。科研人员是创新能力最直观的反映，长江经济带 R&D 人员数量在研究期内增加明显，近乎倍数增长，但

省市之间的差距却呈增大趋势。受地域面积、人口数量、经济发展程度等因素的影响，研究期内，江苏省 R&D 人员数量在长江经济带保持高位领先状态，其总量、增幅都较为可观，2009 年江苏省 R&D 人员数为 273273 人，是贵州（13093 人）的 20 倍；到 2016 年，江苏省 R&D 人员数达 543438 人，贵州（24124 人）与其差距增加到 22 倍之多。高等学校是直接培育高等人才的地方，高等学校数量能够从侧面衡量一个地区创新潜力的大小。从高等学校数量看，2009～2016 年长江经济带各省市高等学校数量总体呈增加态势，仅上海的高等学校数减少了 2 所，总体变异系数差异减小，即省市间的差异缩小。江苏省的高等学校数量最多，2009 年为 122 所，是贵州（35 所）的 3 倍多，2016 年达 141 所，是贵州（52 所）的 2 倍多，差距总体呈缩小态势。

　　将 2009 年与 2016 年长江经济带各个省市创新投入占整个区域的百分比可视化（见图 6-1），可以看出：研究期内，各个省市创新投入差异总体呈缩小态势，创新投入省市内部增幅不一，创新投入强度总体呈现由东部向中西部迁移的趋势。随着社会经济的快速发展，上海作为全国的经济中心，科技与创新实力不容置疑，一直处于全国的领先地位；但上海作为一个城市，其总量相对相邻省份仍然偏小；因而，在研究期内，上海创新投入的占比总体呈减小趋势，随着上海的城市进一步扩张，城市发展追求高级化、生态化，因而，在财政支出方面对于城市建设、民生、政务服务等相对倾斜，使 2016 年上海的科技支出占财政支出比例在区域中的占比情况减少到不及 20%。一个地区的高新技术产业创新能力不仅取决于该地区自身产业研发投入与资本投入，还取决于周边地区高新技术产业的溢出效应以及产业集聚带来的规模效应。江苏受上海的溢出效应影响较为明显，为了与上海进行更为有效的合作，积极加大创新投入，到 2016 年，成为长江经济带创新投入绝对量最大的省份，其 R&D 人员数量与高校数量是整个长江经济带之最。浙江作为上海的另一邻翼增长情况同江苏相似，其 R&D 人员数量在整个区域的占比中增长最为明显。中部各省是整个研究区域投入增幅最大、最为明显的，在研究期内，安徽是科技支出占

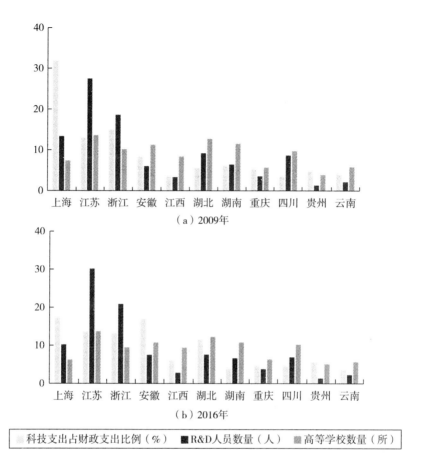

（a）2009年

（b）2016年

科技支出占财政支出比例（%）　　R&D人员数量（人）　　高等学校数量（所）

图6－1　2009～2016年长江经济带各省市创新投入占比情况

财政支出比例增长最多的省份，也是 R&D 人员数量增幅最大的省份；江西是高校数量增长最多的省份；湖北的各项指标增长较为明显；相较而言，湖南是中部创新投入增幅的"低洼地"，但整个中部仍是长江经济带创新投入增长的"高地"，未来发展潜力可观。西部地区总体创新投入增幅较明显，川渝地区的创新投入情况稍好于云贵地区，云南相对而言增速最慢。

二、创新知识应用分析

实施创新驱动发展战略可以全面提升我国经济增长的质量和效益，有力地推动经济发展方式转变。可加快产业技术创新，用高新技术和先进适用技术改造提升传统产业，既可以降低消耗、减少污染，改变过度消耗资源、污染环境的发展模式，又可以提升产业竞争力。"科技产出"具有多样性和时滞性，同时还具有溢出性，科技产出能够为经济发展注入直接的动力，也能够为转变经济发展方式提供合理的方向。

（一）创新产出指标选取

1. 专利申请受理量

科技创新具有乘数效应，不仅可以直接转化为现实生产力，而且可以通过科技的渗透作用放大各生产要素的生产力，提高社会整体生产力水平，而专利申请受理量则是创新直接的产出。专利申请受理量是知识产权、专利工作的重要指标，反映一个国家或地区的发明创新能力、科技成果水平和技术市场的开放程度，体现其技术、经济实力和竞争地位。通过专利申请受理量可以直观地看出一个地区的创新力水平，既可以看出地区的创新活力，也可以预估一个地区的潜在发展能力。

2. 人均地区生产总值

创新能够使传统产业焕发出新的生机与活力，激发经济活力、增加经济产出。通过 GDP 的高速增长及政府的投入与大力支持能够进一步推动科技创新不断向前迈进，实现科创产业的高水平、高质量发展，在时代的浪潮中不断优化升级。因而人均地区生产总值可以作为创新投入考量地区创新潜力与市场状况，但经济学家阿罗曾指出，研究开发就是生产技术和信息的活动，而创新成果的转化必将带来经济的发展，从此种意义上说，人均 GDP 作为创新成果转化的直接结果，其在一定程度上能够比较客观地反映一个地区的社会经济发展水平和发展程度。当创新成果得到转化，人均地区生产总值理应得到相应的增长，因而，选取人均地区生产总值作为区域创新产出的另一指标具有一定的合理性。

（二）创新产出情况

从创新产出（见表 6 - 2）来看，2009～2016 年长江经济带整体创新产出增长幅度较大，各个省市创新产出明显有所提升，内部差异仍较为显著，但总体呈现缩小趋势。

表 6 - 2　2009～2016 年长江经济带各省市创新产出情况

省份	专利申请受理量（件）		人均地区生产总值（元）	
	2009 年	2016 年	2009 年	2016 年
上海	62241	119937	78989	116562
江苏	174329	512429	49623	94727
浙江	108563	393147	42605	81948
安徽	16386	172552	21204	41494
江西	5224	60494	20807	47454
湖北	10579	95157	22128	55202
湖南	7075	67779	20736	51968
重庆	13482	59518	22920	57902
四川	14844	142522	16071	39311
贵州	1746	25315	14490	38989
云南	4633	23709	13711	31781
平均值	38100.18	152050.82	29389.45	59758
变异系数	1.4606	1.0385	0.6805	0.4473

专利申请受理量能够最直接表达创新产出情况，从各省市专利申请受理量看创新产出情况，长江经济带专利申请受理量的平均值增加显著，从

2009 年的 38100.18 件增加到 2017 年的 152050.82 件，增加了 3 倍多，反映出各省市之间差异的变异系数有所减小，说明区域各省市之间的差距有所减小。其中，江苏的专利申请受理量始终处于领先地位，2009 年为 174329 件，是专利申请受理量最少的贵州（1746 件）的 100 倍；2016 年江苏专利申请受理量增加了 338100 件，达 512429 件，是当年专利申请受理量最少的云南（23709）的 21 倍。从人均地区生产总值来看，整个长江经济带的经济发展实现了翻番，增长明显，同时，其内部各省市的差异逐渐缩小，区域发展趋于健康。其中，上海毋庸置疑处于高速领先地位，2009 年其人均地区生产总值达 78989 元，是同期云南（13711 元）的 5.7 倍；2016 年，上海与云南仍是人均地区生产总值最高与最低的两个省市，但差距有所减小，上海（116562）与云南（31781）同期的人均地区生产总值差距从 2009 年的 5.7 倍降低到 2017 年的 3.6 倍。

将 2009 年与 2016 年长江经济带各个省市创新产出占整个区域的百分比可视化（见图 6-2）可以看出：从各个省市创新产出的变化情况来看，与创新投入时空变化情况一致，创新产出省市内部变化幅度不一，创新产出量总体呈现由东部向中西部迁移的趋势。其中，创新直接产出专利申请受理量变化幅度最大。

区域创新产出与创新投入格局一致，呈现东部最强、中部次之、西部最弱的态势。随着中西部城市社会经济的发展，对于创新投入的增加必将带来创新产出的丰富，从产出占比柱状图的起伏可以看出，整个区域创新产出同创新投入变化类似，呈现均匀化特征。其中，创新直接产出专利申请受理量变化最为明显，东部 2 省 1 市虽然一直处于领先地位，但差异幅度明显变缓，中部地区增长明显，西部四川在整个区域中的占比略有增加；从产出变化程度来看，西南部的贵州增幅可观，对于平衡区域创新发展具有重要意义。总体来看，人均地区生产总值变化幅度较创新产出更小，从云贵两省的专利申请量与人均地区生产总值变化可以直观地看到，科技创新对于经济的拉动作用不言而喻，创新投入与产出呈现一定的正相关关系。

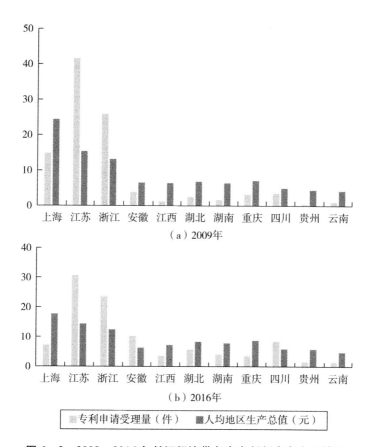

（a）2009年

（b）2016年

专利申请受理量（件）　　人均地区生产总值（元）

图 6 - 2　2009 ~ 2016 年长江经济带各省市创新产出占比情况

三、本章小结

　　本章利用长江经济带社会经济统计数据，通过 ArcGIS 空间可视化和数理统计方法对长江经济带区域创新要素进行分析，主要结论如下：

　　从创新投入来看，2009 ~ 2016 年长江经济带整体创新投入增大，但内部差异仍较为显著。长江经济带 R&D 人员数量在研究期内增加明显，近乎倍数增长，但省市之间的差距却呈增大趋势。从高等学校数量看，2009～2016 年长江经济带各省市高等学校数量总体呈增加态势，总体变异系数差异减小，即省市之间的差异缩小。各个省市创新投入差异总体呈缩小态势，创新投入省市内部增幅不一，创新投入强度总体呈现由东部向中西部迁移的趋势。

从创新产出来看，2009～2016 年长江经济带整体创新产出增长幅度较大，各省市创新产出明显有所提升，内部差异仍较为显著，但总体呈现缩小趋势。上海、江苏、浙江专利申请数量远高于四川、云南和贵州。长江经济带专利申请受理量的平均值增加显著，从 2009 年的 38100.18 件增加到 2017 年的 152050.82 件，增加了 3 倍多。区域创新产出与创新投入格局一致，呈现东部最强、中部次之、西部最弱的态势。

第七章

长江经济带产业创新水平空间格局演变分析

作为五大发展理念的核心,创新是引领经济发展的主要动力,也为经济社会的可持续和健康发展提供根本保证。伴随我国经济发展方式的转变,不断提高创新能力成为我国促进产业升级、永葆经济活力和实现高质量发展的重要保证。以 R&D 投入为例,我国科技创新投入连年快速增加,大量创新成果不断涌现,创新型国家建设步伐不断加快。城市作为区域经济社会发展的中心,既是国家经济产出的主要基地,更是多种创新资源的汇聚地,因而理应是创新的主要来源地。城市创新水平体现一个城市的科技、知识、人力、文化、体制等的创新能力,是判断其是否具有区域中心地位以及对其他区域是否具有辐射与带动作用的重要标准(方创琳等,2014)。城市创新水平的提升不仅是经济增长的发动机,而且是推动产业结构升级、提升城市竞争能力和促进区域跨越式发展的重要途径(蒋天颖等,2014)。在国家创新驱动发展、国民经济与社会发展"十三五"规划等战略的引领下,不断提高国家、各地区的城市创新水平,对城市综合竞争力的提升、产业结构的转型升级、企业创新技术的强化、普通民众创新热情的提升意义重大。

一、研究数据与方法

（一）研究数据

本章所用创新指数源于 2001～2016 年复旦大学产业发展研究中心（FIND）、复旦大学中国经济研究中心（智库）、第一财经研究院联合发布的中国城市与产业创新指数，该数据基于国家知识产权局的专利数据、国家工商局的企业注册资本数据等微观大数据，运用经济计量和统计方法计算得到，从国家、城市、产业、企业四个层面勾画和展示了中国的"创新全景图"，可直接对中国 2001～2016 年多尺度创新产出价值全景式地反映。与传统宏观统计数据相比，数据具有以下特色：①创新产出，而非创新投入；②微观大数据，而非宏观数据；③专利价值，而非专利数量；④创新加创业，而非仅限于创新。

本书使用的长江经济带城市行政区划图从地球系统科学数据共享网（www. geodata. com）下载而得。

（二）研究方法

1. 空间自相关

使用数理统计产业创新指数只能够得出纵向长江经济带产业创新能力发展状况，并不能揭示各地产业创新能力发展的相关性，因此引入空间自相关分析法，揭示长江经济带产业创新能力发展状况相关性、局部聚集。空间自相关分析包含全局空间自相关和局部空间自相关。全局空间自相关反映长江经济带产业创新能力的整体分布情况，可以判断长江经济带产业创新能力变化是否与相邻空间有关。本书通过计算全局 Moran's I 指数来量化产业创新能力的总体空间关联程度。计算公式如下（杨仁发和杨超，2019）：

$$I = \frac{\sum\limits_{i=1}^{n} \sum\limits_{j=1}^{n} W_{ij}(x_i - \bar{x})(x_j - \bar{x})}{S^2 \sum\limits_{i=1}^{n} \sum\limits_{j=1}^{n} W_{ij}} \qquad (7-1)$$

式中，I 为 Moran's I 指数；x_i、x_j 表示长江经济带城市 i 和 j 的产业创新能力观测值；S^2 为产业创新能力观测值方差；W_{ij} 为空间权重矩阵；$\bar{x}$ 为长江经济带产业创新能力的平均值。n 为研究区数量；I 的取值为 $[-1$，$1]$，当 Moran's I > 0 时，产业创新能力为空间正相关，Moran's I < 0 时，产业创新能力为空间负相关。

计算 Getis – Ord Gi* 指数反映产业创新能力的局部关联特征，进一步分析热点区（Hot – spots）与冷点区（Cold – spots）的空间分布。计算公式如下（梅琳等，2019）：

$$G_i^*(d) = \frac{\sum\limits_{i=1}^{n} w_{ij}(d) x_i}{\sum\limits_{i=1}^{n} x_i} \qquad (7-2)$$

式中，x_i 为长江经济带地区 i 的创新能力的观测值；w_{ij} 为空间权重矩阵。如果 Getis – Ord Gi* 指数显著为正，则表明 i 地区属于产业创新热点区域；反之则为产业创新冷点区域。

2. 核密度分析

核密度估计法能够利用数据样本本身的空间属性研究空间数据分布特征，此方法应用地理学第一定律进行分级，在计算过程中，假设在每个矢量点的上方有一个平滑的曲面，在点所在位置处表面值最高，与点的距离变大则该值减小，在与点的距离等于搜索半径（即带宽 h）的位置处表面值为零（钟业喜等，2018）。核密度函数的一般形式可表示为：

$$\lambda(s) = \sum\limits_{l=1}^{n} \frac{1}{\pi r^2} \varphi\left(\frac{d_{ls}}{r}\right) \qquad (7-3)$$

式中，$\lambda(s)$ 是地点 s 处的核密度估计；r 为带宽，即核密度函数的搜索半径；n 为样本数；φ 是城市 l 与 s 之间距离 d_{ls} 的权重。

3. 标准差椭圆

标准差椭圆是描述地理要素总体分布特征，测量区域的重心、离散和方向趋势的重要方法，可直观对比制造业与新兴产业创新能力总体空间分布特征。标准差椭圆一般由旋转角、沿主轴（长轴）标准差和沿辅轴（短轴）标准差三大要素定量解释数据空间分布的方向性（李涛等，2017）。计算公式如下：

$$x'_i = x_i - \overline{x}_w$$

$$y'_i = y_i - \overline{y}_w$$

$$\tan\theta = \frac{\left[\sum_{i=1}^{n} w_i^2 x_i'^2 - \sum_{i=1}^{n} w_i^2 y_i'^2 \right]}{2\sum_{i=1}^{n} w_i^2 x'_i y'_i}$$

$$\tan\theta = \frac{\left[\sum_{i=1}^{n} w_i^2 x_i'^2 - \sum_{i=1}^{n} w_i^2 y_i'^2 \right]}{2\sum_{i=1}^{n} w_i^2 x'_i y'_i} + \frac{\sqrt{\left[\sum_{i=1}^{n} w_i^2 x_i'^2 - \sum_{i=1}^{n} w_i^2 y_i'^2 \right] + 4\left[\sum_{i=1}^{n} w_i^2 x_i'^2 y_i'^2 \right]^2}}{2\sum_{i=1}^{n} w_i^2 x'_i y'_i}$$

$$\delta_y = \sqrt{\frac{\sum_{i=1}^{n} (w_i x'_i \sin\theta\cos\theta - w_i y'_i \cos\theta)^2}{\sum_{i=1}^{n} w_i^2}}$$

$$\overline{x}_w = \frac{\sum_{i=1}^{n} w_i x_i}{\sum_{i=1}^{n} w_i}$$

$$\overline{y}_w = \frac{\sum_{i=1}^{n} w_i y_i}{\sum_{i=1}^{n} w_i} \tag{7-4}$$

式中，x'_i 和 y'_i 表示各点距离区域中心的相对坐标；$(\overline{x}_w, \overline{y}_w)$ 为 (x'_i, y'_i) 的平均中心；θ 为椭圆方位角；w_i 为权重；δ_x 和 δ_y 分别表示沿 x 轴的标准差和沿 y 轴的标准差。

4. 空间杜宾模型

常用的空间计量模型有空间滞后模型（SLM）、空间误差模型（SEM）和空间杜宾模型（SDM），其中空间杜宾模型不仅考虑了因变量中嵌套的空间依赖，还考虑了自变量空间关联性，能较好地弥补自变量空间联系性问题，即产业创新能力不仅受到本地各因素的影响，还受到邻近城市滞后因素及滞后产业创新能力的影响（车磊等，2018）。模型设定如下：

$$\ln C_{it} = \rho \sum_{j=1}^{n} W_{it} \ln C_{it} + \beta_i \sum_{j=1}^{n} W_{it} \ln x_{it} + \lambda_i + \mu_i + \varepsilon_{it} \qquad (7-5)$$

式中，C_{it} 为新兴产业创新能力；ρ 表示空间回归系数；W 为空间权重矩阵，本研究选择二阶邻接矩阵作为空间权重；β_i 为各影响因素的相关系数；λ_i 表示时间固定效应，μ_i 表示空间固定效应，ε_{it} 是独立且同分布的随机误差项；x_{it} 为新兴产业创新能力的影响因素；$W_{it} \ln x_{it}$ 为 i 影响因素 t 时期的空间滞后项。

5. 地理探测器

地理探测器是主要用于探测地理要素的差异性，分析研究对象空间分布的影响因素以及多因子交互作用，包含风险探测器、因子探测器、生态探测器和交互作用探测器四个模块（Wang et al.，2010）。本书应用地理探测器中的因子探测工具，因子探测可用来探测属性 Y 的空间分异性以及探测某因子 X 多大程度上解释了属性 Y 的空间分异，用以探测不同影响因子对长江经济带制造业创新能力的解释程度。计算公式如下：

$$q = 1 - \frac{1}{N\sigma^2} \sum_{h=l}^{L} N_h \sigma_h^2 \qquad (7-6)$$

式中，q 为制造业创新能力空间格局影响因素探测力指标；N_h 为次一级区域样本单元数；N 为整个区域样本单元数；L 为次级区域个数；σ^2 为研究区产业创新能力总体方差；$\sigma^2 h$ 为次一级区域的方差。

使用交互作用探测识别不同因子之间的交互作用，分别计算两种因子 $X1$ 和 $X2$ 对 Y 的 q 值：q（$X1$）和 q（$X2$），计算它们交互时的 q 值并进行比较（Wang et al.，2010）。交互作用判断依据如表 7-1 所示。

表 7 – 1   两个自变量对因变量交互作用的类型

判断依据	交互作用
$q(X1 \cap X2) < Min(q(X1),\ q(X2))$	非线性减弱
$Min(q(X1),\ q(X2)) < q(X1 \cap X2) < Max(q(X1),\ q(X2))$	单因子非线性减弱
$q(X1 \cap X2) > Max(q(X1),\ q(X2))$	双因子增强
$q(X1 \cap X2) = q(X1) + q(X2)$	独立
$q(X1 \cap X2) > q(X1) + q(X2)$	非线性增强

二、第一产业创新空间格局与产业集聚特征

第一产业（Primary Sector），是指以利用自然力为主，生产不必经过深度加工就可消费的产品或工业原料的部门，包括农业、林业、牧业和渔业。第一产业是人民生存最基本的保障，为第二、第三产业的发展提供原材料，是国民经济发展的基础，是产业结构中重要的组成部分。

（一）第一产业发展概述

长江经济带地处我国亚热带季风气候区，沿线 11 省市拥有我国约 1/3 的耕地面积，粮食、猪肉、水产品产量约占全国总量的 40%、50%、40%，承载着我国一半以上的农业从业人口，是我国重要农业主产区。《全国主体功能区规划》（2010）将"长江流域农产品主产区"列入了七大国家级农产品主产区，强调长江流域主产区建设优质水稻、专用小麦、棉花、油菜、畜产品和水产品产业带。

从图 7 – 1 可以看出，长江经济带第一产业的产出规模在三次产业中的占比一直呈现下降趋势，2001 年，长江经济带第一产业占 GDP 的 20.35%，2009 年仅占 14.35%，下降了 6 个百分点，2016 年占 11.73%，

对 GDP 的贡献比例接近 2001 年的一半，说明在观察期内，长江经济带的产业结构趋于优化，第一产业贡献率由第二、三产业分摊，区域经济更加活跃。从劳动力资源角度分析长江经济带第一产业发展情况，2001 年以来，长江经济带劳动力资源数一直呈现稳步上升趋势，2009～2016 年劳动力资源数增加尤为明显，其劳动力资源数从 2001 年的 4288.14 万人增加到 2009 年的 4650.01 万人，到 2016 年达 7668.1 万人，增幅近 80%，但与此同时，从事农林牧渔产业的城镇劳动力呈现逐年下降的趋势，2001年，农林牧渔从业人员 265.19 万人，截至 2016 年末，其农林牧渔从业人员下降到 42.82 万人，仅为 2001 年的 1/6，这个重要的趋势变化说明随着社会经济的发展与科技的进步，农业规模化、机械化释放了大量劳动力，越来越多的人转行到其他产业中。

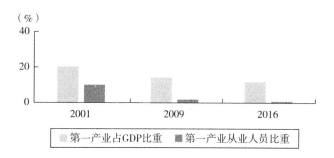

图 7-1 2001～2016 年长江经济带第一产业变化情况

分段来看，长江经济带上游第一产业增加值占地区生产总值比重较大；中游区经济作物种植较为发达，农副产品加工业发展迅速；下游地区农业以都市型、外向型为主。由此可见，可依托长江经济带各地区的比较优势，为农业结构优化和区域联动发展提供制度、市场和交通条件。

（二）第一产业创新空间格局

《国务院关于依托黄金水道推动长江经济带发展的指导意见》（2014）要求进一步提升长江经济带现代农业、特色农业发展水平。《长江经济带发展规划纲要》（2016）等对长江经济带农业现代化发展提出了明确要求。长江经济带种植业和养殖业发达，是我国粮、棉、油、生猪、茶、麻、果、淡水鱼等大宗农产品的重要生产基地，为第二、第三产业的协调发展提供了坚实的基础。长江经济带是我国主要粮食生产区，自 2000 年以来粮食产量均占全国的 37% 以上；同时，非粮农产品生产十分发达，油料、烟叶、肉类产量占全国比重稳定在 40% 以上。要推动长江经济带第一产业高质量发展，创新是其最重要的动力，对长江经济带第一产业创新空间格局的探索能够摸清区域创新发展情况，为助力第一产业发挥基础性保障作用提供参考。

通过 ArcGIS 平台运用自然断裂点方法将长江经济带第一产业创新指数划分为 4 级，进而进行空间可视化得到长江经济带第一产业创新指数空间格局变化情况（见图 7－2）。从中可以看出：①长江经济带第一产业创新能力空间格局相对稳定，各个城市的创新能力的相对水平基本持平，总体上呈现东部最强，中部次之，西部最弱的格局，并且出现西部创新能力逐渐弱化、东部创新能力逐渐增强的趋势。②长江经济带第一产业创新能力具有明显的层级结构，上海、杭州、南京、武汉、长沙、成都等省会城市第一产业创新能力强，处于第一梯队，而广元、岳阳、遵义、赣州、阜阳、泰州等城市创新能力弱，处于末级梯队。③长江经济带第一产业创新能力核心—边缘结构显著，长三角城市群明显呈现以上海、南京、杭州为核心，连云港、徐州、宿州、宣城、丽水、苏州、温州、台州等为边缘的多核心—边缘空间结构，长江中游城市群呈现以武汉、长沙为核心，九江、抚州、孝感、宜昌、湘潭、株洲等其他城市为边缘的双核空间结构；西部地区核心—边缘结构时空差异较大，2001 年呈现以成都为核心，眉山、雅安、乐山、自贡等城市为边缘的单核空间结构；2009 年形成以成都、昆明为核心，临沧、普洱、六盘水、安顺、广安、遂宁等其他城市为边缘的双核空间结构；2016 年形成以成都、昆明、重庆为核心，巴中、绵阳、南充、德阳等其他城市为边缘的多核空间结构，但核心的创新能力稍有减弱，核心—边缘结构相对弱化，说明西部地区第一产业创新能力差异在减小，均衡化趋势逐渐增强。总体而言，长江经济带第一产业创新能力区域内部和区域之间均存在明显的差异，尤其是区域内部之间的差异突出，此外第一产业创新能力核心—边缘结构明显，上海、武汉、南京、长沙等高等级的城市处于核心地位，创新能力强，其他低等级的城市创新能力显著不足，边缘化特征明显。

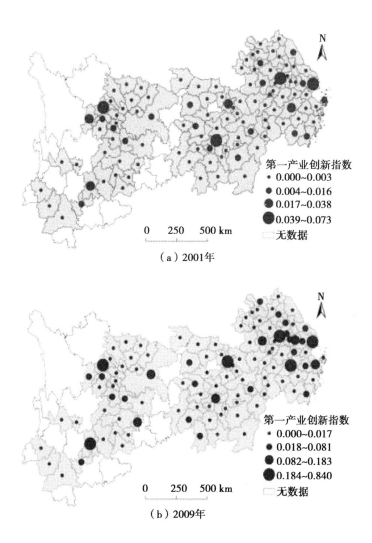

图 7 - 2 2001～2016 年长江经济带第一产业创新指数空间分布

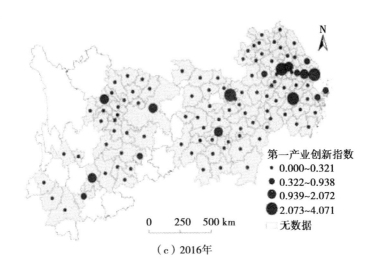

第一产业创新指数

· 0.000~0.321

· 0.322~0.938

● 0.939~2.072

● 2.073~4.071

□ 无数据

0   250   500 km

（c）2016年

图 7 - 2   2001~2016 年长江经济带第一产业创新指数空间分布（续图）

（三）第一产业创新集聚特征

通过 ArcGIS 平台的空间统计分析工具模块—聚类分析—热点分析工具计算 Gi^* 指数，运用自然断裂点将 Gi^* 统计量 Z 值得分划分为热点区、次热点区、次冷点区、冷点区四个等级，进而进行可视化得到长江经济带第一产业创新集聚冷热点演化趋势（见图 7 - 3）。由图可知，长江经济带第一产业创新能力存在空间自相关，整体上呈现由中西部地区向东部地区集聚的态势，长三角城市群创新能力强，中西部广大地区创新能力弱的格局稳定。热点区的城市数量由 2001 年的 9 个减少到 2009 年和 2016 年的 5 个，降幅为 45%，川滇黔热点区域逐渐消失，长三角热点区域显著增多，热点区域由分散向集中分布转变；次热点区呈现先扩散后萎缩的趋势，城市数量由 2001 年的 22 个增加到 2009 年的 29 个，再减少到 2016 年的 16 个，总体变化相对较小，但空间集聚趋势明显；次冷点区处于先扩大后缩小的趋势，城市数量由 2001 年的 22 个增加到 2009 年的 34 个再减少到 2016 年的 30 个，总体处于增加的趋势，主要是中部地区的武汉、孝感、荆门、株洲、萍乡、湘潭、娄底等城市由次热点区转化为次冷点区；冷点

区总体上处于先缩小后扩大的趋势，城市数量由 2001 年的 56 个减少到
2009 年的 40 个再增加到 2016 年的 56 个。

　　长江经济带第一产业创新能力时空差异显著，区域创新能力稳定性不
强，创新能力波动较大，大部分城市的创新能力发生了不同程度的变化。
从时间上看，2001～2009 年热点区、次热点区、次冷点区、冷点区变化幅

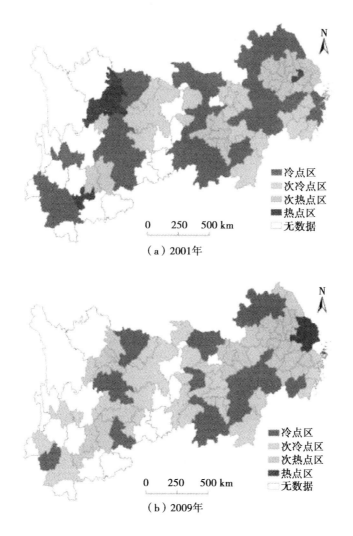

（a）2001年

（b）2009年

图 7 - 3　2001～2016 年长江经济带第一产业创新指数空间分布

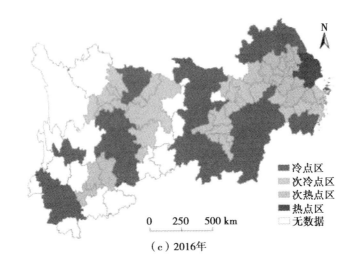

（c）2016年

图7-3 2001~2016年长江经济带第一产业创新指数空间分布（续图）

度分别为45%、32%、55%、29%，2009~2016年热点区、次热点区、次冷点区、冷点区变化幅度分别为0%、45%、12%、40%，总体上2001~2009年的变化幅度大于2009~2016年的变化幅度。从空间上看，热点区域逐渐由中西部城市向长三角城市集聚，次热点区域由中部地区向东西部转移，次冷点区由东、中、西部分散式分布向东西部集中连片式分布转变，主要集中在湖北、湖南和四川。

三、第二产业创新空间格局与产业集聚特征

（一）时序变化特征

2001~2016年，长江经济带制造业创新能力增幅迅猛上升（见表7-

2）。15 年内，长江经济带制造业创新能力总体规模由 20.38 增加至 1421.83，增加了 68.77 倍，年均增长率为 34.11%；制造业创新能力均值由 0.20 增加至 14.22，增加了 70.05 倍，年均增长率为 32.71%。从变异系数来看，长江经济带制造业创新能力差异略有扩大，波动变化中仍保持高位。2001～2008 年，创新能力的变异系数增加迅速，由 2001 年的 2.48 增加为 2008 年的 3.38，2008 年成为空间差异的峰值；2008 年后，创新能力的空间相对差异回落，逐步降低到 2.54。整体上，长江经济带制造业创新能力空间差异仍较大。

表 7-2 长江经济带制造业创新能力

年份	创新能力	市域平均值	变异系数	极差	标准差
2001	20.38	0.28	2.48	5.81	0.43
2002	23.77	0.33	2.52	7.15	0.50
2003	31.94	0.46	2.66	10.73	0.68
2004	45.37	0.69	2.93	17.94	1.06
2005	60.65	0.94	3.12	26.77	1.46
2006	80.49	1.29	3.29	39.33	2.00
2007	101.81	1.67	3.37	52.67	2.55
2008	134.64	2.24	3.38	70.47	3.43
2009	186.33	3.12	3.33	96.36	4.76
2010	253.37	4.23	3.22	124.81	6.44
2011	367.39	6.03	3.03	163.53	9.07
2012	512.34	8.40	2.91	215.59	12.36
2013	659.04	10.86	2.82	267.69	15.36
2014	822.16	13.50	2.74	319.69	18.59
2015	1095.98	17.89	2.62	395.30	23.77
2016	1421.83	23.06	2.54	483.26	29.86

进一步从 31 个细分产业来看，选取 2001 年、2009 年、2016 年 3 个断面，产业间创新能力差距略有缩小（见表 7-3）。2001 年、2009 年长江

经济带制造业创新能力排名前五位的产业均为化学原料和化学制品制造业、医药制造业、专用设备制造业、通用设备制造业、仪器仪表制造业，但是产业位序发生了变化。其中，专用设备制造业由第 3 位升至第 2 位，医药制造业由第 2 位降至第 3 位。与 2009 年相比，2016 年长江经济带制造业创新能力排名前五位的产业发生了较大变化。其中，化学原料和化学制品制造业由第 1 位降至第 3 位，医药制造业由第 3 位降至第 7 位，而专用设备制造业由第 2 位升至第 1 位，通用设备制造业由第 4 位升至第 2 位，仪器仪表制造业由第 5 位升至第 4 位，计算机通信和其他电子设备制造业进入到第 5 位。2001 年长江经济带制造业创新能力排名后五位的产业均为皮革毛皮羽毛及其制品和制鞋业、家具制造业、烟草制品业、印刷和记录媒介复制业、纺织服装、服饰业。考察创新能力首位与末尾产业之间差距可以发现，2001 年首位产业化学原料和化学制品制造业（6.59）是末位产业家具制造业（0.03）的 219.66 倍，2016 年首位产业专用设备制造业（380.85）是末位产业纺织服装服饰业（2.91）的 130.87 倍，产业之间创新能力差距略有缩小。

表 7-3　长江经济带制造业细分产业创新能力

细分产业	2001 年		2009 年		2016 年	
	创新水平	位序	创新水平	位序	创新水平	位序
专用设备制造业	4.49	3	47.59	2	380.85	1
通用设备制造业	2.93	4	34.33	4	350.58	2
化学原料和化学制品制造业	6.59	1	57.85	1	336.62	3
仪器仪表制造业	1.71	5	30.24	5	272.66	4
计算机通信和其他电子设备制造业	1.16	6	27.16	6	192.47	5
电气机械和器材制造业	0.97	7	17.53	7	159.77	6
医药制造业	5.46	2	40.56	3	155.73	7
金属制品机械和设备修理业	0.91	10	14.22	9	128.50	8

续表

细分产业	2001 年		2009 年		2016 年	
	创新水平	位序	创新水平	位序	创新水平	位序
非金属矿物制品业	0.94	9	15.37	8	81.23	9
金属制品业	0.63	12	8.21	10	80.93	10
橡胶和塑料制品业	0.36	16	6.09	11	57.89	11
食品制造业	0.95	8	5.75	12	41.66	12
汽车制造业	0.14	23	3.01	19	33.82	13
铁路船舶航空航天和其他运输设备制造业	0.19	20	3.36	15	33.41	14
农副食品加工业	0.52	13	3.29	16	27.23	15
纺织业	0.25	17	2.84	21	27.23	16
化学纤维制造业	0.17	22	3.20	17	24.87	17
有色金属冶炼和压延加工业	0.45	14	3.59	14	23.68	18
酒饮料和精制茶制造业	0.74	11	3.77	13	21.72	19
文教工美体育和娱乐用品制造业	0.38	15	2.90	20	20.85	20
木材加工和木竹藤棕草制品业	0.18	21	3.18	18	17.71	21
黑色金属冶炼和压延加工业	0.22	18	2.22	22	12.82	22
造纸和纸制品业	0.10	25	1.06	25	8.88	23
废弃资源综合利用业	0.13	24	1.26	23	8.68	24
石油煤炭及其他燃料加工业	0.21	19	1.21	24	8.12	25
其他制造业	0.05	29	0.66	26	6.05	26
皮革毛皮羽毛及其制品和制鞋业	0.07	26	0.54	29	5.48	27
家具制造业	0.03	31	0.45	30	5.10	28
烟草制品业	0.06	28	0.60	28	4.61	29
印刷和记录媒介复制业	0.06	27	0.60	27	4.18	30
纺织服装服饰业	0.03	30	0.38	31	2.91	31

（二）空间关联特征

通过 GeoDa 软件计算了全局 Moran's I 指数（见表 7-4），探讨长江经济带制造业创新能力的地域空间关联格局特征。从中可知，历年 Moran's I 值在 10% 显著性水平下均通过了检验且逐年增大，说明长江经济带制造业创新能力存在显著的空间正相关，空间上制造业创新能力较高的城市趋向于集聚，并逐年增强。

表 7-4　长江经济带制造业创新能力 Moran's I 指数

年份	Moran's I 指数	z	p	年份	Moran's I 指数	z	p
2001	0.003	0.216	0.013	2009	0.243	1.469	0.089
2002	0.112	0.344	0.019	2010	0.260	1.548	0.085
2003	0.158	0.434	0.024	2011	0.286	2.053	0.044
2004	0.202	0.539	0.029	2012	0.320	2.706	0.015
2005	0.230	0.592	0.031	2013	0.331	3.068	0.014
2006	0.231	1.601	0.058	2014	0.347	3.493	0.007
2007	0.240	1.632	0.049	2015	0.481	3.840	0.004
2008	0.242	1.338	0.068	2016	0.508	4.669	0.001

进一步计算长江经济带制造业创新能力的 Gi^* 统计量 Z 值得分，揭示城市之间制造业创新能力的空间关联格局。按照自然断裂点法将 Z 值分成 4 个等级，得到长江经济带制造业创新能力冷热点演变趋势，如图 7-4 所示。

由图 7-4 可知，长江经济带制造业创新能力存在显著的空间正相关，总体呈中西部向东部集聚的演变态势，"东强西弱"地带性格局显著。产业创新能力热点区域变化不显著，次热点、次冷点和冷点区域变化较大。稳定的热点区主要包括上海、苏州、嘉兴、宁波等城市，始终集聚于长三角地区。次热点区自西向东剧烈收缩，集中于长三角地区，沿热点区外围分布。次冷点区域略有缩小，成都、昆明等次热点演化为次冷点，更多的

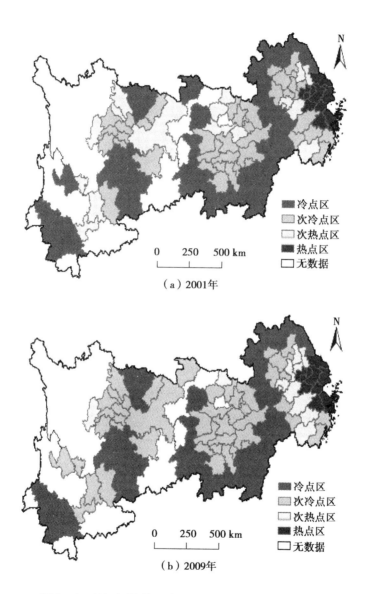

（a）2001年

（b）2009年

图7－4　长江经济带制造业创新能力冷热点演变趋势

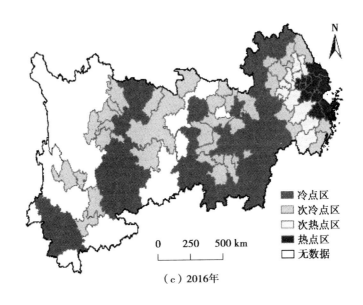

（c）2016年

图 7-4 长江经济带制造业创新能力冷热点演变趋势（续图）

次冷点区跌落至冷点区。冷点区范围略有扩大，除中西部省境边缘地区集中分布外，江西中部、四川西部也落入冷点区。从区域空间分布特征来看，热点区、次热点区的集聚范围相对较小，中、西部地区全部落入次冷点区、冷点区，进一步说明热点区的正向辐射效应仅作用于空间邻近的长三角外围地区，区域制造业创新联动效应不显著，存在一定的空间锁定效应。

（三）制造业创新能力空间格局演变影响因素分析

制造业创新是多维要素空间协作的结果，城市制造业创新能力必然受到城市经济实力的影响；城市第三产业作为城市创新技术转移的需求方和供给方，其产值规模决定了城市创新的规模（段德忠等，2018）；政府拥有巨大的资源支配能力，公共财政支出对本地产业研发支持是产业创新的重要影响因素（潘峰华等，2013）；城市研发人员规模直接影响城市技术创新能力，对城市产业创新产生长期影响；信息基础设施水平等可以提高创新资源的使用效率，进而对城市产业创新发挥作用；对外联系水平有利于提升产业创新能力，城市的对外开放有利于信息的获取，建立多方的技术合作渠道（刘承良等，2018）；高校尤其是高水平高校利用其优质的研发人力资源和先进的实验设备，企业接近高校以应对频繁技术变革、市场需求变化，保持较强产业创新竞争力（胡璇和杜德斌，2019）；开发区的人才、用地、税收和其他一些优惠政策优势会提升对创新人才、企业的吸引力，使制造业在开发区政策中更显著地提高创新能力。

基于此，最终选择人均地区生产总值表征经济规模（X_1）；第三产业增加值占比表征产业结构（X_2）；公共财政支出中科学技术支出占比表征创新基础（X_3）；科学研究、技术服务和地质勘查业人数表征人力资本（X_4）；每万人互联网宽带接入用户数表征信息化基础（X_5）；当年实际使用外资金额表征对外联系水平（X_6）；用本地级市内专科层次学校、普通本科高校、世界一流学科高校、世界一流大学分别赋值 1 分、3 分、5 分、7 分，累加得分表征高校资源（X_7）[①]；用本地级市内省级经济技术开发区、国家级经济技术开发区、国家级高新技术开发区分别赋值 1 分、5 分、9 分，累加得分表征政策因素（X_8）[②]。

借助 ArcGIS 软件，以 2001 年、2009 年和 2016 年作为时间节点，利用自然断裂点法将城市制造业创新指数和各探测因子离散化后分为 5 级，并将城市制造业创新指数和各探测因子导入地理探测器模型中的因子探测模块，分别计算各因子对制造业创新能力影响力 q 的大小，识别地级市尺度上影响制造业创新能力空间分布的关键因素（见表 7 – 5）。

总体来看，不同时期各影响因子对制造业创新能力解释力存在一定差异。经济规模、产业结构、创新基础、对外联系水平对制造业创新能力的解释力持续增强，人力资本的解释力持续下降，信息化基础的解释力呈波动上升趋势，高校资源、政策因素的解释力呈 U 形波动下降变化。分时段来看，2001 年，制造业创新能力的主导因子为高校资源（0.7454）、政策

---

① 资料来源：教育部发布的全国高等学校名单，2001 年、2009 年使用 "211" "985" 工程高校数量。

② 资料来源：国家发改委等 6 部委发布的中国开发区审核公告目录（2018 年版）。

因素（0.7711）、人力资本（0.7092）；2009 年制造业创新能力的主导因子为人力资本（0.6670）、对外联系水平（0.6318）、高校资源（0.5847）；2016 年制造业创新能力的主导因子为对外联系水平（0.7734）、高校资源（0.6739）、政策因素（0.6675）。影响因子在时间上表现出趋同性。

表 7 - 5　长江经济带制造业创新能力影响因子探测结果

探测因子	q 值		
	2001 年	2009 年	2016 年
X_1	0.3614***	0.3979***	0.6337***
X_2	0.3095***	0.1775	0.4729***
X_3	0.0719	0.3064*	0.4192***
X_4	0.7092***	0.6670***	0.6178***
X_5	0.3763***	0.3487*	0.6099***
X_6	0.4964***	0.6318***	0.7734***
X_7	0.7454***	0.5847***	0.6739***
X_8	0.7711***	0.5593***	0.6675***

注：*、**、***分别表示在0.05、0.01、0.001水平显著。

进一步利用交互探测模块分析因子之间交互作用对制造业创新能力解释力的影响（见表 7 - 6）。总体来看，各因子交互作用以双因子增强为主。分时段来看，2001 年，政策因素与其他因子交互作用的解释力明显强于其他因子之间的交互作用，其与高校资源交互作用时解释力最高，达到0.8431。2009 年，经济规模与人力资本交互作用的解释力最高，达到0.7763。2016 年，产业结构与对外联系水平交互作用的解释力以0.9007为最高。

进一步将表 7 - 6 地理探测器探测结果排序得到主导影响因子。2001～2016 年，人力资本、对外联系水平、高校资源、政策因素因子出现频率高且 q 值贡献度均在63％以上，表明这些影响因子均对制造业创新能力具有显著的促进作用。

表 7 – 6 长江经济带制造业创新能力影响因子之间的交互作用

年份	因子	X_1	X_2	X_3	X_4	X_5	X_6	X_7	X_8
2001	X_1	0.3614							
	X_2	0.6695	0.3095						
	X_3	0.5439	0.4490	0.0719					
	X_4	0.7914	0.7557	0.7601	0.7092				
	X_5	0.4705	0.5687	0.4894	0.7983	0.3763			
	X_6	0.5767	0.6514	0.6244	0.7832	0.5474	0.4964		
	X_7	0.8199	0.7637	0.8287	0.8332	0.8100	0.8316	0.7454	
	X_8	0.8102	0.8225	0.8188	0.8164	0.8299	0.8129	0.8431	0.7711
2009	X_1	0.3979							
	X_2	0.6010	0.1775						
	X_3	0.5366	0.5368	0.3064					
	X_4	0.7763	0.7101	0.7236	0.6670				
	X_5	0.5455	0.4691	0.4865	0.7130	0.3487			
	X_6	0.7037	0.7151	0.6815	0.7299	0.6859	0.6318		
	X_7	0.6773	0.6450	0.6793	0.7137	0.6503	0.6956	0.5847	
	X_8	0.7602	0.6990	0.6371	0.7270	0.7079	0.7197	0.6791	0.5593
2016	X_1	0.6337							
	X_2	0.7970	0.4729						
	X_3	0.7484	0.8049	0.4192					
	X_4	0.8628	0.8243	0.8507	0.6178				
	X_5	0.6805	0.7527	0.7008	0.8686	0.6099			
	X_6	0.8814	0.9007	0.8508	0.8416	0.8874	0.7734		
	X_7	0.8491	0.8743	0.8180	0.8054	0.8992	0.8599	0.6739	
	X_8	0.8569	0.8664	0.7793	0.8715	0.8769	0.8024	0.8691	0.6675

人力资本。没有一定规模的科研人员、高素质劳动力作为基础,不掌

握核心自主知识产权，制造业创新就无从谈起。人力资本不仅是创新活动的投入要素，而且通过对新知识的识别、吸收和应用提升创新能力（刘烨等，2019），科研人才也就同技术扩散、产业创新联结到了一起。随着长江经济带制造业产业结构的升级，与劳动力成本的比较优势相比，高技术产业对劳动力素质的需求更大（李建新等，2018）。

对外联系水平。即资源交换能力，缺少外部交流，原创性创新乃至边际改进型创新难度巨大。一定程度上，对外联系的广度和深度即制造业创新广度和深度。对外联系水平通过人力资本、模仿与示范作用及竞争与合作效应三个方面路径对制造业创新产生显著正向影响。企业提升对外联系水平可以在生产工艺、企业管理、市场策略等方面产生模仿与示范作用，以提高企业创新绩效。此外，加强同行之间的合作或竞争关系也会刺激企业创新行为。

高校资源。创新系统中众多高水平高校、科研机构等创新主体掌握着"稀缺"的创新资源，由大学及科研机构产生的基础知识和应用技术是制造业企业创新的重要的外部知识源，通过产学研协同创新，可方便地获取先进知识、技术，降低研发成本和创新风险。同时，高校及科研院所储备着大量科技人员，为企业提供了人才保障（司月芳等，2019）。高技术产业空间格局高度集聚在长三角地区，即长三角拥有最为密集的高水平科研院所、高校。

政策因素。开发区作为产业的主要承载平台，特别是高新技术开发区以其税收优惠政策力度大、基础设施完备、创新资源集聚等优势，同时，开发区在招商引资过程中会尽力吸引大企业入驻，政策效应和集聚效应对企业生产率促进作用显著（谭静和张建华，2019），成为产业创新研发活动的首选之地。

四、第三产业创新空间格局与产业集聚特征

第三产业是指第一、第二产业以外的其他行业（现代服务业或商业），范围较广泛，主要包括商业、金融、交通运输、通信、教育、服务业及其他非物质生产部门。第一、第二产业为第三产业创造条件，第三产业的发展促进第一、第二产业的进步。

（一）第三产业发展概述

从整体上说，长江经济带各地区的第三产业发展迅速，交通运输业、邮电通信业、批发零售业、餐饮业、金融保险业、信息服务业、旅游业和房地产业都有不同程度的快速增长。

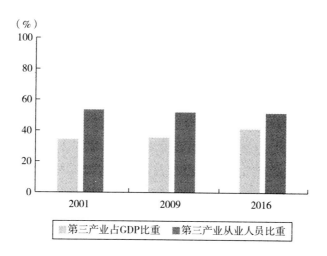

图 7 - 5　2001～2016 年长江经济带第三产业占 GDP 比重变化情况

从图 7 - 5 可以看出，长江经济带第三产业的产出规模在三次产业中的占比一直呈现上升趋势，2001 年，长江经济带第一产业占 GDP 的 34.45%，2009 年上升到 35.61%，2016 年达到 41.36%，占比越来越多，说明在观察期内，长江经济带的产业结构趋于优化，区域经济更加活跃。从劳动力资源角度分析长江经济带第三产业发展情况，研究期内，长江经济带第三产业的城镇劳动力变化较为平稳，一直保持在 50% 以上，与实际产业需求相符。

（二）第三产业创新空间格局

通过 ArcGIS 的自然断裂点方法将第一产业创新指数划分为四类，进而进行可视化得到长江经济带第三产业创新能力空间演变格局（见图 7 - 6）。

根据图 7 - 6 可以发现：①长江经济带第三产业创新能力区域差异显著，空间格局变化明显。2011 年创新能力强的城市在上游（重庆）、中游（武汉）和下游（上海和南京）地区均有分布，到 2009 年第三产业创新能力高等级城市（上海）只出现在下游地区，创新能力空间格局产生显著的

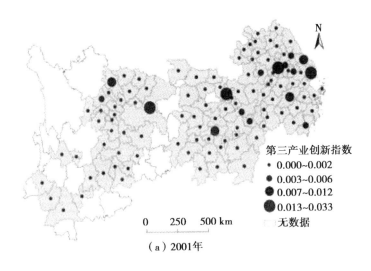

第三产业创新指数
· 0.000~0.002
● 0.003~0.006
● 0.007~0.012
● 0.013~0.033
　无数据

0　　250　　500 km

（a）2001年

图 7 - 6　2001 ~ 2016 年长江经济带第一产业创新指数空间分布

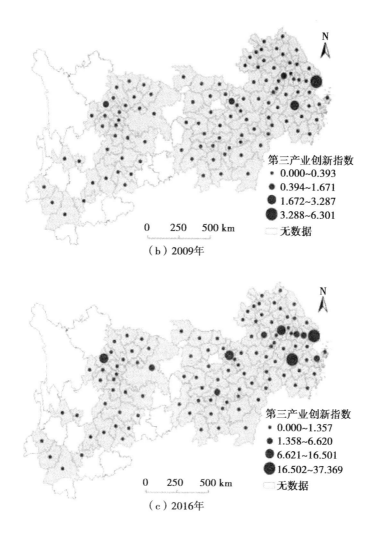

第三产业创新指数
· 0.000~0.393
· 0.394~1.671
● 1.672~3.287
● 3.288~6.301
□ 无数据

（b）2009年

第三产业创新指数
· 0.000~1.357
· 1.358~6.620
● 6.621~16.501
● 16.502~37.369
□ 无数据

（c）2016年

图7-6 2001~2016年长江经济带第一产业创新指数空间分布（续图）

变化，大部分的城市创新能力处于相对下降的趋势，区域之间的差距逐渐扩大，到2016年第三产业创新能力高等级的城市稍有增多，西部地区的创新能力有所提升。②长江经济带第一产业创新能力层级结构显著，层级结构逐渐得到强化。2001年形成以上海、南京、武汉和重庆四大城市为第一层级，南通、杭州、长沙、绵阳为第二层级，温州、泰州、无锡、镇江、合肥、九江、南昌、成都等城市为第三层级，乐山、南充、眉山、宜宾、广安、达州、雅安、巴中、资阳等广大中西部城市为第四层级。2009年形成以上海为唯一的第一层级城市，第二层级也仅有杭州，第三层级城市也仅包含成都、南京、武汉三个城市，第四层级城市显著增多的格局，共有105个城市。到2016年形成以上海、杭州为核心的第一层级城市，以南京、武汉、成都等为第二层级的城市，以重庆、长沙、无锡、合肥、苏州为第三层级的城市，以温州、泰州、镇江、九江、南昌、南通、绵阳等为第四层级的城市。③相较于第一产业，长江经济带第三产业创新能力核心—边缘结构不够突出。大部分城市创新能力不强，创新能力强的城市主要在长三角地区，广大中西部地区创新能力还有较大的提升空间。总体而言，长江经济带第三产业创新能力区域差异呈现扩大的趋势，形成以上海、杭州、南京、武汉等主要的省会城市或者国家中心城市为中心，创新逐渐向这些高等级城市集中，城市层级结构越发突出（见表7-7）。

表7-7　长江经济带城市层级

年份	层级	城市
2001	第一层级	（4）上海、南京、武汉、重庆
	第二层级	（4）南通、杭州、长沙、绵阳
	第三层级	（8）温州、泰州、无锡、镇江、合肥、九江、南昌、成都
	第四层级	（94）徐州、常州、苏州、连云港、淮安、盐城、扬州、宿迁、宁波、嘉兴、湖州、绍兴、金华、衢州、舟山、台州、丽水、芜湖、蚌埠、淮南、马鞍山、淮北、铜陵、安庆、黄山、滁州、阜阳、宿州、六安、亳州、池州、宣城、景德镇、萍乡、新余、鹰潭、赣州、吉安、宜春、抚州、上饶、黄石、十堰、宜昌、襄阳、鄂州、荆门、孝感、荆州、黄冈、咸宁、随州、株洲、湘潭、衡阳、邵阳、岳阳、常德、张家界、益阳、郴州、永州、怀化、娄底、自贡、攀枝花、泸州、德阳、广元、遂宁、内江、乐山、南充、眉山、宜宾、广安、达州、雅安、巴中、资阳、贵阳、六盘水、遵义、安顺、毕节、铜仁、昆明、曲靖、玉溪、保山、昭通、丽江、普洱、临沧

年份	层级	城市
2009	第一层级	（1）上海
	第二层级	（1）杭州
	第三层级	（1）成都、南京、武汉
	第四层级	（105）重庆、南通、长沙、绵阳、温州、泰州、无锡、镇江、合肥、九江、南昌、徐州、常州、苏州、连云港、淮安、盐城、扬州、宿迁、宁波、嘉兴、湖州、绍兴、金华、衢州、舟山、台州、丽水、芜湖、蚌埠、淮南、马鞍山、淮北、铜陵、安庆、黄山、滁州、阜阳、宿州、六安、亳州、池州、宣城、景德镇、萍乡、新余、鹰潭、赣州、吉安、宜春、抚州、上饶、黄石、十堰、宜昌、襄阳、鄂州、荆门、孝感、荆州、黄冈、咸宁、随州、株洲、湘潭、衡阳、邵阳、岳阳、常德、张家界、益阳、郴州、永州、怀化、娄底、自贡、攀枝花、泸州、德阳、广元、遂宁、内江、乐山、南充、眉山、宜宾、广安、达州、雅安、巴中、资阳、贵阳、六盘水、遵义、安顺、毕节、铜仁、昆明、曲靖、玉溪、保山、昭通、丽江、普洱、临沧
2016	第一层级	（2）上海、杭州
	第二层级	（3）南京、武汉、成都
	第三层级	（5）重庆、长沙、无锡、合肥、苏州
	第四层级	（100）温州、泰州、镇江、九江、南昌、南通、绵阳、徐州、常州、连云港、淮安、盐城、扬州、宿迁、宁波、嘉兴、湖州、绍兴、金华、衢州、舟山、台州、丽水、芜湖、蚌埠、淮南、马鞍山、淮北、铜陵、安庆、黄山、滁州、阜阳、宿州、六安、亳州、池州、宣城、景德镇、萍乡、新余、鹰潭、赣州、吉安、宜春、抚州、上饶、黄石、十堰、宜昌、襄阳、鄂州、荆门、孝感、荆州、黄冈、咸宁、随州、株洲、湘潭、衡阳、邵阳、岳阳、常德、张家界、益阳、郴州、永州、怀化、娄底、自贡、攀枝花、泸州、德阳、广元、遂宁、内江、乐山、南充、眉山、宜宾、广安、达州、雅安、巴中、资阳、贵阳、六盘水、遵义、安顺、毕节、铜仁、昆明、曲靖、玉溪、保山、昭通、丽江、普洱、临沧

（三）第三产业创新集聚特征

通过 ArcGIS 平台的空间统计分析工具模块—聚类分析—热点分析工具计算 Gi^* 指数，运用自然断裂点将 Gi^* 统计量 Z 值得分划分为热点区、次热点区、次冷点区、冷点区 4 个等级，进而进行可视化得到长江经济带第三产业创新集聚冷热点演化趋势如图 7-7 所示。

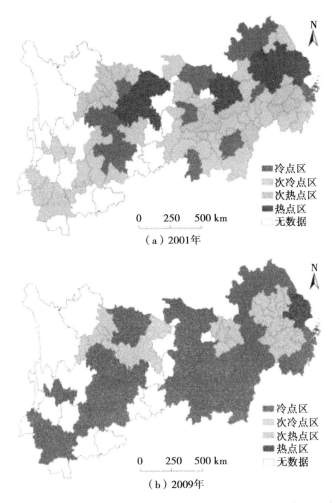

图 7-7　2001~2016 年长江经济带第三产业创新指数空间分布

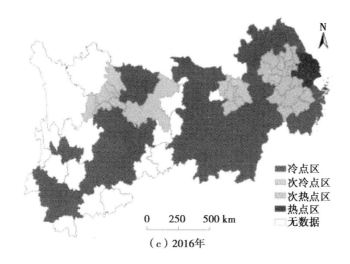

冷点区
次冷点区
次热点区
热点区
无数据

0　250　500 km

（c）2016年

图 7 - 7　2001 ~ 2016 年长江经济带第三产业创新指数空间分布（续图）

根据图 7 - 7 可以发现：长江经济带第三产业创新能力存在显著的空间自相关，总体呈自成渝城市群、滇中城市群、长江中游城市群向长三角城市群集聚的特征，东部城市群创新能力强，中、西部地区创新能力弱的格局显著。热点区范围逐渐缩小，城市数量由 2001 年的 24 个缩减到 2009 年和 2016 年的 6 个，尤其是 2001 ~ 2009 年出现断崖式的缩减，降幅高达 75%，减少的城市主要包括达州、重庆、广安、南充、巴中、武汉、黄冈、孝感、荆门、荆州等中西部城市，东部的上海、苏州、无锡、常州等长三角城市保持稳定，说明长三角城市的创新能力稳定且居于高水平；次热点区变化相对较小，城市数量由 2001 年的 16 个减少为 2009 年和 2016 年的 6 个，降幅为 62.5%，减少的区域主要集中在四川、湖南、江西、湖北 4 省；次冷点区的城市数量由 2001 年的 40 个减少到 2009 年和 2016 年的 20 个，减少了一半；冷点区的城市数量由 2001 年的 34 个增加到 2009 年和 2016 年的 76 个，增长 1.24 倍，接近 1/3 的城市转化为冷点区。总体而言，长江经济带创新能力时空差异显著，创新能力不稳定，从时间上看，2001 ~ 2009 年变化显著，热点区、次热点区、次冷点区、冷点区变化幅度均超过 50%，其中冷点区增幅最大，热点区降幅最大，2009 ~ 2016

年冷热点格局基本稳定，没有发生明显变化；从空间上看长三角地区变化较小，大部分城市保持原有的状态，中西部地区变化剧烈，大部分城市由次冷点区转变为冷点区，由热点区、次热点区转变为次冷点区，这表明长江经济带第三产业创新能力水平区域差异显著，区域差异呈现扩大的趋势，创新能力高、辐射带动作用强的城市在减少，区域发展不平衡不协调。

五、本章小结

本章基于 2001～2016 年的长江经济带 110 个地级市三大产业创新产出数据，结合数理分析、空间分析等方法分析长江经济带第一产业、第二产业和第三产业创新能力发展趋势和空间集聚特征，从多个方面解释长江经济带创新能力时空格局演变特征，主要结论如下：

第一，长江经济带第一产业的产出规模在三次产业中的占比一直呈现下降趋势。经济带上游第一产业增加值占地区生产总值比重较大；中游地区经济作物种植较为发达，农副产品加工业发展迅速；下游地区农业以都市型、外向型为主。长江经济带第一产业创新能力区域内部和区域之间均存在明显的差异，尤其是区域内部之间的差异突出，此外第一产业创新能力核心—边缘结构明显，上海、武汉、南京、长沙等高等级的城市处于核心地位，创新能力强，其他低等级的城市创新能力显著不足，边缘化特征明显。长江经济带第一产业创新能力存在空间自相关，整体上呈现由中西部地区向东部地区集聚的态势，长三角城市群创新能力强，中西部广大地区创新能力弱的格局稳定。

第二，长江经济带制造业创新能力增幅迅猛上升，创新能力空间差异仍较大。进一步从 31 个细分产业来看，化学原料和化学制品制造业、医药制造业、专用设备制造业、通用设备制造业、仪器仪表制造业创新能力均最强。皮革毛皮羽毛及其制品和制鞋业、家具制造业、烟草制品业、印刷和记录媒介复制业、纺织服装服饰业创新能力最差。长江经济带制造业创新能力存在显著的空间正相关，空间上制造业创新能力较高的城市趋于集聚，总体呈中西部向东部集聚的演变态势，"东强西弱"地带性格局显著。经济规模、产业结构、创新基础、对外联系水平对制造业创新能力的解释力持续增强，人力资本的解释力持续下降，信息化基础的解释力呈波动上升趋势，高校资源、政策因素的解释力呈 U 形波动下降变化。

第三，长江经济带第三产业的产出规模在三次产业中的占比一直呈现上升趋势。长江经济带第三产业创新能力区域差异显著，空间格局变化明显，呈现由中西部向东部聚集的趋势，长江三角洲城市群第三产业创新能力突出。长江经济带第三产业创新能力存在显著的空间自相关，总体呈自成渝城市群、滇中城市群、长江中游城市群向长三角城市群集聚的特征，东部城市群创新能力强，中、西部地区创新能力弱的格局显著。

第八章

长江经济带新兴产业创新水平
时空格局演变分析

一、新兴产业创新水平时空格局

（一）时序变化特征

2001～2016 年，长江经济带新兴产业创新能力总体增幅迅猛，空间差异总体呈扩大态势（见表 8-1）。2001 年以来长江经济带新兴产业创新经历了一个显著增长的过程，创新能力在 2001 年、2009 年、2016 年分别为 1.04、12.82、93.83，地级单元平均值相应达到 0.01、0.12、0.85，在 15 年内增长了 70.83 倍之多，平均增长率为 34.47%。虽创新能力逐步提升，但至 2016 年，长江经济带大部分地级单元新兴产业创新能力仍处于较低水平。比较各年度创新能力的变异系数，创新能力的差距总体在扩大，但幅度在缩小。2001～2008 年，创新能力的变异系数增加迅速，由 2001 年的 2.61 增加为 2008 年的 3.73，2008 年成为空间差异的峰值；2008 年后，创新能力的空间相对差异缩小态势显现，逐步降低到 2.87。

对比分析极差和标准差变化特征可知，高水平发展市域得分增速明显，而低水平发展市域长期保持稳定，"马太效应"强烈，两极分化日益显著。

表8-1 长江经济带新兴产业创新能力

年份	创新能力	市域平均值	变异系数	极差	标准差
2001	1.04	0.01	2.61	0.21	0.03
2002	1.23	0.01	2.66	0.25	0.03
2003	1.74	0.02	2.85	0.40	0.05
2004	2.65	0.02	3.14	0.68	0.08
2005	3.66	0.03	3.38	1.03	0.11
2006	5.04	0.05	3.60	1.54	0.16
2007	6.67	0.06	3.69	2.10	0.22
2008	9.09	0.08	3.73	2.89	0.31
2009	12.82	0.12	3.72	4.06	0.43
2010	17.46	0.16	3.59	5.28	0.57
2011	24.78	0.23	3.39	6.92	0.76
2012	34.56	0.31	3.27	9.21	1.02
2013	44.43	0.40	3.18	11.43	1.27
2014	55.13	0.50	3.09	13.65	1.54
2015	72.81	0.66	2.96	16.99	1.94
2016	93.83	0.85	2.87	21.00	2.43

（二）空间关联特征

为探讨长江经济带新兴产业创新能力的地域集聚格局特征，通过Geo-Da软件计算了全局Moran's I指数（见表8-2）。从中可知，历年Moran's I值在10%显著性水平下均通过了检验且逐年增大，说明长江经济带新兴产业创新能力存在显著的空间正相关，即新兴产业创新能力较高的城市在空间上趋于集聚。

表 8 - 2　长江经济带新兴产业创新能力 Moran's I 指数

年份	Moran's I 指数	z	p	年份	Moran's I 指数	z	p
2001	0.002	0.916	0.033	2009	0.367	2.952	0.057
2002	0.129	0.976	0.018	2010	0.385	2.964	0.033
2003	0.158	1.134	0.022	2011	0.386	3.035	0.042
2004	0.157	1.431	0.034	2012	0.452	3.148	0.033
2005	0.236	1.592	0.021	2013	0.481	3.313	0.019
2006	0.328	1.632	0.056	2014	0.499	3.349	0.018
2007	0.333	2.632	0.047	2015	0.538	3.961	0.005
2008	0.348	2.939	0.058	2016	0.568	4.208	0.003

为进一步反映新兴产业创新能力的局部关联特征，揭示具体城市之间的空间关联格局，计算长江经济带创新能力的 Gi^* 统计量 Z 值得分，按照自然断裂点法将 Z 值分成 4 个等级，得到长江经济带新兴产业创新能力冷热点演变趋势如图 8 - 1 所示。

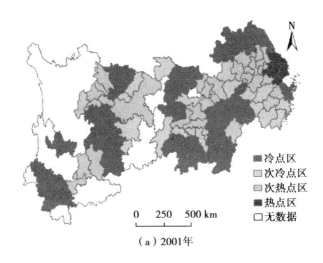

（a）2001年

图 8 - 1　长江经济带新兴产业创新能力冷热点演变趋势

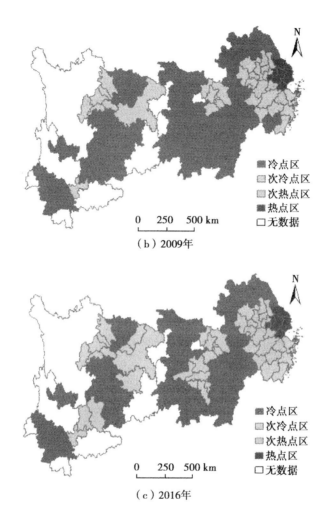

（b）2009年

（c）2016年

图 8 – 1 长江经济带新兴产业创新能力冷热点演变趋势（续图）

由图 8 – 1 可知，长江经济带新兴产业创新能力存在显著的空间正相关，呈现由中西部向东部集聚的总体演变态势，"东强西弱"地带性格局深化。产业创新能力热点区域基本保持不变，次热点区、次冷点区和冷点区变化较大。稳定的热点区主要包括上海、苏州、嘉兴、南通等城市，始终集聚于长三角地区。次热点区自西向东"萎缩"，毗邻热点区分布并有小范围扩张，主要是长三角地区外围城市。次冷点区由"破碎"走向"集

171

中连片",成都、昆明、武汉、长沙等次热点区演化为次冷点区。冷点区范围变化不显著,总体略有扩大,集中分布在中西部省境边缘地区。从区域空间分布特征来看,热点区、次热点区的集聚范围相对较小,中、西部地区处于低值集群离散分布状态,集聚特征显著,也说明热点集聚区的正向辐射效应有限,区域产业创新性能力空间失衡区域恶化,形成"东强西弱"的空间锁定或路径依赖效应。

二、新兴产业创新空间溢出效应

(一)空间面板回归分析

长江经济带新兴产业创新能力的空间特征显示了各城市产业创新能力不仅受自身经济发展水平的影响,而且受周围城市产业创新能力、经济水平、产业结构等因素的影响,区域之间的创新能力具有空间溢出效应。参考已有研究(焦敬娟等,2017;杨凡等,2016;易高峰和刘成,2018),选取经济发展水平 RGDP(人均 GDP)、产业结构 IS(第三产业生产总值占比)、人力资源 HR(R&D 人员数量)、政府政策 GDL(教育与科研经费支出占财政支出比重)、对外联系水平 OPEN(进出口总额占 GDP 比重)、创新环境 EI(互联网宽带接入用户数),基于 Stata15 软件对长江经济带新兴产业创新能力的空间溢出效应进行分析。先对所有数据进行单位根和协整检验,其结果均通过了检验,表明面板数据具有较好的平稳性。再对空间计量模型进行 Hausman 检验和 Log – likelihood 拟合优度选择,Hausman 检验结果其卡方差值为负,且 P 值未能通过显著性检验,对数似然值显示随机效应的空间杜宾模型拟合程度明显优于固定效应的空间杜宾模型。因此,最终选择随机效应的空间杜宾模型进行空间建模分析。

空间自回归系数 ρ 为 0.148（见表 8 - 3），通过了 1% 显著性检验，表明新兴产业创新能力存在着显著的正向溢出效应。除产业结构具有负向影响外，经济发展水平、人力资源、政府政策、对外联系水平、创新环境均具有正向影响。

表 8 - 3　空间杜宾模型回归结果

变量	回归系数		变量	滞后项系数	
	系数	t 值		系数	t 值
RGDP	0.341 ***	2.801	W × RGDP	0.274 ***	2.658
IS	0.064 **	1.004	W × IS	0.101 *	1.345
HR	0.129	0.767	W × HR	− 0.105	0.624
GDL	0.014 *	0.975	W × GDL	0.107 *	0.963
OPEN	0.298 **	3.514	W × OPEN	− 0.016 *	3.371
EI	0.081 **	0.398	W × EI	0.013 *	0.832
Cons	0.534 ***	2.47	ρ	0.148 ***	2.06
R²	0.862		Log – likelihood	428.421	

注：*、**、*** 分别表示在 0.05、0.01、0.001 水平显著。

（二）空间溢出效应分析

基于 Stata15 软件获得各变量的空间直接效应和间接效应，结果如表 8 - 4 所示。除产业结构外，经济发展水平、人力资源、政府政策、对外联系水平、创新环境变量系数均为正，表明这些解释变量均对产业创新能力具有促进作用。

从经济发展水平来看，直接效应和间接效应系数分别为 0.349 和 0.271，且均通过了 1% 水平下显著性检验，经济发展水平对本地区及其他地区产业创新能力均有促进作用。经济发展水平差异与创新能力存在一定耦合性。创新动力的背后是经济活力，经济发展水平高的城市更加需要创新驱动经济增长，经济发展又为产业创新提供了强大基础。根据地理学第一定律，城市较高的经济发展水平，其对邻近地区会产生更强的经济影响力，可以推动知识与信息的扩散。

表 8 - 4　空间杜宾模型的直接效应、间接效应和总效应

因素	直接效应		间接效应		总效应	
	系数	t 值	系数	t 值	系数	t 值
RGDP	0.349 ***	2.699	0.271 ***	2.556	0.622 ***	2.168
IS	0.184 **	0.325	0.114 *	1.24	0.3 **	0.598
HR	− 0.113	0.665	− 0.006	0.522	− 0.117	0.468
GDL	0.212 *	1.104	− 0.11 *	0.961	0.104 **	1.198
OPEN	0.214 *	3.512	0.217 *	3.369	0.433 *	0.568
EI	0.092 *	0.973	0.011 *	0.83	0.105 **	0.938

注：*、**、***分别表示在 0.05、0.01、0.001 水平显著。

产业结构对产业创新能力的直接效应系数为 0.184，间接效应系数为 0.114，均通过了 5% 显著性水平。表明第三产业比重的上升有利于本地及邻近地区产业创新能力提升。在知识经济时代，第三产业在城市经济发展中占重要份额，信息传输计算机服务、软件业、金融业、科学研究和技术服务业等关联性与知识技术密集型的生产性服务业作为第二产业配套产业和服务业重要组成成分，为地区汇集大量创新要素，提供产业创新平台。同时这些创新要素流动性较大，其影响范围超越本地范围，使邻近地区受益。

人力资源的直接效应、间接效应弹性系数为 − 0.113 和 − 0.006，未能通过显著性检验，即人力资源所带来的创新资源通过直接或间接传导对产业创新能力虽存在负相关，但不显著。这可能是因为 R&D 人员投入见效慢，人力资本对产业创新作用是一个长期的内化过程，而经费投入见效快，可以立马在创新能力提升上得到体现，间接显示出人力资本培养难度大、见效慢，产业创新能力的提高更多地依靠经济发展、产业升级来驱动。

政府政策的直接效应、间接效应弹性系数为 0.212 和 − 0.11，通过了

10%水平下显著性检验，表明增加科研教育经费的投入对本地产业创新能力存在促进作用，但其对邻近地区的产业创新能力则有抑制作用。本地政府对创新能力的资金投入会提升对创新人才、企业的吸引力，从而不利于其他城市产业创新能力的提升。

对外联系水平的直接效应系数、间接效应系数分别为0.214、0.217，均通过了10%显著性水平，空间溢出效应显著。对外联系水平对本地区以及周边地区新兴产业创新能力的提升均具有明显促进作用。增强对外联系水平可以通过人力资本、模仿与示范作用及竞争与合作效应对创新产生外溢效应，对外联系水平对产业创新具有显著的正向影响。

创新环境的直接效应、间接效应弹性系数为0.092和0.011，通过了10%水平下显著性检验，表明创新环境优化不仅有利于本地区产业创新能力的提升，而且能够产生明显的空间溢出效应，推动周边邻近地区产业创新能力的提高。优化信息基础设施水平等创新环境可以提高创新资源的使用效率，随着产业结构的"软化"，从事科研、金融、管理、教育等产业的人员比重增大，从产业和就业结构上提升产业创新能力。

三、新兴产业与制造业细分行业创新水平空间格局比较研究

（一）总体产业创新能力空间格局演变特征

为了直观对比制造业与新兴产业创新能力空间分布特征，基于ArcGIS 10.2平台中标准差椭圆分析法，计算得出2001年、2009年、2016年长江经济带制造业与新兴产业创新空间重心、标准差椭圆分布图（见图8-2），以揭示长江经济带总体产业创新能力空间格局演变特征。

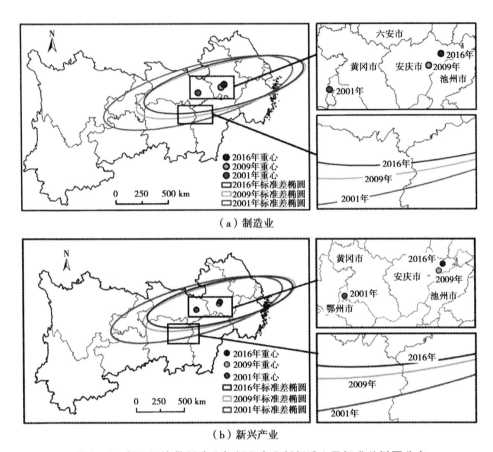

图 8 - 2　长江经济带制造业与新兴产业创新重心及标准差椭圆分布

图 8 - 2（a）显示，制造业创新能力各时间断面下标准差椭圆方位角呈持续上升趋势，由 2001 年的 74.69°上升到 2017 年的 76.79°，标准差椭圆轴线呈逆时针变化趋势，空间分布总体走向为东北—西南方向；从空间重心迁移总体格局来看，2001～2016 年重心在 114.56°E～117.27°E、30.32°N～30.83°N 范围内变动。2001 年重心位于鄂州市西南部地区；2009 年重心以 25 千米/年的速度迅速迁移至安庆市的东部；2016 年重心继续向东北方迁移，但速度明显放缓，其速度为 5 千米/年。图 8 - 2（b）显示，新兴产业创新能力各时间断面下标准差椭圆方位角呈持续上升趋势，由 2001 年的 74.96°上升到 2017 年的 77.38°，标准差椭圆轴线呈逆时

针变化趋势，空间分布总体走向为东北—西南方向；从空间重心迁移总体格局来看，重心变动范围为 114.73°E ~ 117.33°E、30.39°N ~ 30.87°N。2001 年重心位于鄂州市西南部地区；2009 年重心以 30 千米/年的速度迅速迁移至安庆市的东北部；2016 年重心继续向东北方迁移，但速度明显放缓，其速度为 2.8 千米/年。

总体上看，制造业与新兴产业总体创新能力空间格局均表现出东北—西南方向布局，空间重心持续向东部沿海方向迁移，随着前期创新重心快速东移，后期中西部地区产业发展提质增速，创新重心迁移速度大大减缓，显示出产业创新总体格局一致性。2001 ~ 2009 年新兴产业创新空间重心迁移年均速度快于制造业，而 2009 ~ 2016 年制造业创新空间重心迁移年均速度快于新兴产业，说明中西部地区新兴产业创新发展呈加速追赶态势。

（二）细分行业创新能力空间格局演变特征

借助 ArcGIS10.2 中核密度分析工具，按照自然断裂法划分 6 个等级，分别绘制 2001 年、2009 年、2016 年 3 个时间断面下长江经济带制造业与新兴产业细分行业创新能力密度（见图 8 - 3 和图 8 - 4），进一步揭示 2001 ~ 2016 年长江经济带制造业与新兴产业细分行业创新能力精细化空间演化形态。总体来看，2001 ~ 2016 年细分行业创新能力均提高，但核密度大小及其空间转移各异。

1. 高技术产业

2001 年，成都、重庆、昆明、武汉、长沙及周边地区核密度相对较高，南京、上海、杭州等地区核密度也相对较大。2009 年较 2001 年原有的成渝、长株潭、武汉、昆明强密度区域面积大幅缩小，同时苏北、浙南等地核密度减小，向长三角核心集聚。2016 年高技术产业整体核密度较弱，空间极化现象显著，总体核密度区域呈小幅度下降趋势，昆明、贵阳、南昌核密度进一步下降。长三角地区核密度持续加强，呈 7 字形扩张，原有区域核密度进一步增强，面积稍有向周围扩大的趋势。

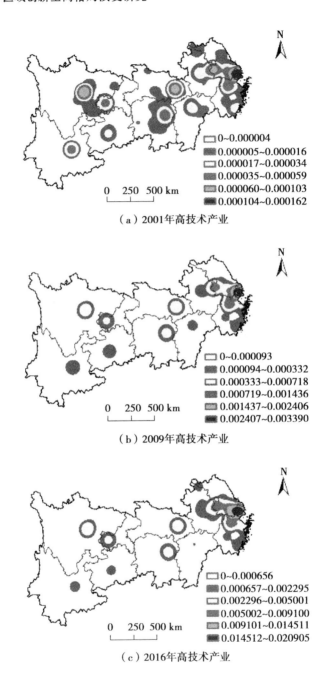

（a）2001年高技术产业

0~0.000004
0.000005~0.000016
0.000017~0.000034
0.000035~0.000059
0.000060~0.000103
0.000104~0.000162

（b）2009年高技术产业

0~0.000093
0.000094~0.000332
0.000333~0.000718
0.000719~0.001436
0.001437~0.002406
0.002407~0.003390

（c）2016年高技术产业

0~0.000656
0.000657~0.002295
0.002296~0.005001
0.005002~0.009100
0.009101~0.014511
0.014512~0.020905

图8-3 长江经济带制造业高、中、低技术产业创新核密度分布

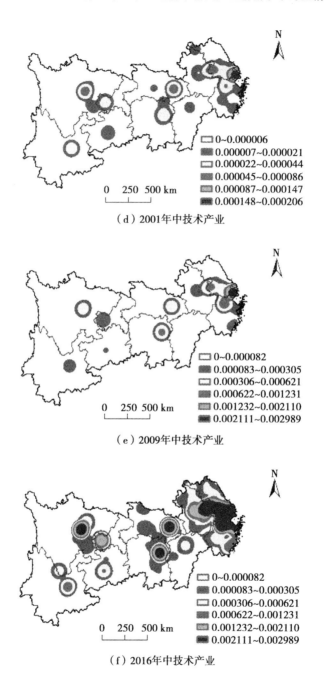

（d）2001年中技术产业

（e）2009年中技术产业

（f）2016年中技术产业

图 8 - 3　长江经济带制造业高、中、低技术产业创新核密度分布（续图）

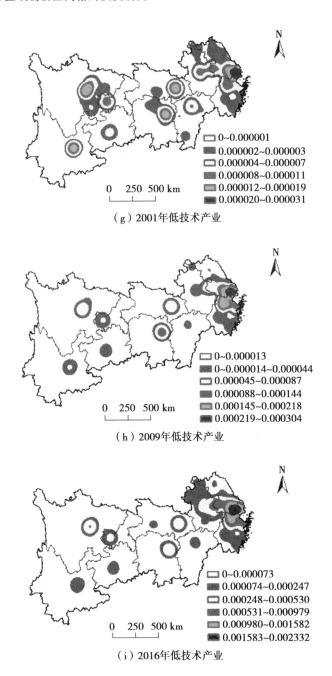

（g）2001年低技术产业

（h）2009年低技术产业

（i）2016年低技术产业

图 8-3　长江经济带制造业高、中、低技术产业创新核密度分布（续图）

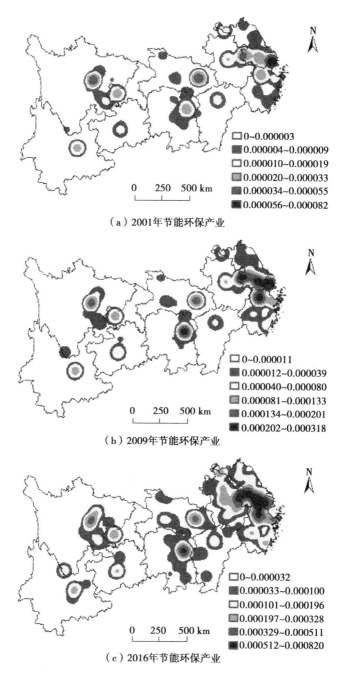

（a）2001年节能环保产业

（b）2009年节能环保产业

（c）2016年节能环保产业

图 8－4　长江经济带新兴产业细分行业创新能力空间分布

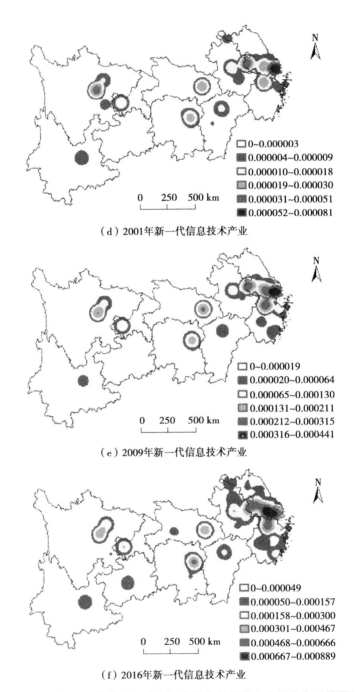

（d）2001年新一代信息技术产业

（e）2009年新一代信息技术产业

（f）2016年新一代信息技术产业

图8-4　长江经济带新兴产业细分行业创新能力空间分布（续图）

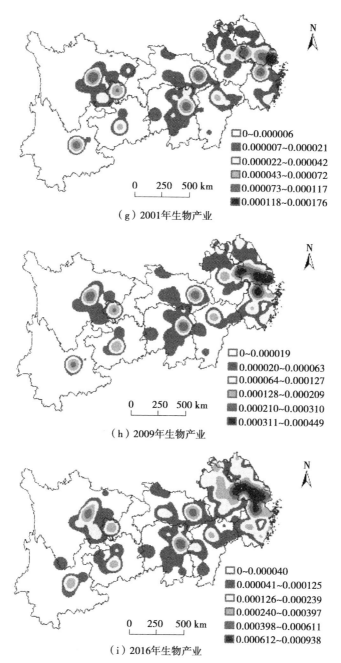

（g）2001年生物产业

（h）2009年生物产业

（i）2016年生物产业

图8-4 长江经济带新兴产业细分行业创新能力空间分布（续图）

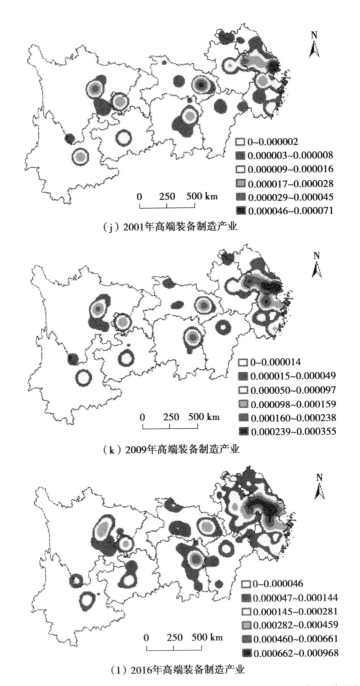

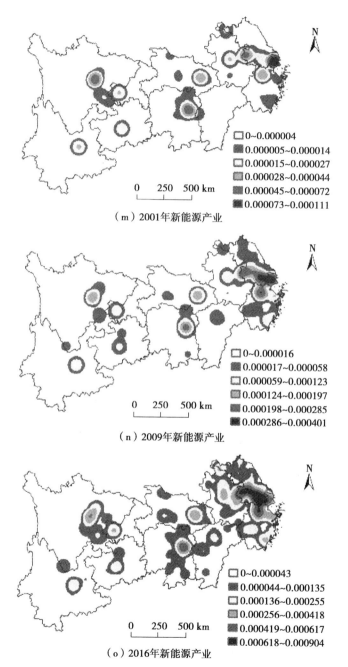

（m）2001年新能源产业

（n）2009年新能源产业

（o）2016年新能源产业

图8-4　长江经济带新兴产业细分行业创新能力空间分布（续图）

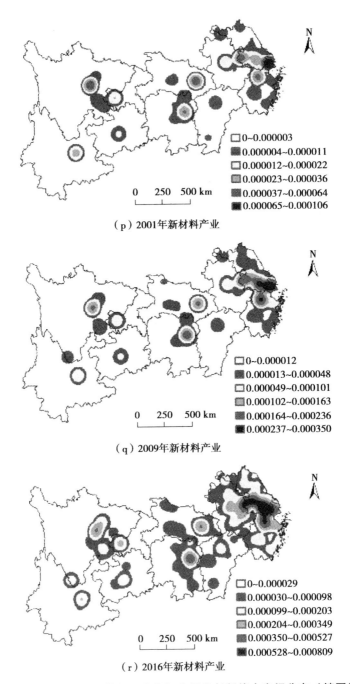

（p）2001年新材料产业

（q）2009年新材料产业

（r）2016年新材料产业

图8-4　长江经济带新兴产业细分行业创新能力空间分布（续图）

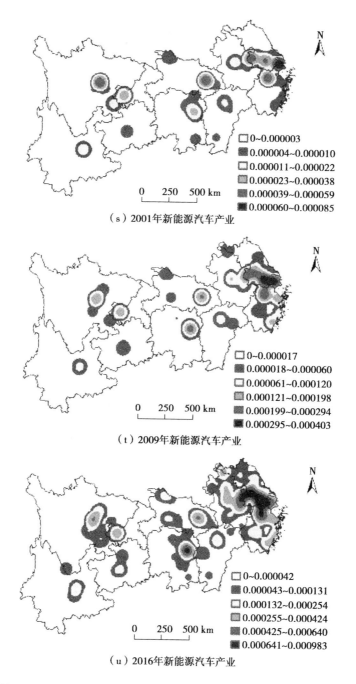

（s）2001年新能源汽车产业

（t）2009年新能源汽车产业

（u）2016年新能源汽车产业

图 8－4 长江经济带新兴产业细分行业创新能力空间分布（续图）

2. 中技术产业

2001 年，上海及附近的南京、杭州等地的核密度相对较大，西部的成都、中部的武汉等地区核密度也相对较大。2009 年长沙核密度有所加强，成都、武汉核密度降低，长三角核密度增长缓慢，上海、杭州开始联结。2016 年比 2009 年长江经济带核密度整体有较明显的提升，大部分地区中心城市核密度开始出现强集聚，核密度分布逐渐出现扩散现象。长三角地区核密度进一步得到加强，安徽大部与长三角融合的地区成为强核密度集聚程度相对较高的区域。成都核密度持续向东北、东南两个方向扩展，长沙形成新的核密度较强区域，且涵盖的区域大体与长株潭城市群范围相符，贵阳、南昌核密度也在一定程度逐渐加强。

3. 低技术产业

2001 年，核密度空间分布较为均衡，成都—重庆、合肥—南京核密度分布"组团"格局显著。2009 年核密度高密度区集聚进程有所疲软，大部分地区退化为点状格局。苏北、成渝地区核密度空间布局进一步缩小。至 2016 年，成都地区核密度再次加强，而长沙地区核密度下降。安徽整体密度值上升，空间上核密度转而向北延伸。长三角地区向东南、西北两个方向核密度呈 Z 形延伸融合趋势。

4. 节能环保产业

节能环保产业 2009 年较 2001 年原有的长三角强密度区域向南北方向延伸，带动苏北、浙南等地核密度增强。2009 年核密度区域呈小幅度增加趋势，长沙、贵阳核密度显著增强。2016 年，南京—上海—杭州成为核密度高值轴线，中东部大部分地区核密度值进一步增加，面积大幅扩散。长沙地区密度增强明显促进了京广、杭长线周边区域密度的提升。

5. 新一代信息技术产业

2001 年，新一代信息技术产业整体核密度均较弱，空间极化现象显著。2009 年武汉、杭州核密度有所加强，长三角核密度增长缓慢。2016 年比 2009 年长江经济带核密度整体有较明显的提升，长三角和中三角地区核密度进一步得到加强，成都核密度持续向东北方向扩展，贵阳、南昌核密度也在一定程度逐渐加强。

6. 生物产业

2001 年，生物产业核密度空间分布较为均匀，各地区核密度分布"片状"格局显著。2009 年核密度分布逐渐出现极化现象，大部分地区中心城市核密度开始出现强集聚。至 2016 年，长三角地区核密度稳定提升，安徽整体密度值上升，南昌等地密集程度虽然下降，但空间范围有所扩大。整体上东部地区与中部地区沪—浙—赣—湘—鄂核密度呈"轴状"延伸融合趋势。西部地区成—渝—贵也出现"抱团"态势。

7. 高端装备制造产业

2001 年，上海、武汉及周边地区核密度相对较高，长沙、重庆、昆明等地核密度也相对较大。2009 年，武汉、长沙两市核密度弱化，南京、杭州显著增强。2016 年比 2009 年核密度整体提升较大，长三角地区核密度进一步加强，长沙形成新的核密度较强区域，且涵盖的区域大体与长株潭城市群范围相符。南昌、合肥核密度同样在增强，安徽大部与长三角融合的地区成为强核密度集聚程度相对较高的区域。

8. 新能源产业

2001 年，上海及附近的南京、杭州等地的核密度相对较大，西部的成都、中部的长沙等地区核密度变化程度也相对明显。2009 年，南京、杭州地区核密度再次加强，上海核密度增强速度较快，成渝城市群、长江中游城市群等地核密度高于 2001 年。2016 年较 2012 年核密度空间布局进一步扩大，核密度高值区域仍主要位于长三角地区，且初具"组团"结构。

9. 新材料产业

2001 年，核密度分布多数以重庆、贵阳、昆明、长沙、武汉等城市为中心呈零散分布态势；2009 年，中西部地区核密度高密度区"轴带"集聚进程有所疲软，成渝地区退化为点状格局。2016 年长三角地区高密度区分布稳固，成都—宜宾—重庆重新联结轴带，长沙、武汉、贵阳核密度"突触"延伸。攀枝花、贵阳、十堰等地核密度强度开始显现。

10. 新能源汽车产业

2001 年，成都、武汉等地的核密度相对较大。2009 年，长沙及周边地区核密度再次加强，成都地区核密度区域由圈层扩散向轴带扩散演化。相较于 2009 年，2016 年长株潭地区核密度持续加强，呈十字形扩张，原有区域核密度进一步增强，面积稍有向周围扩大的趋势。

从空间演化形态来看，制造业与新兴产业创新格局具有普遍性：以东部长三角为创新核心，中西部省会城市为半核心，广大西部地区为边缘，核心—半核心—边缘结构显著，由此构成长江经济带创新格局。传统产业与新兴产业创新格局细分行业又蕴含各自特殊性：高技术产业以长三角中心城市极化蔓延为主，呈现"单核极化"模式演化；中技术产业成渝、贵中、滇中、鄂湘赣组团核密度高值片区已形成，形成"多核驱动组团"模式演化；低技术产业以沪宁通道、沿海通道为纽带，表现出"圈层轴带"模式演化；高端装备制造产业、新材料产业、新能源汽车产业以京广、沪昆线为纽带，形成多中心、沿交通线的"多核心轴带"模式演化；新一代信息技术产业以中心城市圈层结构为主，呈现"单中心极化"模式演化；节能环保产业、生物产业、新能源产业成渝、贵中、鄂湘赣组团核密度结构已形成，以"多核心组团"模式演化为主。

四、本章小结

本章基于制造业创新指数，结合数理分析、空间分析等方法解析 2001 ~ 2016 年长江经济带地级以上城市制造业与新兴产业创新能力总体特征，厘清制造业与新兴产业创新空间关联特征，探究内外因素作用于制造业创新能力的强度及新兴产业创新能力空间溢出效应，提炼制造业与新兴产业创新能力空间演化形态规律，主要结论如下：

第一，长江经济带制造业创新能力增幅迅猛上升，总体差异略有扩大，在波动变化中仍保持高位。31 个细分产业中，化学原料和化学制品制造业、医药制造业、专用设备制造业、通用设备制造业、仪器仪表制造业、计算机通信和其他电子设备制造业创新能力较强，细分产业之间创新能力差距略有缩小；制造业创新能力存在显著的空间正相关，热点区、次热点区的范围较小，集聚于长三角。中西部地区全部落入次冷点区、冷点区。区域制造业创新联动效应不显著，存在一定空间锁定效应；地理探测机制表明，人力资本、对外联系水平、高校资源、政策因素对制造业创新能力空间分异的解释力 q 值超60%，是导致制造业创新空间分异的主导影响因子，同时，各因子交互作用后影响均表现为非线性增加或双因子增强，反映出创新资源、创新环境、创新平台都能极大地促进制造业创新能力提升。

第二，长江经济带新兴产业创新能力总体增幅迅猛，空间差异总体呈扩大态势，大部分地级单元新兴产业创新能力仍处于较低水平。空间非均衡性特征显著，极少数长三角城市产业创新能力突出，核心—边缘结构明显。长江经济带新兴产业创新能力存在显著的空间正相关，呈现由中西部向东部集聚的总体演变态势。热点区、次热点区的集聚范围相对较小，中西部地区处于低值集群离散分布状态，热点集聚区的正向辐射效应有限，区域产业创新性能力空间失衡区域恶化，形成"东强西弱"的空间锁定或路径依赖效应。长江经济带新兴产业创新能力存在显著的正向溢出效应，经济发展水平、产业结构、对外联系水平、创新环境在实现本地产业创新能力提升的同时，其溢出作用也会带来邻近地区的产业创新能力增长。政府政策对本地产业创新能力存在促进作用，但其对邻近地区的产业创新能力则有抑制作用。R&D 人员投入见效慢，在短期内，人力资本对产业创新能力提升作用仍需要一个吸收和消化的过程，产业创新能力的提高更多地依靠经济发展、产业升级来驱动。

第三，制造业与新兴产业总体创新能力空间格局具有相似性，均表现出东北—西南方向布局，空间重心持续向东部沿海方向迁移，随着前期创新重心快速东移，后期中西部地区产业发展提质增速，创新重心迁移速度大大减缓；2001～2009 年新兴产业创新空间重心迁移年均速度快于制造业，而 2009~2016 年制造业创新空间重心迁移年均速度快于新兴产业，说明中西部地区新兴产业创新发展呈加速追赶态势。长江经济带制造业与新兴产业细分行业创新能力空间演化形态各异，制造业中，高技术产业呈现"单核极化"模式演化，中技术产业形成"多核驱动组团"模式演化，低技术产业表现出"圈层轴带"模式演化；新兴产业中，高端装备制造产业、新材料产业、新能源汽车产业形成多中心、沿交通线的"多核心轴带"模式演化，新一代信息技术产业呈现"单中心极化"模式演化，节能环保产业、生物产业、新能源产业以"多核心组团"模式演化为主。

第九章
长江经济带制造业创新结构与
竞争力分析

2018 年 4 月 26 日，习近平总书记在深入推动长江经济带发展座谈会上强调，要加强改革创新战略统筹规划引导，以长江经济带发展推动高质量发展。显然，如何统筹规划长江经济带的创新战略布局是推动长江经济带高质量发展的重点任务，而其中，长江经济带制造业的创新发展布局更是重中之重。自主创新能力的提升不仅能促进制造业产业利润的提升，而且能提高我国制造业在全球经济上的竞争能力（田晖和程清，2020）。同时企业层面的技术创新和产品创新以及政府层面的制度创新，都能显著促进制造业的升级（谢众等，2018）。而长江经济带的制造业基础雄厚，交通和信息联系密切，同时科技资源丰富，制度优势明显（蒋媛媛等，2018；钟业喜等，2020），面对长江经济带丰富的制造业资源，如何合理规划长江经济带的创新资源分布，促进长江经济带各制造业创新能力的综合提升，形成上中下游协作互动、优势互补的协调发展格局，从而推进长江经济制造业的创新发展以及长江经济带整体高质量发展迫在眉睫。因此，在充分分析不同创新水平的制造业创新水平转移规律，以及不同区域的制造业创新水平发展状况和转移规律的基础上，有序引导长江经济带制造业创新结构的转移和承接，对健全长江经济带的创新功能、协调区域创新发展水平、进一步推动创新发展战略的实施具有实际意义。

一、研究数据与方法

（一）数据来源

本书所用创新指数源于 2001～2016 年复旦大学产业发展研究中心（FIND）、复旦大学中国经济研究中心（智库）、第一财经研究院联合发布的中国城市与产业创新指数①，该数据基于国家知识产权局的专利数据、国家工商局的企业注册资本数据等微观大数据，运用经济计量和统计方法计算得到，包含了各地级市各产业的创新指数。本书以长江经济带内 110 个地级以上城市（直辖市）为研究对象，将制造业的行业分类代码与复旦大学产业发展研究中心产业创新指数的产业代码进行一一对应，加总得到制造业创新能力。可直接对长江经济带 2001～2016 年省级尺度和地级尺度下制造业创新转移强度、路径等方面的特征和趋势全景式地反映②。

其他统计数据主要源于历年《中国城市统计年鉴》以及各省市的统计年鉴，对于部分缺失的数据，通过插值计算得到。空间分析的市域尺度行政区划图来源于地球系统科学数据共享网（www. geodata. com）。

（二）研究方法

1. 空间偏离—份额分析（SSSM）

传统的偏离—份额模型强调研究区域内的空间单位是互相独立的，彼

---

① 寇宗来，刘学悦. 中国城市和产业创新力报告 2017［R］. 上海：复旦大学产业发展研究中心，2017.

② 2011 年"三分巢湖"，致使行政区划不连续，因此将研究年限内巢湖市剔除，为保证区域研究基本单元的一致性，研究以 2016 年地级以上城市为标准。

此之间不存在互相作用的关系，忽视了空间因素对结果的影响。而空间偏离—份额模型，考虑了空间结构的影响，根据空间权重系数，在传统的偏离—份额模型中引入了空间修正速度，具体模型如下：

$$G = X_j^{t+1} - X_j^t = N + P + D \qquad\qquad (9-1)$$

$$N = X_j^t r$$

$$P = X_j^t (r_j^v - r)$$

$$D = X_j^t (r_j - r_j^v)$$

$$S = P + D \qquad\qquad (9-2)$$

$$r_j^v = \frac{\sum\limits_k w_{jk} X_k^{t+1} - \sum\limits_k w_{jk} X_k^t}{\sum\limits_k w_{jk} X_k^t}$$

$$r_j = \frac{X_j^{t+1} - X_j^t}{X_j^t}$$

$$r = \frac{\sum\limits_{i=1}^n (B_i^{t+1} - B_i^t)}{\sum\limits_{i=1}^n B_i^t} \qquad\qquad (9-3)$$

在式（9-1）中，G 为产业创新指数增长值；N 为份额分量，表示区域 j 的期初产业创新指数按照研究背景区域（长江经济带）创新增长速度所达到的创新指数变化量；P 为空间产业结构偏离分量，表示区域 j 的邻近区域产业创新指数增长速度与长江经济带整体产业创新指数平均增长速度的差距，若值大于零，则说明区域 j 的邻近区域制造业创新指数空间增长速度大于长江经济带整体创新指数增长速度，邻近区域会对研究区域产生积极的影响；D 为空间竞争力偏离分量，表示区域 j 的创新指数增长速度与邻近区域的创新指数增长速度之间的差距，若值大于零，则说明区域 j 的创新指数增长速度大于邻近区域，研究区域内 j 市的创新能力在邻近区域内具有竞争力，其值越大，则竞争力越大，也可表示由于竞争力所引起的研究区域内该产业的转移量。

空间产业结构分量（P）和空间竞争力分量（D）加总即为偏离分量

（S），反映研究区域与份额分量的差额，用以判断细分产业和地区的综合创新优势。从细分产业的角度看，若 $S>0$，则表示制造业细分产业在研究区域内产业的创新基础较好，竞争力很强，能够有效推动该地区制造业的创新发展；若 $S<0$，则表示该制造业细分产业在研究区域内的创新基础比较薄弱，竞争能力较差，难以发挥该地区制造业的创新综合优势。从研究区域总体来看，若 $S>0$，则表示研究区域内制造业整体的创新基础较好，该区域会有制造业创新因子的转入现象；若 $S<0$，则表示研究区域内制造业整体的创新基础较薄弱，该地区会有制造业创新因子的转出现象。

在式（9-2）中，X_j^t 为区域 j 的期初产业创新指数；r_j^v 为空间修正速度，也就是区域 j 的邻近区域的创新产出指数；r_j 为区域 j 的产业创新指数增长速度；r 为长江经济带整体产业创新增长速度；w_{jk} 为空间权重系数，表示区域 j 与邻近区域 k 之间的相互作用力，X_k^t、X_k^{t+1} 分别表示期初、期末的区域 j 的邻近区域 k 的产业创新指数，B_i^{t+1}、B_i^t 分别表示长江经济带 i 产业的期初、期末产业创新指数。

2. 经济空间权重矩阵

在偏离—份额空间模型中，区域之间存在一定的相互作用，而这种相互作用主要来自各区域之间的经济联系或者是经济发展潜力的影响，为衡量这种相互作用的影响，需要定义经济空间权重矩阵。

将区域之间的相互作用定义为权重矩阵 W（$N \times N$），如式（9-4）所示，在矩阵中第 j 列就代表区域 j 与其相邻区域之间的相互作用。其元素 W_{jk} 为空间权重系数，表示区域 j 和 k 之间在经济空间上相互作用的大小，参考 $Boarnet$（1998）的算法，如公式（9-5）所示。

$$W = \begin{bmatrix} w_{11} & w_{21} & \cdots & w_{j1} & w_{N1} \\ \vdots & \vdots & & \vdots & \vdots \\ w_{1k} & w_{2k} & \cdots & w_{jk} & w_{Nk} \\ \vdots & \vdots & & \vdots & \vdots \\ w_{1N} & w_{2N} & \cdots & w_{jN} & w_{NN} \end{bmatrix} \tag{9-4}$$

不同于地理距离的衡量，在经济空间权重矩阵中选用经济变量来衡量各区域之间的经济距离，同时把位于长江经济带的空间单位都看成是邻近区域，如果区域之间的经济联系越多，则认为区域之间的经济距离就越近。本书选用人均国民生产总值作为经济变量，计算每年各区域之间的空间权重系数，区域之间的相似度越高，则空间权重系数越大。其中 x_j、x_k 表示区域 j 和邻近区域 k 的人均 GDP。

$$w_{jk} = \frac{\dfrac{1}{|x_j - x_k|}}{\sum_k \dfrac{1}{|x_j - x_k|}} \tag{9-5}$$

二、制造业创新结构与发展态势分析

（一）制造业发展类型判断标准

利用空间偏离—份额分析方法，根据各细分行业的偏离分量（S）、空间产业结构偏离分量（P）、空间竞争力偏离分量（D）在各个研究阶段的变化，判断各细分产业的创新发展类型。而各细分产业发展类型的判断根据如下：由空间产业结构偏离分量（P）、空间竞争力偏离分量（D）、偏离分量（S）三者不同符号的组合可得到 13 种不同的类型（见表 9-1），根据各分量正负号代表的意义阐述不同的符号组合下产业创新发展的具体内涵。其中，类型 1 至类型 6 具有实际分析的意义，类型 7 至类型 13 因分析结果中存在零值使得实际分析意义不大。

表 9-1　制造业创新能力类型判别标准

类型	P	D	S	具体内涵
1	+	+	+	产业创新发展势头好，区位优势明显，区域的创新发展势头优于邻近区域以及长江经济带整体

类型	P	D	S	具体内涵
2	+	−	+	区位创新发展处于劣势，区域的创新发展劣于邻近区域，邻近区域的创新发展会促进本地区发展，产业创新发展势头较好
3	−	+	+	区域的产业创新发展势头较好，区位优势明显，区域的产业创新发展优于邻近区域，但邻近区域的产业创新发展会抑制区域的产业创新发展
4	+	−	−	区域的产业和区位的创新发展处于劣势，区域的创新发展劣于邻近区域，但邻近区域的创新发展在促进该地区的创新发展
5	−	+	−	区域的产业发展处于劣势，但是区位的创新优势明显，区域的创新发展优于邻近区域，但邻近区域的产业创新发展抑制该地区的发展
6	−	−	−	产业整体创新发展处于劣势，且区域的创新发展劣于邻近区域，邻近区域的创新发展抑制该地区的创新发展
7	+	−	0	类型7至类型13会出现0值，主要因为：一是该产业在研究期间没有在该地区出现过，则不需要进行实证分析；二是某地区的空间修正速度与某地区或长江经济带的创新增长速度一致，在实际情况中就很少出现了
8	−	+	0	
9	0	+	+	
10	0	−	−	
11	+	0	+	
12	−	0	−	
13	0	0	0	

（二）制造业创新能力总体增长特征

根据长江经济带制造业各细分行业在2001～2016年创新指数增长均值（见图9-1），可见各行业的创新能力均有不同程度的增加，但行业之间在创新发展的差距较大，创新产出增长最多的行业（化学原料和化学制品制造业）是创新产出增长最少行业（纺织服装、服饰业）的160倍。

为进一步对产业创新转移特征进行研究，利用SPSS软件对各行业的创新增长均值进行聚类分析，可划分为高创新产业、中创新产业和低创新产业（见表9-2），其中高创新的产业仅有5个，占所有制造业的16.13%，说明大多数制造业的创新能力不足。低创新水平的产业最多有 23 个，占全部制造业的 77.42%。中创新水平的产业数量最少（3 个），说明长江经济带制造业的创新能力处于较低水平，长江经济带整体创新结构稳定性不强，高创新水平和低创新水平之间有"断层"发展的风险，缺乏"中坚力量"的支撑，还需加强低创新水平产业的创新培养。

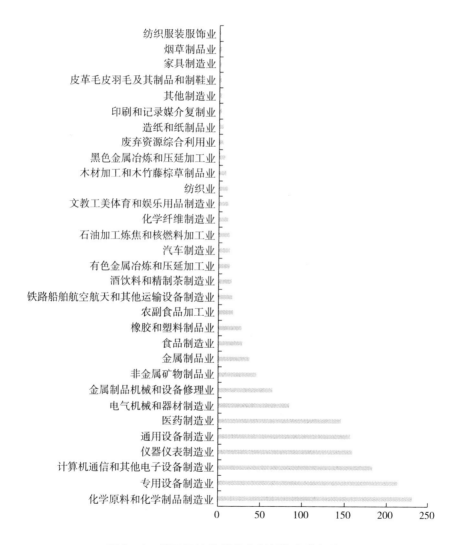

图 9 - 1 长江经济带制造业创新能力增长特征

表9-2 长江经济带制造业细分产业划分类型

分类	细分产业	产业数量	增长平均水平
高创新产业	化学原料和化学制品制造业（26）、专用设备制造业（35）、通用设备制造业（34）、计算机通信和其他电子设备制造业（39）、仪器仪表制造业（40）	5	706.25
中创新产业	医药制造业（27）、电气机械和器材制造业（38）、金属制品机械和设备修理业（43）	3	323.31
低创新产业	加工炼焦和核燃料加工业（25）、有色金属冶炼和压延加工业（32）、文教工美体育和娱乐用品制造业（24）、化学纤维制造业（28）、铁路船舶航空航天和其他运输设备制造业（37）、纺织业（17）、非金属矿物制品业（30）、食品制造业（14）、金属制品业（33）、酒饮料和精制茶制造业（15）、橡胶和塑料制品业（29）、农副食品加工业（13）、石油黑色金属冶炼和压延加工业（31）、木材加工和木竹藤棕草制品业（20）、汽车制造业（36）、废弃资源综合利用业（42）、造纸和纸制品业（22）、印刷和记录媒介复制业（23）、其他制造业（41）、烟草制品业（16）、皮革毛皮羽毛及其制品和制鞋业（19）、纺织服装服饰业（18）、家具制造业（21）	23	45.87

（三）制造业创新能力发展态势分析

运用空间偏离—份额分析方法，对长江经济带11个省市31个细分行业在2001~2016年的创新指数进行分析，计算得到长江经济带2001~2009年、2009~2016年两个时段省级尺度制造业细分行业的空间产业结构偏离分量（P）、空间竞争力偏离分量（D）和偏离分量（S），然后根据制造业创新能力类型判别标准（见表9-1），可以对产业创新发展的类型进行归纳，类型1、类型2、类型3的产业属于优势产业，类型4、类型5、类型6的产业属于劣势产业，从类型1到类型6，产业的优势效应在逐渐减小，以此判断长江经济带制造业创新能力类型的转变（见表9－3）。

表9－3　长江经济带制造业创新能力类型的转变

2001～2009年→2009～2016年	上海	江苏	浙江	安徽	江西	湖北	湖南	重庆	四川	贵州	云南
农副食品加工业	1→3	1→1	3→1	1→1	1→1	3→2	1→1	1→2	1→2	4→4	2→1
食品制造业	1→3	1→1	1→1	1→1	1→1	3→2	1→1	1→2	1→2	4→6	1→1
酒饮料和精制茶制造业	1→3	1→3	1→1	2→1	2→2	3→1	1→1	1→1	3→1	4→4	2→1
烟草制品业	2→3	3→2			1→4	3→1	1→1	3→4	1→1	4→4	1→3
纺织业	2→3	2→1	1→1	4→3		6→1				4→6	2→1
纺织服装服饰业	2→3	2→1	1→1			3→2			3→1	4→6	4→2
皮革毛皮羽毛及其制品和制鞋业	2→3	2→1	3→1	1→1		3→2	1→1	3→2		4→6	4→3
木材加工和木竹藤、棕草制品业	1→3	2→1	3→1	1→3	4→1	3→2	1→1	3→2	4→2	4→6	2→3
家具制造业		2→1				3→2				4→4	4→3
造纸和纸制品业	1→3	3→1	3→1	1→3	2→2	3→2	1→1	1→3	1→2	4→6	2→1
印刷和记录媒介复制业	2→3	1→1	1→1				4→1	1→4		4→5	
文教工美体育和娱乐用品制造业	2→3	1→1	1→1	2→3	4→1	3→2	4→1	3→2	3→2	4→6	4→1
石油煤炭及其他燃料加工业	2→3	3→1	1→1		4→2	3→3			4→5	2→1	
化学原料和化学制品制造业	1→3	3→1	1→1	1→1		3→3	1→1			4→5	2→1
医药制造业	1→3	1→1	1→1							4→6	1→1
化学纤维制造业	1→3	3→1	1→1	1→1		3→2	1→1		3→2	4→5	4→1
橡胶和塑料制品业	1→3	3→1	1→1			3→2	1→1			4→6	2→1
非金属矿物制品业	1→3	3→1	1→1			3→2	1→1			4→6	2→1
黑色金属冶炼和压延加工业	1→5					1→1				4→5	2→2
有色金属冶炼和压延加工业	2→3	3→1								4→6	2→1
金属制品业	1→3									4→6	2→1
通用设备制造业	1→1	1→1						3→2			2→1
专用设备制造业	1→1										2→1
汽车制造业	1→3	3→1	1→1		1→4	1→2	1→1	1→1	3→2	4→6	4→3

2001～2009 年→2009～2016 年	上海	江苏	浙江	安徽	江西	湖北	湖南	重庆	四川	贵州	云南
铁路船舶航空航天和其他运输设备制造业	1→3	1→1	3→2	1→1		1→1	1→1	3→2	1→2	4→6	2→1
电气机械和器材制造业	1→3	1→1	1→1	1→3	1→2	3→2	1→1	3→2	3→1	4→6	2→1
计算机通信和其他电子设备制造业	1→3	1→1	1→1	2→1	4→2	3→2	1→1	1→1	3→1	4→5	4→1
仪器仪表制造业	1→3	1→1	1→1	1→1	3→2	3→2	1→1				2→1
其他制造业	1→3	1→1	3→1	2→3	4→1	3→2	1→1		3→2	4→6	2→3
废弃资源综合利用业	1→3	3→1							4→2		2→1
金属制品机械和设备修理业	1→3	1→1	1→1	1→1	1→1	3→2	1→1	1→2	2→1	4→6	2→1

在长江经济带下游的 2 省 1 市中，江苏和浙江制造业各细分产业的创新发展演化特征大体相似，其创新发展优势逐渐增强，其中化学原料和化学品制造业等高创新产业在江苏和浙江的创新发展中一直处于类型 1 的优势状态，可见江苏和浙江一直注重制造业的创新发展，在高创新产业的带领下，促进了其他产业的创新发展。而同样经济发达的上海，其产业创新发展类型都向类型 3 转变，可见其产业结构分量由正转负，说明其经济邻近区域的创新发展低于长江经济带整体的增长速度，其经济邻近区域的创新发展不能对上海市产生积极影响，各省市之间缺少一定的创新合作。同时在下游各省市的众多产业的创新发展都由类型 2 转变为类型 1 或类型 3，可见其产业的空间竞争力不断加强，超越了经济邻近区域。

长江经济带中游地区总体产业创新发展态势较好，各省优势各异。安徽的纺织业创新发展由劣势转为优势，同时其设备制造业、仪器仪表业等高创新产业创新发展态势良好，能有效促进安徽整体制造业创新发展。江西部分产业创新发展起步较晚，但江西在农副食品加工业、金属加工业等低创新产业的创新发展上保持着自身的优势，而烟草制造业和汽车制造业的创新发展出现了一定的衰退，可见江西还需加强中高级创新产业的培养。湖北大部分产业都转变为类型 2，说明湖北在各产业的创新发展区位优势不明显，不能有效利用经济邻近区域的积极影响，使得其空间竞争力弱于邻近区域。湖南在各行业的创新发展态势较为良好，发展类型多数转变为类型1，只有非金属矿物制品业的类型转变为类型4。

　　长江经济带上游地区整体创新发展态势出现了一定的衰退，重庆和四川的发展态势较为相似，大多数产业的创新发展态势转变为类型1和类型2，对于转变为类型2的产业还需要加强产业竞争力。贵州的产业创新发展态势较差，大多数产业的创新发展态势衰退为类型5、类型6，贵州整体创新氛围较差。云南的创新发展后发优势明显，创新劣势产业都转为优势，在食品制造业、医药制造业等原有优势产业的创新发展上一直保持良好的竞争力。

　　综合来讲，长江经济带下游地区以自身经济实力为基础，在区位优势，产业竞争力上有良好的发展，但是各区域之间还需加强创新合作，吸收邻近区域的积极影响。中游地区在各产业的创新发展上较为稳定，但还需加强区位优势，增强产业创新竞争力。长江经济带上游区域的创新发展整体有减弱趋势，其中贵州各产业的创新发展态势逐渐减弱，云南的创新发展态势优良。

三、制造业创新能力空间转移格局与
转移路径分析

（一）制造业创新能力空间转移的定量测度

　　运用空间偏离—份额分析方法，对长江经济带11个省市在2001～2016年的创新指数进行分析，得到11个省市在三类产业的创新指数空间偏离份额测算结果。

从高创新产业的测算结果中可以看到（见表 9 - 4），上海、江西、湖北、湖南、四川这些地区各分量都实现了由负转正，说明这些区域能充分利用邻近区域的积极影响，使得其制造业创新能力增长速度大于邻近区域。在份额分量上，11 个省市均呈现增长的趋势，其中上海、江苏、浙江、四川、湖北、湖南这些地区的份额分量远高于其他省市，且彼此之间的差距随着时间发展在不断扩大，说明在长江经济带制造业创新发展中，这些省市的创新主体做出了突出贡献。在空间结构分量上，江苏、浙江、贵州、云南这些地区的空间结构分量不断下降且由正转负，说明其邻近区域制造业的创新发展速度低于长江经济带平均水平，而上海、安徽、江西、湖北、湖南、四川这些地区的空间结构分量实现了由负转正，说明其邻近区域创新能力的发展速度逐步高于长江经济带平均水平，且其邻近区域对这些省市制造业的创新能力发展产生积极的影响。在空间竞争力分量方面，江苏、浙江、安徽这些地区逐渐减弱，说明其制造业创新发展的竞争力低于其邻近区域，而上海、江西、湖北、贵州、云南这些地区的空间竞争力分量在逐渐增加，说明这些区域的制造业创新发展速度高于其邻近区域，且这些区域能充分利用其邻近区域带来的积极影响。

表 9 - 4　高创新产业创新指数空间偏离份额测算结果

地区	2001 ~ 2006 年			2006 ~ 2011 年			2011 ~ 2016 年		
	N	P	D	N	P	D	N	P	D
上海	17.767	-0.871	-11.942	124.676	47.203	64.661	391.657	113.427	230.954
江苏	15.533	4.184	4.042	73.879	31.663	2.144	342.749	-75.687	-195.935
浙江	10.025	1.477	-1.682	58.976	12.765	-17.877	293.260	-58.748	-41.591
安徽	4.312	-1.550	-0.069	14.911	-4.288	-6.046	57.516	0.150	-70.537
江西	3.391	-0.124	1.919	8.494	-1.180	1.320	23.046	3.273	5.817
湖北	9.405	-3.041	-2.918	43.966	5.619	24.201	103.617	6.268	15.404
湖南	8.592	-2.489	0.142	30.888	-4.650	-4.790	109.425	10.646	39.512
重庆	3.962	-0.925	0.666	12.851	3.364	0.277	53.937	-2.411	4.743

续表

地区	2001～2006 年			2006～2011 年			2011～2016 年		
	N	P	D	N	P	D	N	P	D
四川	12. 365	− 2. 521	2. 073	41. 481	− 21. 703	− 8. 388	109. 468	59. 954	50. 574
贵州	2. 366	− 0. 621	− 0. 397	10. 349	− 2. 780	0. 798	26. 601	− 1. 986	4. 563
云南	4. 890	− 1. 040	0. 645	16. 891	− 3. 254	6. 459	32. 664	− 3. 725	7. 659

从创新产业的测算结果中可以看到（见表9－5），上海、江西、湖北、湖南、四川这些地区的各分量逐渐增加且最终为正。在份额分量上，11 个省市的份额分量呈现与高创新产业相似的规律。在空间结构分量上，江苏、浙江、安徽这些地区呈现逐渐减弱的趋势，说明这些区域的邻近区域在制造业创新发展上低于长江经济带整体发展水平，且对其产生消极影响。而其他中游区域在空间结构分量上均呈现出逐渐上升的趋势。在空间竞争力分量方面，大部分省市的空间竞争力分量均大于 0，说明大部分区域都能充分利用邻近区域在制造业创新发展上的积极影响。仅有江苏、浙江、安徽这些长江经济带下游区域的空间竞争力分量不断下降且呈现由正转负的趋势，说明长江经济带下游区域的省市在制造业的创新发展上的竞争力低于其邻近区域。

表 9－5　中度创新产业创新指数空间偏离份额测算结果

地区	2001～2006 年			2006～2011 年			2011～2016 年		
	N	P	D	N	P	D	N	P	D
上海	2. 118	− 0. 046	− 1. 641	14. 865	5. 600	7. 406	54. 822	14. 705	34. 498
江苏	2. 287	0. 940	0. 880	10. 316	3. 900	− 1. 110	57. 818	− 16. 414	− 35. 390
浙江	1. 299	0. 152	− 0. 866	9. 255	2. 356	− 2. 001	51. 435	− 11. 330	− 7. 029
安徽	0. 746	− 0. 218	0. 228	1. 761	− 0. 587	− 1. 253	9. 271	− 0. 838	− 18. 793
江西	0. 584	− 0. 026	0. 372	1. 205	− 0. 182	0. 187	3. 742	0. 357	0. 739
湖北	1. 285	− 0. 458	− 0. 522	5. 902	0. 240	3. 151	14. 843	1. 348	3. 627
湖南	1. 537	− 0. 449	0. 152	4. 721	− 0. 790	0. 271	15. 871	1. 999	4. 253

地区	2001~2006 年			2006~2011 年			2011~2016 年		
	N	P	D	N	P	D	N	P	D
重庆	0.650	−0.150	0.085	2.065	0.477	−0.056	10.089	−0.484	2.688
四川	1.815	−0.686	−0.375	6.954	−3.622	−0.867	19.617	16.391	17.562
贵州	0.390	−0.115	0.015	1.276	−0.361	0.086	3.785	−0.155	0.430
云南	1.040	−0.244	0.372	2.472	−0.609	0.609	6.224	−0.310	2.684

从低创新产业的测算结果中可以看到（见表9−6），仅有上海、江西、湖南这三个省的三个分量均为正。在份额分量上，11个省市的份额分量呈现出与高创新产业相似的规律。在空间结构分量上，安徽、贵州、云南三省在空间结构分量上呈现出逐渐减弱的趋势，说明这些区域的邻近区域在制造业创新发展上低于长江经济带整体发展水平，且对其产生消极影响。同时，仅有上海、湖南两省市在空间结构分量上均呈现逐渐上升的趋势。在空间竞争力分量方面，上海、江西、云南三省市的空间竞争力分量逐渐增加且最终为正，说明大部分区域都能充分利用邻近区域在制造业创新发展上的积极影响。仅有浙江、安徽、重庆这些区域的空间竞争力分量不断下降且呈现由正转负的趋势，说明这些区域在制造业创新发展上的竞争力低于其邻近区域。

表9−6　低创新产业创新指数空间偏离份额测算结果

地区	2001~2006 年			2006~2011 年			2011~2016 年		
	N	P	D	N	P	D	N	P	D
上海	0.870	0.075	−0.044	4.965	1.328	2.318	14.516	2.950	6.690
江苏	0.816	0.345	0.292	4.409	1.009	0.496	16.806	−3.837	−7.857
浙江	0.580	0.108	−0.174	4.162	0.224	−0.630	16.906	−3.874	−4.702
安徽	0.108	−0.033	−0.010	0.457	−0.129	−1.174	4.533	−0.157	−4.595
江西	0.163	0.030	0.117	0.469	−0.056	0.174	0.988	0.158	0.312
湖北	0.424	−0.043	−0.064	2.266	0.358	1.204	5.512	−0.185	0.584

续表

地区	2001～2006 年			2006～2011 年			2011～2016 年		
	N	P	D	N	P	D	N	P	D
湖南	0.394	－0.106	－0.235	2.567	－0.050	－0.221	9.425	1.116	5.396
重庆	0.270	－0.040	0.090	0.840	0.202	－0.191	4.034	－0.264	－0.189
四川	0.559	0.113	0.366	1.808	－0.755	－0.409	5.324	3.033	2.642
贵州	0.095	－0.017	0.006	0.389	－0.046	0.166	0.760	－0.069	－0.195
云南	0.269	－0.037	0.051	1.014	－0.045	0.308	2.540	－0.330	0.453

　　运用空间偏离—份额分析法计算得到长江经济带 2001～2009 年、2009～2016 年两个时段省级尺度制造业细分行业的空间产业结构偏离分量（P）、空间竞争力偏离分量（D）和偏离分量（S），然后根据制造业创新能力类型判别标准（见表 9 - 1），可以对产业创新发展的类型进行归纳，类型 1、类型 2、类型 3 的产业属于优势产业，类型 4、类型 5、类型 6 的产业属于劣势产业，从类型 1 到类型 6，产业的优势效应在逐渐减小，以此判断长江经济带制造业创新能力类型的转变（见表 9 - 7）。可见在长江经济带下游各细分产业的创新能力均转变为优势产业；在长江经济带中游，有少数产业的创新能力仍处于劣势；在长江经济带下游，贵州大部分产业的创新能力仍处于弱势，其他省份中大部分产业处于优势状态。

表 9 - 7　长江经济带制造业创新能力类型的转变

2001～2009 年→2009～2016 年	上海	江苏	浙江	安徽	江西	湖北	湖南	重庆	四川	贵州	云南
农副食品加工业	1→3	1→3	3→3	1→3	1→3	3→3	1→3	1→3	1→3	4→4	2→3
食品制造业	1→3	1→3	1→3	1→3	1→3	1→3	1→3	1→3	4→6	1→3	
酒饮料和精制茶制造业	1→3	1→3	1→3	2→3	2→3	3→3	1→3	3→3	4→6	2→3	
烟草制品业	2→2	3→3			1→4	3→1	1→2	3→5	1→2	4→4	1→2
纺织业	2→2	2→3	1→3	4→1		6→3	1→3	3→3	3→3	4→4	2→3
纺织服装服饰业	2→2	2→1	1→2			3→3		3→2	4→4	4→4	
皮革毛皮羽毛及其制品和制鞋业	2→2	2→1	3→3	1→2		3→3	1→2	3→3	3→2	4→4	4→1

续表

2001～2009 年→2009～2016 年	上海	江苏	浙江	安徽	江西	湖北	湖南	重庆	四川	贵州	云南
木材加工和木竹藤棕草制品业	1→1	2→3	3→3	1→1	4→3	3→3	1→5	3→3	3→1	4→4	2→2
家具制造业		2→1				3→3				4→4	4→2
造纸和纸制品业	1→2	3→3	3→3	1→1	2→2	3→3	1→1	3→3	1→1	4→4	2→1
印刷和记录媒介复制业	2→2	1→1	1→1				4→2	1→4		4→4	
文教工美体育和娱乐用品制造业	2→1	1→3	1→3	2→1	4→3	3→3	4→3	3→3	3→3	4→4	4→3
石油煤炭及其他燃料加工业	2→2	1→3	1→3	2→3	4→3	1→3	1→3	1→3			2→1
化学原料和化学制品制造业	1→3	1→3	1→3	1→3	1→3	1→3	1→3	1→3	1→3	4→5	2→3
医药制造业	1→3	1→3	1→3	1→3	1→3	1→3	1→3	1→3	1→3	4→6	1→5
化学纤维制造业	1→2	1→3	1→3	1→1		1→3	1→3				
橡胶和塑料制品业	1→3	1→3	1→3	1→3	1→3	1→3	1→3	1→3	1→3	1→3	2→3
非金属矿物制品业	1→3	3→3	3→3	3→3	1→3	1→3	1→3	1→3	1→3	1→3	2→3
黑色金属冶炼和压延加工业	1→5	1→3	1→3	1→3	1→3	1→3	1→3	2→3	1→3	1→3	2→3
有色金属冶炼和压延加工业	2→3	1→3	1→3	1→3	1→3	1→3	1→3	1→3	1→3	1→3	2→3
金属制品业	1→3	1→3	3→3	1→3	1→3	1→3	1→3	1→3	1→3	1→3	2→3
通用设备制造业	1→3	1→3	1→3	1→3	1→3	1→3	1→3	1→3	1→3	4→6	2→3
专用设备制造业	1→3	1→3	1→3	1→3	1→3	1→3	1→3	1→3	1→3	4→6	2→3
汽车制造业	1→3	3→3	1→3		1→5				4→4	4→4	4→3
铁路船舶航空航天和其他运输设备制造业	1→3		3→3	1→3		1→3		1→3	1→3		2→3
电气机械和器材制造业	1→3	1→3	1→3	1→3	1→3	1→3	1→3	1→3	1→3	4→2	2→3
计算机通信和其他电子设备制造业	1→3	1→3	1→3	2→3	4→3	1→3	1→3	1→3	1→3	4→4	4→3
仪器仪表制造业	1→3	1→3	1→3	1→3	1→3	1→3	1→3	1→3	1→3	4→6	2→3
其他制造业	1→2	1→1	3→3	2→1	4→2	3→3	1→1		3→2	4→4	2→2
废弃资源综合利用业	1→2	3→3	3→3	2→1	1→1	3→3	1→1	4→3	3→3	4→4	2→2
金属制品机械和设备修理业	1→3	1→3	1→3	1→3	1→3	1→3	1→3	1→3	1→3	4→3	2→3

（二）制造业创新能力空间转移路径分析

根据空间偏离—份额分析模型计算长江经济带各地级市制造业创新增长的空间产业结构偏离分量（P）、空间竞争力偏离分量（D）和偏离分量（S），根据各地区偏离分量的符号分析各地级市制造业创新能力空间转移路径。

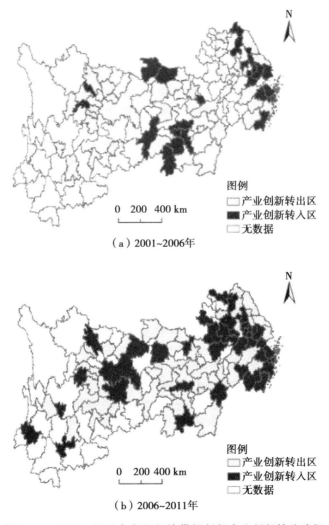

（a）2001~2006年

（b）2006~2011年

图 9 – 2　2001～2006 年长江经济带低创新产业创新转移路径

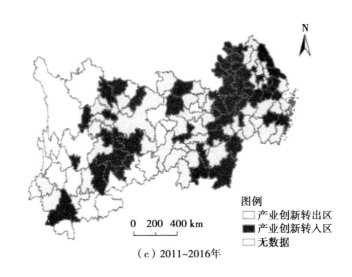

（c）2011~2016年

图9-2　2001~2006年长江经济带低创新产业创新转移路径（续图）

　　图9-2中的（a）、（b）、（c）描述了2001~2006年、2006~2011年、2011~2016年3个时段的低创新产业创新能力转移路径（下同）。从中可以看到，低创新产业的创新转移规律呈现从零星分散到面状集中于内陆地区的趋势。低创新产业的创新转入地区在2001~2006年比较分散且数量较少，其中无数据的区域较多，可见低创新产业的创新发展在整个长江经济带中起步较晚，且主要起步在长江经济带的中下游地区；2006~2011年，在原有的零星点状分布的基础上，低创新产业逐渐向这些地区及其周边地区扩散，形成小块面状分布的特点；2011~2016年，长江中下游地区以自身的经济资源为基础，对低创新产业进行创新升级，部分地区保留了其优势产业，在长江经济带下游逐渐形成低创新产业的面状集聚区，同时随着长江经济带中上游区域的快速发展以及其自身的自然优势，形成了大多数低创新产业逐渐向内陆转移的趋势。

　　从图9-3中可以看到，中创新产业的创新发展呈现去空心化的趋势。2001~2006年中创新产业的创新发展转入区域主要零星分布于长江经济带中下游地区；而在2006~2011年，长江经济带整体上中创新产业的创新发展有明显的提高，在上中下游地区均有中创新产业的创新发展转入，特

别是在长江经济带下游区域形成了明显的中创新产业的集中发展区域；在
2011～2016年，随着中上游地区中创新产业创新发展的优势凸显，长江经
济带部分下游区域的中创新产业的创新资源逐渐向上中游地区转移，同
时，在下游也有一些拥有优势产业的地区保持着产业创新的发展而成为产
业创新转入区域，从而在长江经济带整体上中创新产业呈现去空心化的较
为分散的分布状态。

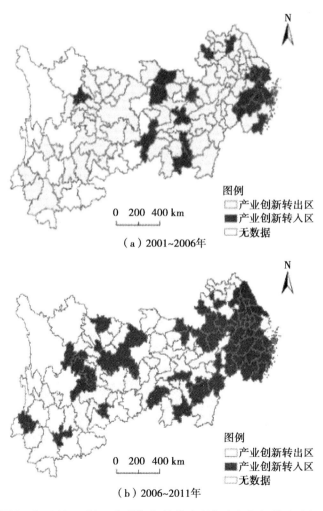

图9-3　2001～2016年长江经济带中创新产业创新转移路径

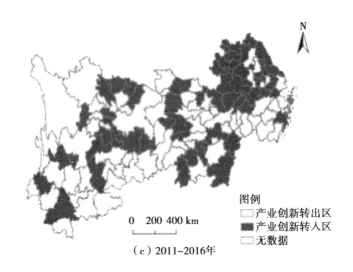

（c）2011~2016年

图9-3　2001~2016年长江经济带中创新产业创新转移路径（续图）

　　从图9-4中可以看到，高创新产业的创新发展在2001~2016年呈现逐步扩散的转移规律。在2001~2006年，高创新产业的创新转入区的分布最为分散，主要分布在长江经济带下游地区，同时在中上游地区分布较少；2006~2016年，由于互联网技术的快速发展，在长江经济带整体创新

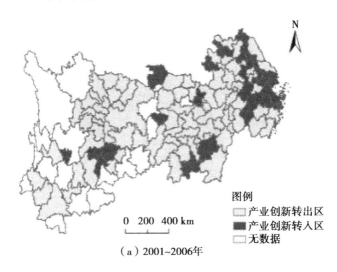

（a）2001~2006年

图9-4　2001~2016年长江经济带高创新产业创新转移路径

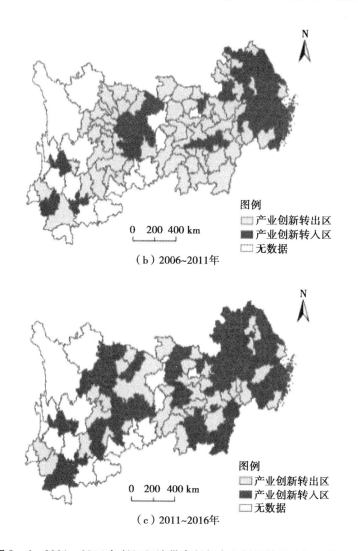

图9-4 2001~2016年长江经济带高创新产业创新转移路径（续图）

发展战略的驱动下，高创新产业的创新发展得以迅速提升，长江经济带整体创新转入区的数量得到迅速提升，主要以之前的高创新产业转入区为基础，吸收其产业创新资源和创新发展经验，逐渐向周围地区扩散发展，从而在整个长江经济带呈现出迅速扩散发展的格局。

四、制造业创新能力空间转移影响因素分析

制造业创新能力空间转移是多种因素综合影响的结果，探讨各种因素对长江经济带制造业创新能力空间转移的影响有助于识别长江经济带制造业创新发展限制性因素以及长江经济带制造业创新战略的发展路径。结合目前的研究经验以及考虑数据的可获得性，本书从人力资本、经济发展状况、创新投入、信息化程度、教育资源、经济开放程度以及基础设施水平这些角度出发，选择了年末户籍人口、地区生产总值、科学技术支出、互联网宽带接入用户数、普通高等学校、当年实际使用外资以及医院卫生院床位数这些经济社会指标分析长江经济带制造业的创新能力增长的影响因素，通过识别不同社会经济视角下各种指标增长值的作用程度来促进长江经济带制造业整体创新能力的提升，加强长江经济带各城市之间制造业创新能力的协调发展。

通过地理探测器中的分异及因子探测工具来分析制造业创新能力的影响因素，将城市制造业创新指数增长值与各影响因子的增长值导入该模型，得到各影响因素的影响力值及因子解释力值（见表 9 - 8），其中 q 统计量与影响因子的影响力呈正相关关系，P 值与影响因子的解释力呈负相关关系。总体而言，各影响因子对长江经济带制造业创新能力均具有显著性影响，但是对长江经济带制造业创新能力的影响存在差距。这些影响因素的解释力值的大小呈现这样的关系：地区生产总值 > 科学技术支出 > 医院卫生院床位数 > 当年实际使用外资 > 普通高等学校数 > 互联网宽带接入用户数 > 年末户籍人口。进一步分析，城市经济发展状况的解释力为 0.684，居于所有因子之首，城市经济发展状况越好，越容易有更多的精力投入到制造业创新发展上；创新投入的解释力为 0.662，城市的科学技

术支出能直接影响到制造业创新发展；基础设施水平的影响力为 0.607，城市的基础设施健全，交通、燃气、供水、医疗等基础生活设施有保障，能保证一定的生活质量，对创新人才的集聚有重要影响；经济开放程度的解释力为 0.554，经济对外开放是知识与技术交流传播的重要通道，一定程度的经济对外开放是制造业创新发展的重要推动力；信息化程度的影响力为 0.550，高度信息化程度能有效促进信息的交流传播，实现资源共享，提高工作效率，这是促进制造业创新能力提升的重要条件；教育资源的解释力为 0.534，充足的教育资源能为制造业的创新发展培养优秀的创新人才，是影响制造业创新发展的重要因素；年末户籍人口代表了城市的基本人力资本情况，在交通发达的背景下，人口流动性大，其解释力仅为 0.190，相对而言人力资本越充足，在一定程度上能有效促进制造业的创新发展。

表 9 - 8　长江经济带制造业创新能力增长值影响因素地理探测器结果

维度	探测因子	q 统计量	P 值
人力资本	年末户籍人口	0.190	0.000
经济发展状况	地区生产总值	0.684	0.000
创新投入	科学技术支出	0.662	0.000
信息化程度	互联网宽带接入用户数	0.550	0.000
教育资源	普通高等学校	0.534	0.000
经济开放程度	当年实际使用外资	0.554	0.000
基础设施水平	医院卫生院床位数	0.607	0.000

五、本章小结

本章基于 2001 ~ 2016 年的长江经济带 110 个地级市 31 个细分产业的

创新产出数据，根据各细分产业创新能力的增长情况，将 31 个细分产业划分为高创新产业、中创新产业和低创新产业三大类。用空间偏离—份额分析方法和地理探测器，从细分产业、省级、市级不同角度综合对制造业创新能力空间转移路径和影响因素进行了分析与归纳。研究发现：

长江经济带制造业的创新结构不稳定，三个创新层次之间差距较大，其中中创新产业的数量偏少，缺乏"中坚"力量的支撑。

长江经济带下游在高创新产业占有先发优势，同时在区位条件、产业竞争力上优势明显，整体创新发展势头较好，但彼此缺乏创新合作，未充分利用邻近区域的积极影响；长江经济带中游区域主要以中低层次的创新产业为发展重点，各省市优势互异，因其区位条件限制，产业竞争力较为缺乏；上游区域整体创新发展有减弱趋势，其中贵州创新发展态势较差，云南以食品制造、医药制造等优势产业为基础后发优势明显。

高创新产业的创新发展始于长三角以及部分省会城市，向长江经济带整体逐渐扩散发展；中创新产业呈现出向长三角区域集聚，同时部分（以医药制造业为主）向西部转移的规律；低创新产业呈现出从零星分布到"空心化"片状集中于内陆地区的转移规律。

地理探测器显示，经济基础、研发投入、信息化程度、教育水平、制度因素、基础设施水平以及人力资本这些因素对长江经济带城市制造业的创新能力增长有显著影响，其中人力资本、信息化程度、教育水平、制度因素的影响力相对较低。

因此，为促进长江经济带制造业的创新发展，推动长江经济带高质量发展，提出以下政策建议：①优化区域空间布局。长江经济带上中下游地区呈现出资源要素、人力成本、环境压力分布不均的空间格局，各区域的创新要素和创新平台也分布不均，而在低创新水平的制造业呈现向中上游地区等内陆区域转移的规律的背景下，需要做好长江经济带上游承接创新水平较低的产业转移的准备。在创新资源逐渐向中下游地区、省会城市逐渐靠拢的情况下，要提升中下游地区创新资源，在国际平台上展开交流与合作；同时要注意对上游地区创新资源的培养，合理利用上游地区的自然资源，培养上游地区产业的创新发展。因此，在长江经济带整体的区域空间布局上要具有大局意识，做好产业创新转入区创新发展支撑的同时，也要做好产业创新转出区的创新培养。②促进区域创新合作平台的搭建。在长三角一体化发展的背景下，要促进长江经济带整体创新驱动发展，有必要基于各地级市各产业的创新发展态势和转移路径，充分利用各区域的区位优势，促进产业集群式创新发展，特别是促进经济邻近区域之间向共同发展的良性竞争关系转化，彼此之间充分发挥各自优势，形成整体性创新发展的格局；同时可基于远程技术，搭建线上合作平台，支持各类创新资源的充分流动，使自然资源丰富的上游地区与经济资源丰富的中下游地区之间建立远程合作机制，共同促进制造业的创新发展。③加强城市建设。产业创新发展的动力很大部分源于城市本身的基础设施水平、科研投入、教育水平、信息化程度以及经济开放程度等经济社会因素，对于制造业创新发展相对较弱的上游地区要承接一些创新水平不足的产业转入，在需要相关高科技人才技术等硬性条件支撑的前提下，城市本身还需加强自身在经济、教育、政治等众多环境的建设。一方面，各地区政府要因地制宜地制定人才引进政策，加大创新资源的投入，同时政府自身也要加强城市基础建设，为制造业创新发展营造良好的经济条件和政治条件；另一方面，城市之间应加强学习交流，积极学习制造业创新环境培养的相关经验，突出各城市特色，形成良好的创新导向氛围。

第十章
长江经济带城市创新网络演变分析

随着世界技术变革的深入和知识经济的发展，知识和创新正逐步取代传统物质资本的主导地位，成为推动区域经济增长和生产率提高的关键因素（Romer，1990；Powell，1998）。同时，全球劳动地域分工的深化使得区域之间的联系越来越频繁和密切，以往关注区位因子分析的研究范式正逐步转变，学者开始关注世界各产业区、创新极之间的联系，不断推动经济地理学研究从传统的"单中心"向"多中心"的关系转向。在实践层面，各地政府积极推动区域之间的技术合作和产业联系以实现区域协同发展，其中流域经济开发是区域经济发展的战略重点，大河流域开发也已成为很多国家重要的增长极。流域内城市之间彼此开放、相互分工、紧密联系，建立更大空间范围内对技术、知识、信息等关键资源要素的优化配置体系，提升城市之间创新联系水平，进而提高区域整体竞争力。作为一个包含9省2市的巨型区域，内部不同区域之间的资源禀赋与经济发展状况差异较大，区域发展一体化格局远未形成，内部碎片化、非均衡化的发展痕迹仍十分明显（钟业喜等，2016）。长江经济带上中下游城市之间、三大城市群之间的协同创新发展，事关长江上中下游协同发展、东中西部互动合作，事关长江经济带能否建设成为我国生态文明建设的先行示范带、创新驱动带、协调发展带。因此需要加强长江经济带城际协同创新的研究，深化城市网络中各节点在创新等领域的相互开放和合作，促进创新成为城镇化的内生经济动力。

一、研究方法与数据

（一）研究数据

本书所用创新指数源于 2001～2016 年复旦大学产业发展研究中心（FIND）、复旦大学中国经济研究中心（智库）、第一财经研究院联合发布的中国城市与产业创新指数①，该数据基于国家知识产权局的专利数据、国家工商局的企业注册资本数据等微观大数据，运用经济计量和统计方法计算得到，包含了各地级市各产业的创新指数。本书以长江经济带内 110 个地级以上城市（直辖市）为研究对象，将制造业的行业分类代码与复旦大学产业发展研究中心产业创新指数的产业代码进行一一对应，加总得到制造业创新能力。可直接对长江经济带 2001～2016 年省级尺度和地级尺度下制造业创新转移强度、路径等方面的特征和趋势全景式地反映②。

其他统计数据主要源于历年《中国城市统计年鉴》以及各省市的统计年鉴，对于部分缺失的数据，通过插值计算得到。空间分析的市域尺度行政区划图来源于地球系统科学数据共享网（www. geodata. com）。

（二）研究方法

1. 基于可达性分析的时间距离测算

可达性是指从某一地到另一地的通达程度，是测度区域空间距离的有效

---

① 寇宗来，刘学悦. 中国城市和产业创新力报告 2017［R］. 上海：复旦大学产业发展研究中心，2017.

② 2011 年"三分巢湖"，致使行政区划不连续，因此将研究年限内巢湖市剔除，为保证区域研究基本单元的一致性，研究以 2016 年地级以上城市为标准。

综合性指标（曹小曙等，2005），本书借助 ArcGIS 软件，利用栅格分析法对长江经济带的时间成本距离进行计算，具体操作过程如图 10 - 1 所示。

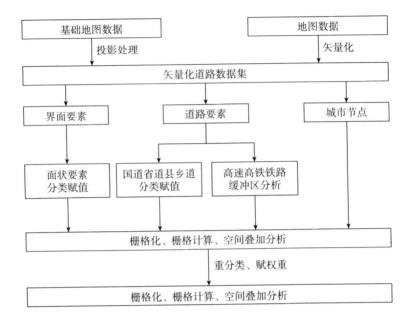

图 10 - 1　基于 ArcGIS 的可达性操作流程

将 2001 年、2006 年、2011 年、2016 年长江经济带交通路网进行矢量化、配准得到交通路网数据。根据钟业喜（2011）、冯兴华（2016）等的做法，将平均行车速度设置如表 10 - 1 所示。

表 10 - 1　不同交通要素通行速度及成本设定

单位：千米/小时

年份		高铁	铁路	高速	国道	省道	县乡道
2001	平均速度		100	100	60	40	30
	时间成本		0.6	0.6	1	1.5	2
2006	平均速度		100	100	60	40	30
	时间成本		0.6	0.6	1	1.5	2

年份		高铁	铁路	高速	国道	省道	县乡道
2011	平均速度		120	100	60	40	30
	时间成本		0.5	0.6	1	1.5	2
2016	平均速度	250	120	100	60	40	30
	时间成本	0.24	0.5	0.6	1	1.5	2

平均可达性是指某节点（栅格）到达区域内所有栅格所花费时间的平均值，测算方法如下：

$$A_i = \sum_{j=1}^{n} T_{ij}/n \qquad\qquad (10-1)$$

式中，A_i 为城市 i 的平均可达性；j 为栅格总数；n 为栅格数；T_{ij} 为节点 i 到栅格 j 的最短时间距离。

2. 城市创新联系计量

城市空间联系是城市之间某一指标在空间格局的相互作用关系的真实体现，引力模型可视为联结物理学与经济学、地理学的桥梁，受到万有引力启示常被用来分析两地区的空间联系，Jefferson、Zipf 首次将万有引力定律引入到区域空间联系研究中（靳海攀等，2013），此外 Taaffe 指出，经济联系与区域间人口的乘积呈正比例关系，引力模型的基本公式如下：

$$F_{ij} = K \times \frac{M_i M_j}{T_{ij}^b} \qquad\qquad (10-2)$$

式中，F_{ij} 是城市节点 i 和 j 之间的经济联系引力值；K 是经验系数；M_i 和 M_j 分别表示城市节点 i 和 j 的"质量"；T_{ij}^b 表示两个节点城市之间的距离值，b 为距离衰减指数。

已有学者证明我国区域之间创新扩散随着距离的增加而减弱，引力模型在一定程度上可以反映区域创新联系。牛欣和陈向东（2013）首次将基于牛顿原理的引力模型应用到城市之间创新联系的研究中并对其进行修正，建立城市创新引力模型。此后基于引力模型的区域创新联系研究不断涌现，城市创新引力模型不断改进、优化（蒋天颖和华明浩，2014；谢伟伟等，2017；董必荣等，2018；徐梦周和潘家栋，2019），对城市创新联系的刻画也愈加深刻。王丰龙（2017）对引力模型拟合的城市之间创新联系与专利创新联系研究发现：两者呈正相关关系，说明城市之间创新联系仍受到距离衰减和城市体量的双重影响。从城市创新联系量的角度来看，城市"质量"主要侧重城市创新能力，选取复旦大学产业发展研究中心（FIND）、复旦大学中国经济研究中心（智库）、第一财经研究院联合发布的中国城市创新指数作为城市"质量"。一定程度上各城市的对外实际联系可以影响创新联系，因此，选取客运总量、货运总量、邮政业务总量以及电信业务总量4项能够反映各城市对外实际联系的指标（王越和王承云，2018），对各城市的创新规模赋予权重。通过对传统引力模型进行改进，量化长江经济带城市之间创新引力强度，得到改进后的引力模型如下：

$$R_{ij} = K \times \frac{\sqrt[3]{\omega_i M_i} \times \sqrt[3]{\omega_i M_j}}{T_{ij}^2} \tag{10-3}$$

式中，R_{ij} 为两城市创新联系强度；K 为引力常数，本研究取 $K=1$；M_i、M_j 分别为城市 i、城市 j 的创新规模；ω_i、ω_j 分别为城市 i、城市 j 的创新联系权重；T_{ij} 是通过空间可达性分析得到的时间成本距离；距离衰减系数依据 Taaffe 研究确定为 2（Taaffe，1962）。

3. 社会网络分析法

社会网络分析（Social Network Analysis，SNA）是社会学研究社会关系研究的一种新方法，使用图论、代数模型等技术手段来描述社会关系模式。社会网络分析方法已广泛应用于复杂网络、地理学、经济学和管理学等多种学科，为城市创新网络理论验证与实证分析提供了有效工具，运用社会网络分析方法并配合使用地理学空间分析可视化软件，计量长江经济带城市创新网络结构复杂性特征，对城市创新网络结构表达更加清晰、直观，量化测评效果也能更加明显。

（1）网络密度。该指标反映网络中各节点之间创新联系的紧密程度，创新网络密度越大，网络城市之间创新联系越紧密。计算公式如下：

$$D = \sum_{i=1}^{k} \sum_{j=1}^{k} d(i, j) / k(k-1) \tag{10-4}$$

式中，D 为网络密度，k 为节点数，$d(i,j)$ 为城市 i 与城市 j 之间的创新强度。

（2）网络中心性。使用度中心性和介中心性来反映各节点在创新网络中所处的地位。

度中心性分为外向程度中心性及内向程度中心性，表示网络中节点的中心地位，度中心性越高，城市核心竞争力越强。计算公式如下：

$$C_D(i) = \sum_{j=1}^{n} X_{ij} \qquad (10-5)$$

式中，$C_D(i)$ 为 i 度中心性；X_{ij} 为长江经济带城市 i、城市 j 之间的创新联系量。

介中心性表示城市 i 作为两个非邻域城市之间的桥梁连接能力。计算公式如下：

$$C_B(i) = \sum_{j}^{n} \sum_{k}^{n} \frac{g_{jk}(i)}{g_{jk}} \qquad (10-6)$$

式中，$C_B(i)$ 为介中心性；g_{jk} 为城市 j 和城市 k 之间存在的捷径数目；$g_{jk}(i)/g_{jk}$ 表示城市 i 处于城市 j 和城市 k 之间捷径上的概率。

（3）凝聚子群。凝聚子群分析是一种验证"行动者"关系模式的方法，应用在地理学领域城市创新网络研究中，可以揭示城市创新网络内部的组成和结构。依据密度及其组成可以判别城市的核心组团状况及组团之间联系状况，当网络中某些节点之间联系紧密并形成一个次级团体时，这种团体在社会网络分析中被称为"小团体"，即凝聚子群。具体过程参见邹嘉龄和刘卫东（2016）的研究。

（4）核心—边缘结构。运用网络中各节点之间的核度乘积为单元建立网络的理想核心边缘结构网络：核度均较大的点对，其核度乘积自然就大，列入核心集团；一个核度较大而另一个核度小的点对，其乘积居中，位于半边缘集团中；核度都小的点对，其核度乘积也小，列入边缘集团。再测算现实网络与理想网络的相关系数，判定网络在多大概率上存在核心—边缘结构。具体过程参见 Borgatti 和 Everett（1999）的研究。

（5）QAP 回归分析。QAP 回归分析是基于判定系数 R^2 的显著性评价，测定单一矩阵和多个矩阵之间的回归关系，这一过程主要有两步：一是对矩阵长向量元素进行常规多元回归统计分析；二是对因变量矩阵的行列同时进行随机置换，重新计算回归后保存所有的系数和判定系数 R^2。重复第二个步骤，循环往复，以便估计统计量的标准误。由于 QAP 回归分析适用于观察值存在共线性、自相关等情况，对网络数据分析具有独特优势（刘军，2009），对创新矩阵先采用极差标准化进行预处理（钟业喜等，2016）。

二、长江经济带城市创新水平空间格局分析

对长江经济带 110 个地级行政区的创新指数进行统计，选择自然间断点分级法（Jenks）对全部地区依次划分为高水平、较高水平、中水平、较低水平、低水平五类（见图 10-2）。结果显示：长江经济带城市创新能力空间从均衡性向非均衡性演变格局特征显著，仅在极少数长三角城市形成核心，核心—边缘结构明显。

2001 年，长江经济带创新能力以上海为高水平城市（见图 10-2(a)），上游地区、中游地区、下游地区均分布有较高水平城市，如杭州、南京、武汉、长沙、成都、重庆、昆明，且在长沙和成都周边集聚起大量较低水平城市形成次级尺度核心—边缘结构。2006 年，上海为高水平城市，长沙、重庆、昆明等较高水平城市落入中水平城市（见图 10-2(b)）。2011 年，上海为高水平城市，成都、武汉等较高水平城市落入中水平城市（见图 10-2(c)），长沙和成都周边集聚的大量较低水平城市落入低水平城市，贵阳、昆明落入较低水平城市。2016 年，上海为高水平城市，苏州晋升成为较高水平城市（见图 10-2(d)），南昌落入低水平城市，成为省会塌陷区。

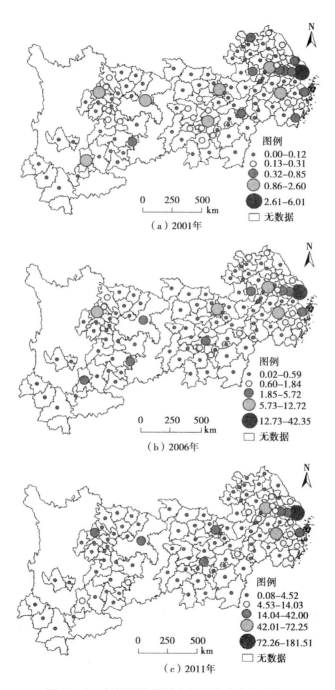

图 10 – 2　长江经济带城市创新能力空间格局

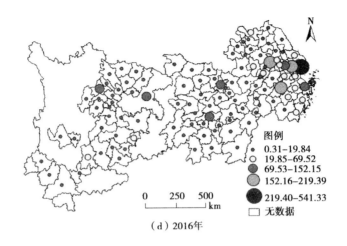

图例
○ 0.31~19.84
○ 19.85~69.52
● 69.53~152.15
● 152.16~219.39
● 219.40~541.33
□ 无数据

0　250　500
└──┴──┘ km

（d）2016年

图 10-2　长江经济带城市创新能力空间格局（续图）

　　总体来看，长江经济带创新能力空间格局地带性差异显著，表现为创新能力由下游向上游递减，其与长江经济带宏观经济格局具有高度一致性。4 个时段高水平、较高水平城市呈"孤岛"格局，高水平城市仅有上海一地，较高水平城市集中于区域中心城市。这些地区都集中于东部沿海地区，在区位及政策的双重优势推动下，创新能力一直保持高水平。较低水平城市的空间范围略有减少，多数地区跌落至低水平城市。这些地区大多以传统产业为主，路径依赖下创新能力和产业活力的不足，导致城市创新能力面临瓶颈。低水平城市数量众多，空间范围出现大幅扩张趋势，广泛分布在非中心城市。由于受自然因素及历史条件等的制约，工业化起步晚，加之基础不稳，生产效率低下，科技创新能力薄弱，早期以武汉、长沙、重庆、成都、昆明为核心的中西部地区创新能力带动疲软，整体创新能力不断陷入"洼地"。苏北、浙南等地区城市受高水平城市虹吸，也落入低水平城市行列。

三、创新网络时空演化特征分析

（一）城市创新网络时空格局

基于 2001～2016 年长江经济带城市创新联系流强度数据，借助 Arc-GIS 软件，根据组内差异小、组间差异大的分类原则，将网络联系强度和城市网络联系总量划分为五个等级，绘制长江经济带城市创新网络图谱（见图 10－3）。

总体来看，2001～2016 年长江经济带城市创新联系流呈现由上海、合肥、南京、杭州、无锡、苏州等节点构成的钻石结构向上海、南京、杭州、宁波 Z 形结构演化，苏州、长沙、武汉、重庆、成都等节点又构成次级创新联系流。4 个时间断面下，核心节点稳固，上海在城市创新网络中处

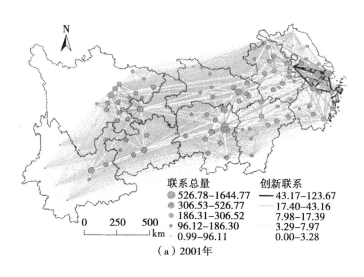

图 10－3　长江经济带城市创新网络空间格局

227

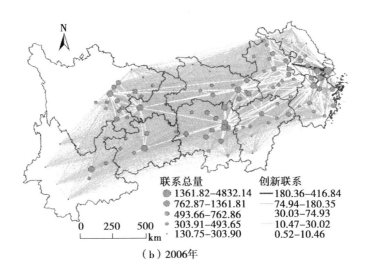

（b）2006年

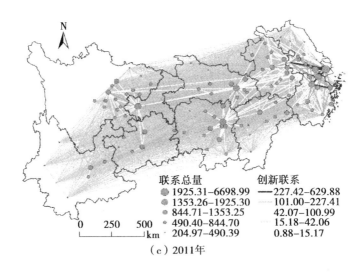

（c）2011年

图 10-3 长江经济带城市创新网络空间格局（续图）

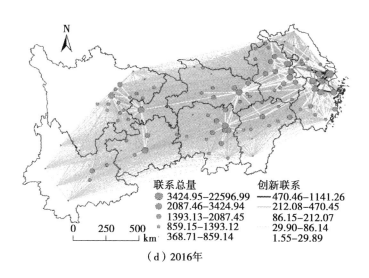

联系总量
- ● 3424.95—22596.99
- ● 2087.46—3424.94
- ● 1393.13—2087.45
- ● 859.15—1393.12
- 368.71—859.14

创新联系
- —— 470.46—1141.26
- ―― 212.08—470.45
- 86.15—212.07
- 29.90—86.14
- 1.55—29.89

0　250　500
km

（d）2016年

图10-3　长江经济带城市创新网络空间格局（续图）

于绝对中心位置，网络中心城市主要分布在创新能级较高的区域，如长三角地区，而非长三角地区的创新网络联系流强度则较低，中西部地区创新联系流份额逐步降低，呈现明显的由沿海向内陆逐步形成由高到低的梯度推移特征。具体而言，2001年城市核心创新联系流强度TOP10节点分别为苏州、杭州、无锡、常州、宁波、南京、上海。2006年城市创新联系流强度TOP10节点分别为苏州、杭州、无锡、常州、嘉兴、宁波、南京、上海。2011年城市创新网络TOP10节点分别为苏州、上海、杭州、无锡、嘉兴、常州、宁波。2016年城市创新联系流强度TOP10节点分别为苏州、上海、杭州、无锡、常州、嘉兴、宁波、杭州。高联系流地区与低联系流地区随时间发展，存在创新联系路径锁定现象。

基于Gephi软件，以城市创新联系城市对（前10位）绘制长江经济带城市创新网络结构图（见图10-4）。

从图10-4来看，处于第一层次的连接线具有明显的上海指向性，4个时间节点下最强联系流均为上海。数量上，创新联系TOP10城市对创新联系总量进一步向少数城市集聚，呈现强极化效应。具体来看，2001年城

229

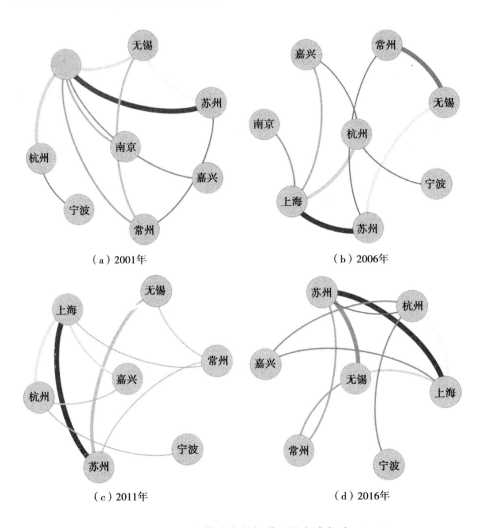

（a）2001年　　　　　　　　　　（b）2006年

（c）2011年　　　　　　　　　　（d）2016年

图10-4　长江经济带城市创新联系强度城市对 TOP10

注：图中线条粗细区分联系强度大小。

市创新联系 TOP10 城市对为苏州—上海（123.67）、杭州—上海（98.94）、无锡—上海（96.19）、苏州—无锡（92.71）、常州—无锡（73.15）、南京—上海（70.11）、常州—上海（67.06）、嘉兴—上海（61.52）、苏州—常州（57.07）、宁波—杭州（55.49）。2006年城市创新联系 TOP10 城市对为苏州—上海（416.84）、杭州—上海（324.58）、无锡—上海（282.20）、苏州—无锡（263.56）、嘉兴—上海（215.61）、南京—上海（197.60）、常州—上海（196.03）、常州—无锡（180.35）、宁波—杭州（170.06）、嘉兴—杭州（167.46）。2011 年城市创新联系TOP10 城市对为苏州—上海（629.88）、苏州—无锡（484.61）、杭州—上海（446.57）、无锡—上海（403.99）、嘉兴—上海（328.84）、常州—无锡（309.91）、嘉兴—杭州（298.67）、苏州—常州（293.18）、宁波—杭州（280.79）、常州—上海（276.84）。2016 年城市创新联系 TOP10 城市对为苏州—上海（1141.26）、苏州—无锡（995.56）、杭州—上海（768.54）、无锡—上海（690.45）、苏州—常州（595.20）、常州—无锡（593.47）、嘉兴—杭州（549.22）、嘉兴—上海（529.63）、宁波—杭州（529.46）、杭州—苏州（470.45）。

（二）城市创新网络结构复杂性特征

1. 网络密度特征

网络密度可以反映网络整体的联系状况，密度值越大，网络整体之间的联系越密切。基于 Ucient 和 Gephi 软件通过二值化处理矩阵进行网络密度计算得到长江经济带城市创新网络密度如图 10-5 所示。

城市创新网络密度趋于紧凑，阶段性演进特征显著。2001～2016 年，长江经济带城市创新网络密度由 2.81% 增长至 46.11%，虽网络化程度逐步深化，但至 2016 年区域内 53.89% 的城市之间仍无创新联系。分阶段来看，第一阶段（2001～2006 年）为网络密度增长萌芽期，虽然年均网络密度增长幅度达 75%，但总体网络密度极度松散，孤立节点较多。第二阶段（2006～2011 年）进入创新联系相对稳定阶段，年均网络密度增长幅度 15.33%，孤立节点逐步消失，核心节点进一步拓展。2011 年之后高铁网络的高速发展推动了城市创新网络结构的迅速演变。第三阶段（2011～2016 年）年均网络密度增长幅度达 19.23%，总体网络密度趋于紧凑，核心节点数目、等级扩张，在核心节点之间、边缘节点与核心节点之间都形成了相当规模的创新联系流。总体上看，长江经济带城市创新网络已由萌

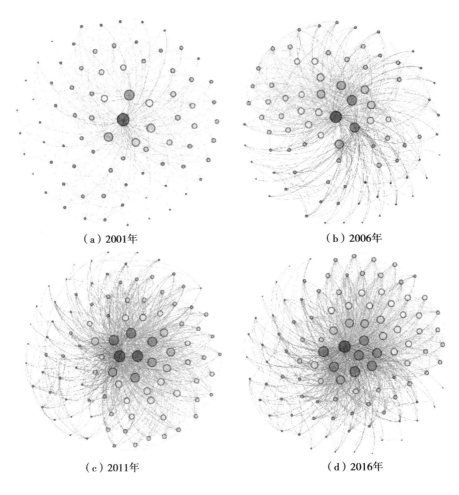

（a）2001年　　　　　　　　　　　　（b）2006年

（c）2011年　　　　　　　　　　　　（d）2016年

图 10 - 5　长江经济带城市创新网络密度

芽阶段转为降速提质阶段，城市间创新联系渠道和交换行为显著增加。

为探讨城市之间创新网络发展区域差异状况，以板块为单元计算得到长江经济带城市创新网络密度图如图 10 - 6 所示。从三大经济地带的变化情况来看①，地带内网络密度差异较大但相对差异在缩小，"东密西疏"地

① 各地级市所属区域由其所在省份所属的区域决定。东部地区包括江苏、上海、浙江，共计 25 个地级市（直辖市）；中部地区包括安徽、湖北、湖南、江西，共计 52 个地级市；西部包括四川、云南、贵州、重庆，共计 33 个地级市（直辖市）。

带性格局稳固；东部地区 2001 年网络密度为 0.29，到 2016 年网络密度 0.98，已形成高度网络化创新联系。中部网络密度提升最大，2001 年网络密度为 0.02，到 2016 年网络密度为 0.60，翻了将近 24 倍，其原因可能中部与东部地理上的邻近，地理邻近有利于创新主体之间创新行为的产生。西部地区 2016 年网络密度为 0.42，说明西部城市相对东、中部地区创新联系增长动能不足，网络密度一直维持在低位。总体来看，长江经济带内部东、中、西部三大经济地带创新网络密度差异较大但相对差异在缩小，东—中—西的地带性格局稳固，并初显均衡化发展趋势。

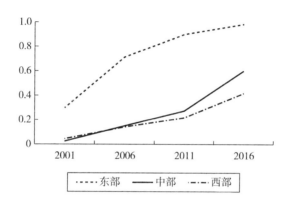

图 10 - 6 长江经济带三大板块城市创新网络密度

2. 网络中心性特征

借助 UCINET 软件将 2001 ~ 2016 年长江经济带创新联系二值化矩阵进行中心性分析，并利用 ArcGIS10.2 反距离权重插值法对中心性值进行空间可视化。

从度中心性来看，城市创新网络中心结构从极化增长状态逐渐向均衡状态演变（见图 10 - 7）。研究期内值域区间呈现持续增长趋势，城市创新联系日益密切。具体而言，2001 ~ 2016 年创新网络的度中心性均值由 3.18 增加为 11.05，在前期极化增长阶段，创新网络的单核心结构明显，中三角、成渝等地皆呈孤点状，仅长三角地区遮蔽区域连片；而后期武汉、长沙、南昌、成都、重庆等中心城市"涓滴效应"开始显现,长三角、长江中游、成渝等区域表现出明显的集群化特征,在东部长三角—长中游地区已形成明显的创新连绵带。重庆、成都、贵州和昆明等地成为西部地区"领头羊",但与东中部地区相比,整体水平仍处低值。因此,以重庆、成都、贵州和昆明为核心的西部地带创新带动疲软,不断走向创新"洼地"。

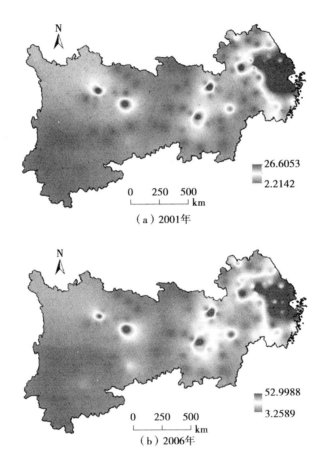

图 10-7 长江经济带度中心性空间格局

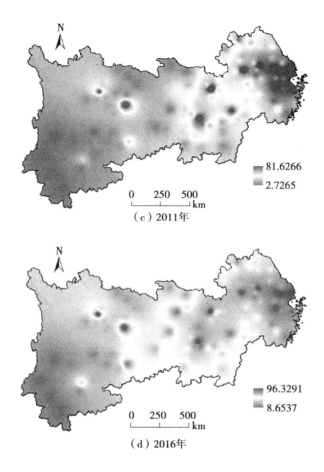

（c）2011年

（d）2016年

图 10 - 7 长江经济带度中心性空间格局（续图）

上海、南京、杭州、武汉等核心城市均稳居前四，呈现"此消彼长"的动态趋势。上海度中心性始终居于首位，一直处于网络中心。南京、杭州、武汉在研究期内排名"此消彼长"，表明三地在创新网络中处于竞争态势。成都、重庆等在网络中心地位也不断增强，而宁波、无锡、常州等城市的网络中心地位逐渐下降。可以看出，中西部城市的群体性崛起使得长三角传统创新节点城市在网络中的垄断地位逐步减弱，网络结构呈现日益多元化的复杂格局。

从介中心性来看，空间非均衡性特征显著，极少数城市承担着网络的中介地位，具有显著的核心—边缘结构（见图 10 - 8）。研究期内值域区间呈现持续降低趋势，表明不断有新的"中心行动者"涌现，易与其他城市发生创新联系。具体而言，2001～2016 年创新网络的介中心性均值由 0.72 降为 0.47，创新联系中介网络格局有待深化，高值区基本分布于部分省会城市；2016 年，区域内形成了以长江、沪昆铁路为串线的串珠状高值区，其中，南昌、长沙、贵阳、昆明中介效应开始显现，南京、杭州、成都、重庆的中介效应明显增强。

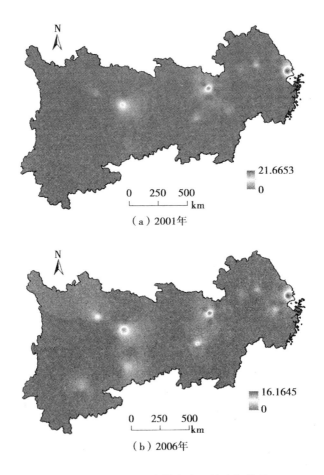

图 10 - 8　长江经济带介中心性空间格局

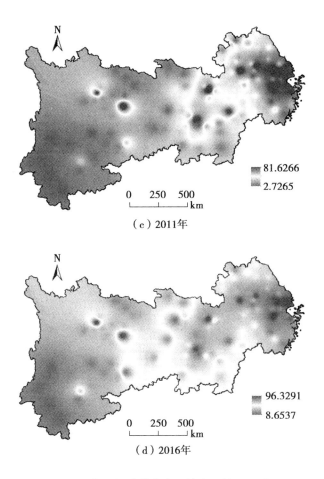

（c）2011年

（d）2016年

图10-8 长江经济带介中心性空间格局（续图）

　　纵向来看，上海、武汉、重庆一直是整个创新网络的三大核心枢纽，承担着长江经济带创新网络的连通和中转功能，而3个城市恰好为长江经济带东、中、西部核心城市。研究期内，成都、重庆和武汉等地的枢纽作用持续增强，分别成为区域创新网络向中部，乃至西部外围地带拓展的重要"门户节点"。介中心性较低的广大中西部城市在网络中处于边缘地位，这些城市对外创新联系的增强不能带动或不能显著地推动其他城市的发展，同时受核心城市的带动作用不明显，其原因可能为对外交通不便、科研发展状况不佳以及经济发展水平有限等。

3. 凝聚子群特征

凝聚子群分析是以城市之间的创新联系强度为依据，探讨长江经济带城市集群内城市的小团体聚集现象。利用 Concor（Convergent Correlations）算法得到凝聚子群密度值状态（见表 10－2）及具体组成状况，并通过 Adobe Illustrator 可视化（见图 10－9）①。

表 10－2　长江经济带城市创新网络凝聚子群密度

子群	2001 年				2006 年				2011 年				2016 年			
	1	2	3	4	1	2	3	4	1	2	3	4	1	2	3	4
1	8.5	3.5	1.3	1.9	21.0	8.2	3.4	4.4	35.5	12.1	5.0	6.5	67.5	21.6	9.2	12.0
2	3.5	6.1	2.1	2.2	8.2	13.7	4.5	5.0	12.1	18.0	5.9	6.7	21.6	29.8	10.3	11.6
3	1.5	2.1	2.3	2.1	3.4	4.5	6.2	4.7	5.0	5.9	9.0	6.5	9.3	10.2	15.9	11.5
4	1.9	2.2	2.1	8.0	4.4	5.0	4.7	17.1	6.5	6.7	6.5	22.8	12.0	11.6	11.5	40.2

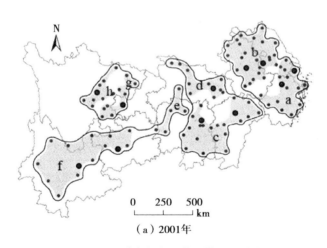

（a）2001年

图 10－9　城市创新网络凝聚子群演变

---

① 2 级层面凝聚子群为"子群 1（长三角）"、"子群 2（中三角）"、"子群 3（滇黔）"和"子群 4（成渝）"，在 3 级层面凝聚子群进一步分为子群 1（a，b）、子群 2（c，d）、子群 3（e，f）、子群 4（g，h）。

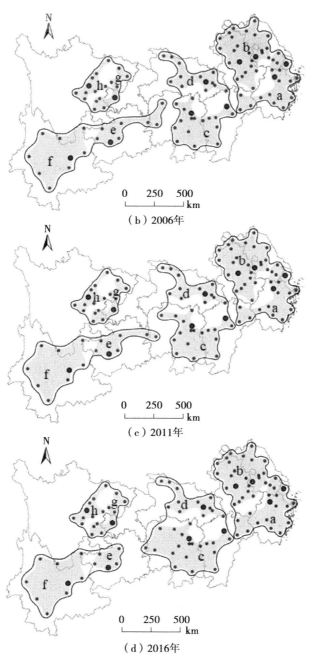

（b）2006年

（c）2011年

（d）2016年

图 10 - 9　城市创新网络凝聚子群演变（续图）

创新联系凝聚子群具有明显的地理粘着特征。2001～2016 年，在 2 级层面上出现 4 个凝聚子群，大致可以分为长三角、中三角、滇黔和成渝四大凝聚子群。这些凝聚子群主要以地理位置进行集聚，虽然信息空间理论上可以突破地理空间的限制，但是地理临近性以及由此产生的密切信息流仍然是影响创新联系最重要的因素。具体而言，长三角和成渝子群相对稳定，以中西部城市为主体的中三角和滇黔子群持续演化。具体而言，以成都、重庆为代表的成渝凝聚子群最为稳定，该子群在研究期内没有任何变化，可见成渝子群内部具有极强的稳定和强化创新联系。以上海、杭州和南京为代表的长三角凝聚子群主要成员为浙江、江苏和安徽等省份的城市，2006 年后，景德镇、上饶和鹰潭被吸收进入子群并成为稳定成员；以武汉、长沙和南昌为代表的中三角凝聚子群，它接受了大量宜昌、张家界、常德、怀化和铜仁等来自滇黔凝聚子群成员的输入，空间上逐渐向西部扩张；以昆明、贵阳为代表的滇黔凝聚子群是成员结构最不稳定的群体。凝聚子群整体东西跨度较大，随着交通条件的改善，子群内东、西部创新联系产生剧烈分化，子群内东部成员逐步脱离了子群。

4. 核心—边缘位置特征

基于社会网络分析方法的城市创新联系核心—边缘结构能判断出创新网络的核心—边缘节点，根据 Ucinet 软件中 Core - Periphery 模块计算得到核心度，需要指出的是，在网络中，核心度与中心度不一致，核心度是中心度的一种，但反之不成立。点度中心性高的城市其核心度并不总是大（Everett & Borgatti，1999）。

2001～2016 年，城市核心度的标准差由 0.085 下降至 0.043，而非均衡指数由 0.034 下降至 0.002；说明长江经济带内城市核心度的绝对差异及相对差异均呈缩小趋势，长江经济带城市创新联系空间差异趋于均衡。以核心度 TOP10 城市为例（见表 10 - 3）：2001 年，核心度 TOP10 的城市均地处长三角地区，分别是上海、南京、杭州、无锡、苏州、常州、宁波、嘉兴、湖州和合肥；2006 年，核心度 TOP10 的城市分别为上海、成都、绍兴、南京、马鞍山、常州、宿迁、杭州、温州、苏州；2011 年，核心度 TOP10 的城市分别为上海、成都、绍兴、南京、马鞍山、宿迁、常州、杭州、温州、苏州；2016 年，核心度 TOP10 城市则为上海、成都、绍兴、宿迁、上饶、南京、常州、十堰、马鞍山、杭州。总体来看，核心度 TOP10 的城市空间分布由集聚向分散转变，并呈现西迁的趋势。

表 10 - 3　长江经济带城市创新网络核心度 TOP10 城市

位序	2001 年		2006 年		2011 年		2016 年	
	城市	核心度	城市	核心度	城市	核心度	城市	核心度
1	上海	0.400	上海	0.265	上海	0.198	上海	0.146
2	南京	0.368	成都	0.256	成都	0.198	成都	0.146
3	杭州	0.322	绍兴	0.244	绍兴	0.194	绍兴	0.146
4	无锡	0.274	南京	0.241	南京	0.192	宿迁	0.146
5	苏州	0.274	马鞍山	0.220	马鞍山	0.189	上饶	0.146
6	常州	0.262	常州	0.210	宿迁	0.189	南京	0.145
7	宁波	0.229	宿迁	0.200	常州	0.185	常州	0.145
8	嘉兴	0.186	杭州	0.194	杭州	0.177	十堰	0.145
9	湖州	0.186	温州	0.189	温州	0.177	马鞍山	0.144
10	合肥	0.185	苏州	0.181	苏州	0.167	杭州	0.139

利用 ArcGIS10.2 平台中反距离权重插值模块对核心度进行空间可视化（见图 10 - 10），由图可知，2001 年仅长三角地区以及合肥周边地区核心度相对较高，长沙、南昌、武汉等地区核心度也相对突出；2006 年长三角地区核心度高值区范围进一步扩散，武汉、长沙、南昌核心度显著增强，成都、重庆、贵阳、昆明开始显现；2011 年较 2009 年核心度空间布局进一步扩大，核心度高值区域主要仍位于长三角地区，同时中部地区初具"组团"结构；2016 年比 2009 年核心度整体空间扩散提升较大，东部、中部连绵成片，西部成都、贵阳、重庆核心度较为突出。总体表现从极化状态逐渐向均衡状态演变特征。

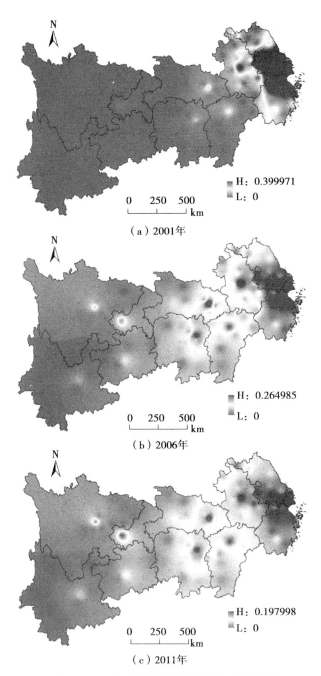

H: 0.399971
L: 0

0　250　500
km

（a）2001年

H: 0.264985
L: 0

0　250　500
km

（b）2006年

H: 0.197998
L: 0

0　250　500
km

（c）2011年

图10－10　长江经济带城市核心度空间格局

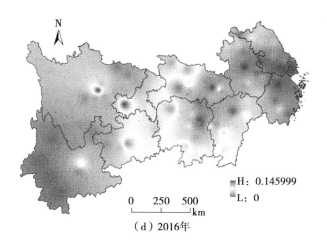

（d）2016年

图 10 - 10　长江经济带城市核心度空间格局（续图）

5. 网络位置动态性分析

借鉴世界体系理论的整个世界是由核心地带、半边缘地带和边缘地带组成（陈银飞，2011），本书根据组内差异最小，组间差异最大的聚类原则，把城市划分为核心、半边缘和边缘三个层次，并在 ArcGIS10.2 中可视化表达（见图 10 - 11）。

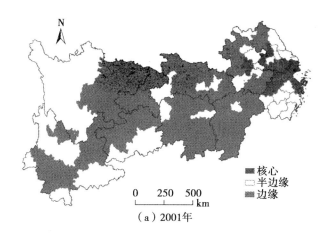

（a）2001年

图 10 - 11　长江经济带城市创新网络位置分区

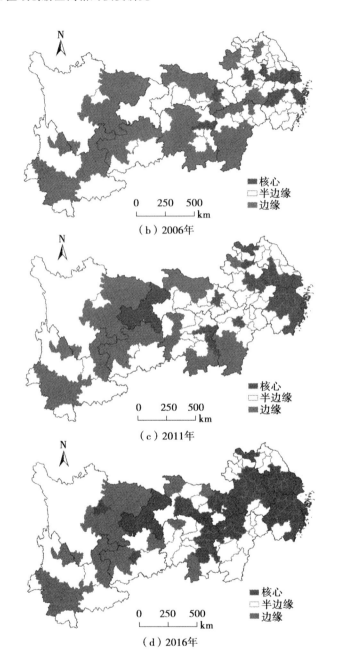

（b）2006年

（c）2011年

（d）2016年

图 10－11　长江经济带城市创新网络位置分区（续图）

2001～2016 年，长江经济带城市创新网络中存在显著的核心—半边缘—边缘结构。2001 年处于核心位置的成员有 11 个，处于半边缘位置的成员有 19 个，处于边缘位置的成员有 80 个；2006 年处于核心、半边缘、边缘位置的成员分别为 10 个、42 个、58 个；2011 年处于核心、半边缘、边缘位置的成员分别为 25 个、43 个、42 个；到 2016 年长江经济带城市创新网络虽也存在核心—半边缘—边缘结构，但各位置成员数量有所变化，分别为 46 个、32 个和 32 个。总体上，2001～2016 年，核心位置成员由 13 个增加到 46 个，而半边缘位置和边缘位置成员均有所增加，说明随着时间的推移，长江经济带创新联系存在向外围发展的趋势。

基于 2001～2016 年长江经济带城市创新网络位置的变动情况，绘制网络位置演化路径（见图 10-12），分析发现：①创新联系城市网络位置升级是网络位置演化的主要路径。相比于 2001 年，2006 年有 35 个城市的网络位置发生了变化，2011 年有 31 个城市网络位置发生了变化，且全部为位置升级，2016 年有 31 个城市网络位置发生了变化，同样全部为位置升级。显示出创新主体间的交互学习、创新合作中新成员的加入、技术创新模式的转变等途径，多数城市创新网络位置得以优化，实现了创新网络的路径创造。②创新网络位置演化路径以渐进式演化为主，跨越式演化仅发生在早期边缘位置与核心位置之间。2001～2006 年，渐进式位置升级、位置降级集群数量分别为 25 个、8 个，跳跃式位置升级城市数量为 2 个；2006～2011 年，渐进式位置升级城市数量为 31 个；2011～2016 年，渐进式位置升级城市数量为 31 个。③创新网络位置演化呈现路径锁定效应。2001～2006 年，有 74 个城市的网络位置未发生变化，其中保持网络核心、半边缘位置的城市数量分别为 5 个、14 个，而有 56 个城市被锁定在网络边缘位置；2006～2011 年，有 79 个集群的网络位置未发生变化，其中保持网络核心、半边缘位置的城市数量分别为 10 个、27 个，仍有 42 个城市被锁定在网络边缘位置；2011～2016 年，有 80 个集群的网络位置未发生变化，其中保持网络核心、半边缘位置的城市数量分别为 25 个、22 个，仍有 32 个城市被锁定在网络边缘位置。可见受城市自身创新能级较低、外部联系薄弱等层面的制约，少数处于网络边缘位置的城市未能实现升级，致使集群创新出现路径锁定。

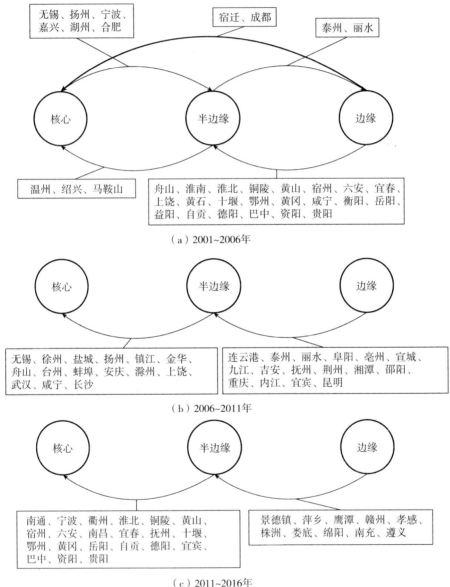

（a）2001~2006年

（b）2006~2011年

（c）2011~2016年

图 10－12　2001～2016 年长江经济带城市创新网络位置演化路径

注：细线条代表渐进式位置升/降级，粗线条代表跳跃式位置升/降级。

四、创新网络演化影响因素分析

（一）指标选取与模型构建

进一步探讨长江经济带城市创新网络结构演变规律的驱动机制。一般认为地理距离是创新主体联系的基础性因子，但地理邻近性并不是作用于知识流动的唯一因素。由长江经济带内部"东中西"地带性差异较大可知，创新联系与区域经济发展水平存在着一定的空间关联性。城市第三产业作为城市创新技术转移的需求方和供给方，其产值规模决定了城市创新联系的规模（段德忠等，2018）；城市研发人员规模直接影响城市技术创新能力且科研人员具有流动性，从而对城市之间创新联系产生影响。开放程度有利于提升创新联系，城市的对外开放有利于信息的获取及多方技术合作渠道的建立；信息联系与实体联系相互催化，通过电话、邮件、网络产生的信息联系与现实中实体联系互相交织，而客货运联系将最终成为"流动空间"里城市间创新联系的根本手段（盛科荣等，2018）；政府拥有强大的资源支配能力，高级别的城市意味着政治资源、政策优势和信息优势比小城市更突出，这是创新联系的重要影响因素（刘晔等，2019）。历史原因造成的不同区域之间的语言、移民等文化相似性可持续影响区域交流、贸易（Egger & Lassmann，2012）。

基于此，最终选择地理邻近性（时间成本）、经济规模（地区生产总值）、产业结构（第三产业增加值占比）、人力资本（科学研究技术服务和地质勘查业人数）、开放程度（当年实际使用外资金额）、区位优势（客运量和货运量总和）6项连续变量和行政等级、文化邻近性2个虚拟变量。对连续变量取2001～2016年各城市对应指标的均值，然后用各城市对应指标均值的绝对差异组建差异矩阵。对行政等级，将两城市中有一个城市为直辖市或省会赋值为1，其他则赋值为0。用1和0分别表示两城市同属一个方言片和不同方言片，反映文化邻近性（高鹏等，2019），方言地理分布信息源于《中国语言地图集：汉语方言卷》（张振兴，2013）。基于上述影响因素，构建模型如下：

$$T = f \ (DIS, \ EDL, \ STR, \ CAP, \ OPE, \ LOC, \ ADM, \ CUL) \qquad (10-7)$$

式中，被解释变量 T 为创新联系二值网络矩阵；DIS 为地理邻近差异矩阵；EDL 为经济规模差异矩阵；STR 为产业结构差异矩阵；CAP 为人力资本差异矩阵；OPE 为开放程度差异矩阵；LOC 为区位优势差异矩阵；ADM 为行政等级矩阵；CUL 为文化邻近矩阵。

（二）影响因素实证分析

由 QAP 相关性分析（见表 10 - 4）可知，地理邻近性、经济规模、产业结构、人力资本、开放程度、区位优势、行政等级与文化邻近性的相关系数都在 1% 的水平上显著不等于零，说明这些驱动机制对创新联系产生正面影响，地理距离矩阵与创新联系差值矩阵呈负相关关系，说明城市间地理距离越大，创新联系越小，计算结果符合理论分析。

表 10 - 4　长江经济带城市创新网络演变驱动机制分析

被解释变量	QAP 相关分析	QAP 回归 1	QAP 回归 2
	相关系数	标准化	标准化
DIS 地理邻近性	- 0.726 ***	- 0.311 ***	- 0.327 ***
EDL 经济规模	0.819 ***	0.417 ***	0.594 ***
STR 产业结构	0.421 ***	0.094 *	0.069 **
CAP 人力资本	0.651 ***	- 0.382 ***	- 0.383 ***
OPE 开放程度	0.817 ***	0.288	
LOC 区位优势	0.817 ***	0.288	
ADM 行政等级	0.465 ***	0.225 **	0.293 **
CUL 文化邻近性	0.425 **	0.201 **	0.238 **

被解释变量	QAP 相关分析	QAP 回归 1	QAP 回归 2
	相关系数	标准化	标准化
常数项		0.000	0.000
R^2		0.524	0.419
调整后 R^2		0.523	0.418

注：＊、＊＊、＊＊＊分别表示在 0.05、0.01、0.001 水平显著。

选取所有自变量与创新网络进行第一次回归分析的结果显示，模型对自变量的变异的解释为 52.3%。进一步通过逐步回归剔除不显著变量，解释力略微下降但效果较好，结果表明：地理邻近性、经济规模、产业结构、人力资本、行政等级与文化邻近性都对创新网络有显著影响。

1. 地理邻近性

地理距离变量回归系数显著为负，说明两城市之间地理距离越大，越不利于其产生创新联系。地理邻近作用于创新主体的交流概率、频率与效率，强化主体的认知邻近和组织邻近，进一步促进明述知识的直接交流与默会知识的转化（Gertler，2003；Antonelli，2000；Malmberg & Maskell，1997）。高铁时代"公交化"运营带来前所未有的时空压缩效应，地理距离相近的城市之间交通和经济联系愈加紧密，创新资源交流愈加频繁。这一发现与 Cairncross（1995）等提出的"距离的消亡"观点不符，也有研究发现中国内陆地区由于地理区位所产生的国内贸易成本不降反升（逯建和施炳展，2014）。长江经济带西部与东部地理距离较远，知识传播、共享的空间优势不明显，恶化了长江经济带"东中西"城市创新联系不均衡状态。

2. 经济规模

经济规模差异标准化回归系数在 1%的水平下显著，说明经济规模能够显著影响城市间创新联系，经济规模差异越大，知识流动越强，创新联系相对会更强。城市创新活动对外联系背后是经济活力的驱动，这是因为一方面，由于本地市场效应的存在，经济规模较大的城市具有本地市场效应与较大的市场需求，企业倾向于集中在市场需求较大的地区，向市场需求较小的地区出口产品，由此产生城市创新合作。另一方面，经济规模是影响人才流动的重要因素。经济规模较大的城市对高级人才有较高需求，人才从经济落后城市流向发达城市，使得人才在整个区域内重新配置，同时这种流动连接了经济发达城市和原落后城市的关系网络，在更加长远的时间范围内这种经济规模差异有助于区域知识流动、扩散及创新网络完善。

3. 产业结构

产业结构差异的标准化回归系数在5%的水平下显著。不同地区之间产业结构差异越大，创新联系相对越强。依托产业发展的创新活动会随区域产业结构差异而具有不同特征，城市之间产业结构差异表现为地域分工水平差异，差异越大，地域分工水平越高，其互补性越强，城市间联系就越密切，区域经济合作发展越好，城市之间的创新联系可能就会越密切，经济合作前景就越广，创新联系就越强（车冰清，2009）。反之，在理性经济人和利己主义思想影响下，各地仍存在产业同质化竞争（胡艳等，2018）。城市之间产业结构相似度越高，地域分工水平越低，城市间竞争就越激烈，区域经济合作不足，创新联系相对弱化。长江经济带中部地区形成以机械制造业、化工业为主的产业体系，差异化分工不明显，城市首位创新联系大多指向长三角地区，以总部—分支机构联系为主。

4. 人力资本

人力资本变量回归系数显著为负，说明人力资本差异越大，城市之间创新合作与交流就越少，创新联系就越弱。大城市之间人力资本差异不大且水平较高，高素质人才的联系机会成本较低，相比人力资本差异较大的地区之间拥有较高的"匹配质量"（孙瑜康，2017）。人力资本差异较大的大城市和小城市之间不具备知识交流的优势，地区之间知识、信息相互吸收、转化和再创造的能力受限，对外创新联系需要上海、武汉、重庆等中介城市来连通和中转。

5. 行政等级

行政等级的标准化回归系数在 5% 的水平下显著。创新联系所需的财力和平台往往受行政力驱动，中国以政府为主导的国家创新系统中众多高校、科研机构、企业等创新主体集聚在行政等级较高的直辖市和省会城市（潘峰华等，2013），这些城市通常是区域内部知识生产的"孵化器"与技术流动的"枢纽"（刘承良等，2018），掌握着"稀缺"的创新资源。2001～2016 年，长江经济带创新联系值排名前 10 位的城市中，均为上海、南京、杭州、武汉等省会城市之间或省会城市与非省会城市，而非省会城市之间创新联系较弱。

6. 文化邻近性

文化邻近性对于创新联系的意义在于，同一区域（尤其是历史上同属一文化区）内城市之间方言和亲缘文化的差异越小，创新联系越强。相同或相似的语言往往同属一个文化区，相似的地缘性格，相互的信任，共同的经验、外部知识源是知识尤其是默会知识的传播及更快建立合作信任的"催化剂"（李琳和韩宝龙，2009）。长江经济带方言种类繁杂，但小区域内存在一致性。如从四川、云南到湖北，西南官话方言的一致性很高，长三角地区通行吴方言和江淮官话，区域微观个体之间文化认同感较高，人才和知识流动阻力小，从而更容易产生创新联系。

五、本章小结

本章基于城市创新引力模型和社会网络分析法，构建了 2001～2016 年长江经济带城市创新网络，从时空两个维度定量刻画了城市创新网络空间结构特征，提炼了城市创新网络动态演化过程及影响因素。

长江经济带城市创新能力空间从均衡性向非均衡性演变格局特征显著，

仅在极少数长三角城市形成核心，核心—边缘结构明显，地带性差异显著，表现为创新能力由下游向上游递减，其与长江经济带宏观经济格局具有高度一致性；长江经济带城市创新联系流呈现由上海、合肥、南京、杭州、无锡、苏州等节点构成的钻石结构向上海、南京、杭州、宁波 Z 形结构演化。

从整体网络复杂性特征来看，城市创新网络密度趋于紧凑，三阶段演进特征显著。从萌芽阶段到相对稳定阶段再到降速提质阶段，网络化程度逐步深化，城市之间创新联系渠道和交换行为显著增加；度中心性从极化增长状态逐渐向均衡状态演变，创新网络结构从单核心走向集群化、多元化的复杂格局；介中心性空间非均衡性特征显著，上海、南京、杭州、武汉等极少数门户节点城市承担着长江经济带创新网络的连通和中转功能，广大中西部城市在网络中处于边缘地位；从"小团体"特征来看，创新联系凝聚子群具有明显的地理粘着特征。在 2 级层面上出现了长三角、中三角、滇黔和成渝四大凝聚子群；长江经济带城市创新网络中存在显著的核心—半边缘—边缘结构，创新网络位置演化以网络位置升级为主要路径，以渐进式演化为主，并呈现路径锁定效应。

从 QAP 回归模型结果来看，地理邻近性、经济规模、产业结构、人力资本、行政等级与文化邻近性 6 个因素是影响长江经济带创新联系的主要因素，而当前城市开放程度、区位优势对城市创新联系并未起到明显的作用。

第十一章

长江经济带区域创新发展政策与建议

一、国内外区域创新发展案例及政策经验借鉴

（一）科技创新驱动发展北京案例

习近平总书记在党的十九大报告中强调"创新是引领发展的第一动力，是建设现代化经济体系的战略支撑"。再次明确了创新在推进区域协调发展、化解社会主要矛盾中将发挥越来越显著的战略支撑和推动作用。科技创新在城市系统中发挥着重要的驱动作用，是城市经济发展的原动力和催化剂。北京市科技创新驱动城市发展取得了一定的成效，其经验可为我国城市创新发展提供参考借鉴。

1. 北京创新发展取得成效

2014 年 2 月，习近平总书记明确北京作为全国科技创新中心的功能定位。2016 年 9 月，北京市统计局和北京市科学技术委员会共同发布"北京创新驱动发展监测评价指标体系"及监测评价结果。2015 年北京市创新驱动发展总指数为 130.7，指数连续 5 年稳步提升，年均提高 6.1 个点，显

示出以科技创新为核心的全面创新对北京经济社会发展的总体驱动作用。其中，2015 年创新驱动指数较 2014 年增长 10%，创新驱动指数增长对总指数增长的贡献率高达 50.5%。

科技创新驱动城市经济发展明显，科技创新型高技术企业已成为北京经济发展的重要支撑，并引领着产业结构整体向高科技产业转型。2018 年，北京平均每日新增科技型企业约 200 家；新创企业中科技型企业占比达 39.2%，较 2012 年提高 10.3 个百分点；独角兽企业 82 家，占全国近一半。截至 2018 年底，全市国家级高新技术企业累计达 2.5 万家，是 2012 年的 3.1 倍。新经济增加值占地区生产总值的比重达 1/3，中关村示范区总收入达 58841.9 亿元，是 2012 年的 2.4 倍。从产业结构看，科技创新引领北京现代服务业发展的速度也较快，"结构优化"成效凸显，2018 年，知识密集型服务业增加值占比达 46.8%，较 2012 年提升 9.9 个百分点；科技、信息产业对经济增长的贡献率达 48.6%。高精尖产业蓬勃发展，成为推动北京高质量发展的重要引擎。2018 年，医药健康产业实现营业收入 1867.6 亿元，同比增长 14.3%，人工智能产业规模达到 1500 亿元，纯电动汽车保有量达 28.47 万辆，规模居全国第一。科技服务业实现增加值 3223.9 亿元，同比增长 10.4%，占 GDP 比重达到 10.6%。北京以现代服务业引领现代农业发展，形成了以信息服务、金融服务、种业创新为特点的一二三产业融合发展模式。特别是在北京国家现代农业科技城建设中，研发搭建了国内首个商业化育种云服务平台（种子云台），建设了全国数字农业与智能装备研发设计创新中心，以设计创新服务推动农业现代化发展。可见，科技创新对北京市经济发展方式转变和产业结构优化升级发挥了重要的支撑作用。

2. 北京市科技创新驱动城市发展经验

科技创新已成为北京城市发展的重要驱动力量，在城市经济、社会、环境发展等方面均发挥了重要的支撑和推动作用。北京在科技创新驱动城市发展方面也走在了全国前列，总结北京科技创新驱动城市发展的经验，可进一步丰富创新驱动发展的理论和实践内涵，并为其他城市提供一定的参考。

（1）重视区域创新系统建设和科技基础能力提升。随着 2016 年 9 月国务院出台《北京加强全国科技创新中心建设总体方案》，北京建设全国科技创新中心已上升为国家战略，进一步完善区域创新系统、打造创新高地是北京城市发展的重要目标。近年来，在原有格局的基础上，北京探索形成"中关村科学城、怀柔科学城、未来科学城"，"亦庄经济技术开发区"的"三城一区"新格局，为北京科技创新驱动城市发展提供了有力支撑。首先，北京重视利用自身丰富的科技资源从基础性环节，夯实首都科技创新中心的地位，强化基础研究、原始创新，打造世界知名科学中心。例如，中关村科学城是北京创新资源最密集、创新活动最活跃的区域，其作为北京原始创新的策源地发挥着重要作用。其次，技术创新和成果转化是北京创新系统中非常重要的子系统。其中，怀柔科学城正以大科学装置为核心打造"世界级原始创新承载区"。最后，产业共性技术和重点产业技术研发是北京区域创新系统中引领产业转型升级的重要基础。北京未来科学城以高水平研发中心为载体，正在建设一流科研人才聚集地、科技创新研发平台，并聚焦相关产业前沿应用技术研究、引领城市产业转型升级。

（2）发展创新驱动型经济，打造"高精尖"经济结构。当前，北京正处在城市功能疏解、产业结构优化的关键时期，发展高端、具有高附加值的产业非常必要。2017 年 5 月，北京出台《北京"高精尖"产业活动类别（试行）》，指出北京"高精尖"产业应是以技术密集型产业为引领，以效率效益领先性产业为重要支撑的产业集合，且应具有高产出效益、高产出效率和低资源消耗的特点。同时，"三城一区"中的亦庄经济技术开发区是北京市构建"高精尖"经济结构重点区域，其最主要的功能是对接三大科学城以实现科技成果转化，是北京发展创新驱动型经济的前沿阵地。此外，在京津冀协同发展的背景下，北京充分发挥了科技创新辐射和产业辐射作用，以跨区域的协同发展重构延伸产业链，在打造京津冀协同创新共同体的同时，带动了周边地区经济竞争力大幅提升。

（3）以民生为导向发挥科技创新支撑引导作用。近年来，北京围绕民生领域部署了多项重大科技创新项目，在交通、环境、医药、减灾、育种、文化教育等众多方面取得突破，实现了科技成果惠及民生的目标。北京在建设全国科技创新中心的同时，也在不断改善大众生活环境、提升大众生活质量。"以人为本"已成为北京科技创新驱动城市发展的重要理念，而人本思想在科技创新领域的引导作用恰恰与城市发展的经济社会需要相契合，只有经济社会发展与人的发展形成良性循环，才能最终使科技创新驱动作用在经济、社会、环境等城市子系统中得以有效发挥。

（二）创新驱动产业发展"洛阳样板"

推动科技创新成为综合国力的战略支撑，实现创新驱动发展，首先应使产业和企业实现创新驱动发展。洛阳是我国首批国家创新型试点城市、首批国家知识产权示范市、国家军民结合新型工业化产业示范基地，连续荣获"全国科技进步先进市"称号，洛阳已成为中原经济区的技术创新资源密集城市。洛阳将创新驱动战略作为城市发展主导战略，加快推进产学研军融合发展，积极盘活科技创新资源，增强科技对经济发展的支撑作用，"洛阳技术"品牌效应初显，持续推进关键技术研发，高铁轴承、载人潜水器等一批关键核心技术实现突破。近年来，洛阳进一步加强专业孵化器建设，推动孵化器在产业选择、内部服务等方面向专业化发展，有效推动了科技型中小企业发展。借助行业优势，更有效地发挥了市场作用，725 所大力推进产品结构调整和经营模式创新，鼓励个人、小微企业进行科技创新，探索专利成果入股成立小微公司，利用大量基础研究产生的专利，建立相关的技术成果、专利入股激励制度。

洛阳创新驱动产业发展经验：

1. 彻底摆脱路径依赖，向服务型政府转变

洛阳的工业基础形成于严格的计划经济体制下，并且运行几十年，由于发展惯性，工业化发展不可避免地形成路径依赖。摆脱这种路径依赖，首先是政府施政理念的根本转变，充分运用市场手段，引导推进产业发展，真正建立服务型政府。在具体工作中要尽量简化手续，只要符合国家

相关部委规定的就予以办理，不附加任何地方性条规，设立政策落实情况的上报反馈渠道，将政策落实到位，真正惠及各市场主体。

2. 强化市场经济意识，推崇协作共赢理念

计划经济模式下，产业发展实行的是条块管理，长期以来，导致企业间条块分割、泾渭分明，产业链条延伸度不够，不适应现代市场经济发展理念，追求利益独占，缺乏双赢意识。政府引导建立协作共赢意识，政府服务好企业，企业可获得经济效益，政府也可取得发展业绩。同时，科技链、产业链条上的各科研机构、企业、中介机构、政府相关部门协调一致，可获得整体突破，增强市场影响力，实现利益共享。

3. 以技术创新为核心重塑产业竞争力

自主创新能力是产业和企业的核心竞争力，技术创新成果物化于新产品中，或产生于新服务业态中，进而推动新兴产业发展和传统产业转型升级。洛阳是传统老工业基地，战略性新兴产业比重不高，因此以创新驱动产业发展要"两条腿走路"，以解决技术瓶颈为重点促进传统产业转型升级，提高产业内分工地位；促进高新技术成果转化，发展新兴产业，提升产业间分工地位，促进产业结构升级。

4. 彰显特色，专注优势行业，创城市创新品牌

洛阳创新资源密集优势在于产业技术创新，尤其是细分优势行业技术。关于创新型城市建设，洛阳走工业创新型城市道路，不以科学基础研究、科技创新为主，而以工业技术创新和应用为重，尤其是轴承、新材料、装备制造、电子信息等特色优势产业的技术创新支撑研究。行业关键共性技术的联合攻关机制建设也是洛阳特色。

5. 通过真抓实干，营造创新环境和氛围

创新氛围和文化对创新活动非常重要，是创新型城市的形象和吸引力所在。但创新环境和氛围的营造和形成不是规划和制定出来的，是贯穿在创新平台运作、创新政策执行、创新市场培育等一系列活动中的共商、协同、宽容、进取，是在实干中形成的。应通过各项软硬件措施的实施，使创新能获得创新收益，并形成适宜创新生根、发芽、开花、结果的土壤，

257

以成就事业的土壤和空间吸引留住高端人才和创新机构。

（三）区域创新极"波士华样板"

"波士华"指的是美国东北部大西洋沿岸城市群，以纽约为核心城市，包括波士顿、纽约、费城、巴尔的摩、华盛顿等多个大都市和附近中小城市，又称为波士顿—纽约—华盛顿城市群，简称"波士华"，该区域是目前实力最强的城市群，也是世界上首个被认可的城市群，是世界最大的金融中心和美国最大的产业创新基地，被视为美国经济发展的中心。法国著名地理学家戈特曼将其称为"美国的主街"。

主要经验：

1. 注重统筹规划，优化区域创新环境

"波士华"是典型的核心城市带动型区域。在其发展过程中，纽约市政府和非政府的纽约区域规划协会（RPA）、纽约大都市区委员会等组织紧密合作，因时制宜地制定合适政策来统筹规划区域城市发展结构，在"波士华"区域形成和发展中发挥了重要作用。例如，早在1921年纽约就发布了《纽约及其周边地区的区域规划》，着力解决城市无序发展问题。此后，纽约不断出台新的政策来优化城市发展结构。1968年，第二次的规划重点是建立多个城市中心。1996年，美国又对"波士华"整个区域进行规划，确立了拯救纽约都市圈的全新理念。这些规划的出台和实施使"波士华"区域形成了良好的创新环境，吸引了大批创新型企业和人才的聚集，纽约作为区域创新极的作用和地位更加凸显，在区域各城市的产业结构调整和科技创新中发挥了先导作用，而周边地区也获得了良好的发展契机。

2. 借助金融支持，推动产业分工和创新要素聚集

科技和金融的结合是当代科技和经济发展的核心动力。金融支持对创新产业的发展和创新极的形成非常重要，它可以吸引企业、研究机构、人才等创新要素不断流入，影响和带动周边地区创新产业的发展。纽约是世界金融中心，资本市场较为成熟，"波士华"区域各城市创新产业的形成

和发展离不开纽约的金融支持，强大的金融支持促进周边城市结合自身特点发展独具特色的创新产业，逐渐形成分工合理、多元协调的创新产业集群。例如，波士顿借助华尔街便利的筹集资金和风险投资条件，努力发展高等教育、地方金融、微电子工业和生物工程等产业，迅速成长为美国最重要的高科技创新中心和全球最重要的科技产业城市。费城在老工业重镇的基础上逐渐发展成为以重化工业、国防工业和电子产业等为主的要地。巴尔的摩则形成以有色金属、冶炼工业、矿产业、航空运输业为主的港口城市。

3. 重视吸引和培养创新人才，创新人才高度集中

"波士华"是美国知识、技术和信息最密集的地区之一。2013 年《美国新闻》权威美国大学排行榜中，前十名的大学中有 7 所都位于"波士华"地区。2012 年财富 500 强公司中共有 98 家总部设在该区域，其中 66 家位于纽约大都市区，这充分说明该区域在美国经济增长和创新发展中的核心地位。这些大学和企业都特别重视创新人才的培养，如哈佛大学特色的"通识教育＋案例教学"，教学过程中以企业等面临的现实问题为研究内容，不断训练学生的创新思维和解决实际问题的能力。这些鲜明的特色与该区域的政治、文化、经济发展密切相关，为"波士华"的可持续发展提供了大量的创新人才。同时，这些大学、企业和研究机构的聚集也增强了"波士华"对创新人才的吸引力，吸引着美国和世界各地的高科技人才来此创新创业。

4. 形成科学合理的创新机制，产学研协同发展

科学合理的创新机制能有效提升区域城市的整体创新力。"波士华"区域的许多研究机构、高科技企业等的创新孵化器通常并不单独设置，而是同周边著名大学形成合作关系，形成产学研协同发展的模式，这不仅有利于区域内大学科技成果的直接转化，而且促进了研究机构和高新技术企业的发展。以波士顿郊区的"128 公路地区"为例，"风险投资、大学和政府创新推动了 128 公路地区产学研密切互动网络形成，推动了企业创新进入和成长"。其中，麻省理工学院对该地区的科技发展影响最大，该校

提倡教师不仅可以接受外面公司的技术咨询，而且还可以自己开办公司。由此，大批高技术公司从麻省理工学院的实验室孵化出来，从而使大学科研成果与企业紧密结合，大大促进了科研成果迅速转化为商品。

（四）美国大都市区创新发展

随着创新在大都市区经济发展的动力作用日益凸显，创新空间在大都市区中的作用得到各方的关注。美国大都市创新区从传统硅谷模式向具备城市特质的创新城区模式发展的趋势，对于美国大都市区创新空间发展趋势及特点进行分析，有助于把握创新要素对于城市区域的内涵，把握特大型城市发展过程中，创新功能对于空间塑造和城市功能转型的作用规律。

20世纪60年代起，以硅谷为代表的创新型区域成为大都市区创新空间的主流方向。此类创新空间的特征表现为：选址于大都市区的郊区；临近空间具有相对隔离性的大学校区；出行主要依靠汽车通勤；区域的生活品质相对较低，就业、住房、娱乐等综合配套服务能力相对薄弱。由于"硅谷"的成功发展，这一创新空间模式长期以来一直被视为大都市区创新功能建设和空间塑造的主要模板。而随着城市创新功能的发展与需求调整，以及中心城市要素条件的升级，大都市区的创新空间模式发生了新的变化。美国布鲁金斯学会将此类位于中心城市的新兴创新空间形态描述为"创新城区"（Innovation Districts）。根据该机构的定义，创新城区是集聚了高端研发机构、企业集群以及创业企业、企业孵化器及促进机构的城市空间。同时，创新城区还具备物理空间的紧凑性，交通的通达性，技术的网络互动性以及居住、办公与零售功能的混合性等特征。从整体上看，以创新城区为代表的新型大都市区创新空间整合了企业、教育机构、创业者、投资者、开发商、公共服务提供者等一系列主体。这些主体通过新型交通、信息、互动媒介、服务体系的连接作用，建构起彼此紧密互动的创新体系和网络。

对我国城市创新空间建设的主要启示如下：

1. 重视创新功能与城市功能的空间融合

美国大都市区创新城区的发展揭示了创新空间发展的一个全新趋势，

即创新区域将超越传统上空间相对隔离、自我发展的"园区"阶段，向具有城市综合功能与开放性的"城区"阶段转变。创新城区强调的混合功能特征，显示出创新功能与居住、生活、商务、娱乐功能的空间融合趋势。这种变化在深层次上折射出创新的内涵从以科技为主的"硬"创新向以创意为核心的"软—硬"结合的综合创新发展的趋向。而我国城市或大都市区的创新区域建设仍停留在传统的空间隔离性的"园区"阶段，这使得创新要素与城市经济、社会、文化发展的互动有限，反过来也影响了创新的产业化及在地化应用。因此，借鉴美国创新城区的发展经验，促进创新功能与城市功能的空间融合，谋划打造中国大都市区自身的创新城区具有很强的现实意义。

2. 发挥"支柱核心"性创新机构在城市区域发展中的关键性作用

在美国大都市区创新空间的发展经验中十分关注、支持"支柱核心"创新机构的作用发挥。创新区域往往围绕此类机构作为发展依托，进行综合配套，从而提升区域的整体发展水平。这种以核心创新机构为支撑点推动区域发展的模式有助于在创新区域发展的过程中找到主要的创新要素源头，形成较为明确的创新发展格局。中国的创新区发展过程中，往往对于核心机构在城区整体发展过程中的作用较为忽视，只注重此类机构在科技方面的作用，缺乏整体性的作用规划。因此，中国相关城市可借鉴国际经验，分析区域内高校、创新型大企业在区域发展中的优势所在，因势利导形成"支柱核心"带动模式的创新城市区域发展格局。

3. 以创新空间建设促进城市传统区域综合更新

美国大量创新空间的发展都基于对城市中心区衰败区域的更新改造。创新创意要素的引入，能够为城市更新引入更多的文化、技术内涵，从而避免传统城市更新过程中"推倒重建"或"修旧如旧"的单一物理性更替，为区域的更新提供更多的"内容"。这种"城市特质"的更新从某种程度上看才是城市更新的终极目标。我国城市的创新区建设往往与城市更新分离，其空间规划时往往倾向于在未开发城区或边缘区域进行建设，以降低建设开发成本。而借鉴国际经验，可尝试在中心城区特别是居住、商务、生活等综合功能较为齐备的传统街区进行创新城区的规划。这种融城市更新于创新城区建设的做法，主要适应了创新区从"园区"向"城区"转变的趋势，能够充分利用城市成熟区域已经具备的多样性要素，实现区域的混合功能布局和理性增长。

二、区域创新发展政策与建议

在推动长江经济带发展，打造创新驱动带和协调发展带的战略背景下，长江经济带城市产业创新能力仍存在空间失衡与恶化现象，以及"东强西弱"的空间锁定或路径依赖效应，城市创新网络仍存在整体网络密度较为松散、落后地区城市创新联系不够紧密、地域"小团体"现象、边缘节点过多等问题，为此提出以下政策建议：

（一）加强跨区域统筹协调，形成创新发展合力

突破区域界线，创新驱动产业转型升级，以推动长江经济带产业协同、绿色、创新发展。整合各地创新资源，打破城市之间的发展壁垒，促进信息、知识、技术和人才交流，发挥各自创新优势。建立跨区域政府联席会制度，根据上、中、下游产业特点推行差异化政策，引领东部制造业下游产业向中上游产业梯度转移。推进长江经济带东、中、西片区在人才培养、科研项目、鼓励机制、知识产权以及管理体系上的协调合作。

强化产业创新的空间溢出效应。东部沿海地区创新产业园应加强与周边地区的合作，将创新驱动要素及产生的福利辐射至邻近地区，带动全区创新能力提升。例如，2016 年长三角省市共同签署《沪苏浙皖关于共同推进长三角区域协同创新网络建设合作框架协议》及 2017 年杭州与上海签署的《沪嘉杭 G60 科创走廊战略合作协议》，长三角地区 3 省 1 市政府越

来越重视长三角协同创新，在政府层面走在长江经济带前列。因此，应充分发挥政府在合作创新网络中的引导协调作用，政府要积极营造合作创新的社会氛围，加强合作创新服务平台建设，引导合作创新的资金投入，并完善相关的政策和法规为合作创新提供制度保障。针对处于不同发展阶段的地区应采取不同政策，如创新网络初始期应以鼓励创新并给予补贴为主，稳定扩张期应以加强创新主体之间的信息沟通为主，加速扩张期应以加强监管和评估为主等。

鉴于中西部地区创新能力相对薄弱，面临大量要素净流入长三角等发达地区的困境，未来需要进一步提升区域中心城市在更大区域尺度的竞争力和中心性，并重视区域整体中心性的提升，可以通过建设区域中心城市的创新集聚中心为连接点，促进人才、资本、技术等要素的交互，从而推动创新要素的溢出效应和扩散效应，进而促进区域创新协同发展。未来中西部地区亟须增加 R&D 方面的整体投入，提高科技创新能力并引进相关人才，以实现科技创新领域中心性的提高。特别是对城市创新发展潜力较薄弱但产业基础较好的南昌、昆明、贵州，应把工作重点放在城际创新合作与自主创新两方面，对于受强中心性城市虹吸效应显著的城市，应挖掘高端人力资本向强中心性城市流动的原因，探索灵活的城市积分落户制度，提升公共服务等级来提升人口流入的公共服务基础，规避未来发展中人口不断外流等关键要素而造成与其他城市发展差距拉大的风险。

（二）培育区域创新增长极，推动创新资源整合秉持

根据"强化中心城市、升级大中型城市、发展中小型城市、培育落后地区"的理念，应在未来的发展中明确优先发展创新程度较高的中心城市，将其培养成为具有核心竞争力，并能具有强大辐射能力的节点城市，发挥节点城市带动力，提升中西部城市与东部城市的联系，从而形成区域次级创新节点城市，合理调整区域分工，形成层次分明创新网络等级体系。立足各城市功能定位，调整产业布局，形成各自优势产业。例如，上海是国际金融中心、全球科创中心，杭州发展电子商务平台、数字经济，

南京集聚中国高端制造业，合肥发展电子产业集群，利用各城市优势资源形成产业聚集，构建高效开放融合的产业发展网络。提高创新资源和知识元素聚集性，促进多学科、多产业领域协同创新和融合发展，从而推动创新网络加速发展。对长三角城市群、武汉都市圈和成渝城市群，重点支持上海、南京、杭州、武汉、成都、重庆、合肥建设具有全球影响力的创新中心。东部地区要集聚一批高端科研资源、开放式创新平台，以期对长江经济带全域乃至全国实现创新功能辐射。对区域次级城市群、低等级城镇群加强区域分工与合作，中西部地区区域中心城市要争取国家技术转移中心落地，保障技术交易、技术经纪、科技金融等创新联系服务，吸引一批科研院所落地合作。

提升创新人才培养水平，建设一大批高水平创新人才。人才是创新的根基，也是创新的核心要素。2015 年《中共中央国务院关于深化体制机制改革加快实施创新驱动发展战略的若干意见》指出，坚持创新以人才为先，要建设一支规模宏大、富有创新精神、敢于承担风险的创新型人才队伍。随后我国便出台了一系列有利于激发人才创新动力的政策，高校是培养创新动力以及创新资源整合的重要结合点。现阶段，我国高技术人才供应不足，不利于我国经济转型升级。为此，教育部等中央部门应扩大集成电路、人工智能、临床医学、生物制药、网络安全、先进制造等国家急需领域招生规模，特别是硕士、博士研究生培养规模，大力增强对高技术创新人才培养的重视。未来，需强化科研平台建设。以高校和科研院所建设为抓手，借助先进的创新平台基础设施，加强科研团队建设，集聚创新资源、深化产学研合作，推动成果转化。深化科研体制改革，通过优化调整人才计划结构、强化人才使用的考核、鼓励知识产权发明人等策略激发人才创新活力，提升人才质量。

（三）拓宽区域合作渠道，引导多元创新联系

开发新的子群之间合作渠道，打破地区封锁和行业垄断。政府应该通过相关政策引导，推动知识、信息、资本、技术等要素子群之间流动，突

破省内合作局限，打破资源垄断并摆脱关系依赖，建立起长江经济带内部由中心城市带动边缘城市发展的协同创新和长效合作机制。引导东部地区向西部地区梯度迁移，合理布局创新资源，提高协同创新效率并保持合作关系的稳定性，加强各类创新信息资源互联共享，逐步推进企业、科研机构、高等院校等产学研合作，为创新在整个网络中的溢出提供保障条件。

空间距离、地理邻近是重要的影响因子。因此，进一步发挥中心城市、节点城市的辐射带动作用，也就成为提升长江经济带创新联系网络中心性的重要战略选择。高铁等基础设施虽然在一定程度上压缩了城市之间的交通距离，但是，随着产业链更大空间范围的布局，当前长江经济带城市之间的交通地理"压缩"得仍然不够，尤其需要进一步完善苏北、赣南、川西、滇中、贵中和浙西南等长江经济带"边缘"与长江经济带"核心"区城市之间的高铁线路，打造全面对接中心城市的扩展通道。完善沿江高铁第二通道建设，形成长三角对接中三角、成渝的拓展通道；经由沿江高铁线及沪汉蓉高铁线，促进武汉全面对接长三角地区，进一步增强区内城市对外联系水平。

应着力提升企业在创新联系网络中的基础性作用。全面优化商业环境与创新环境，积极推动落实创新普惠政策，努力完善企业管理机制和人才培养机制，激励企业研发（R&D）投入与人才、信息交流，激发企业特别是民营企业的经济创造力和科技创新力，鼓励企业创新成果转化，以技术、产品、服务、管理等方面全方位的创新驱动企业向数字 4.0 迈进。进一步带动产业链在空间上的延伸布局，增强城市之间产业关联。企业和相关政府部门在进行产业布局选址时，应考虑地方的产业基础和技术基础，在产业和技术更关联的地区布局更有利于城市之间技术交流和创新关联。同时，为消弭文化差异对城市创新关联的阻碍作用，核心思想是要增强地方文化包容和认同，从社会及文化的角度与邻近的区域达成合作和交流，形成互补型或者相似型区域的构建，进而增强区域之间的认同感和归属感，共同推进长江经济带协同创新发展。

三、本章小结

本章从国内国外两个方面介绍了北京、洛阳、"波士华"和美国大都市创新发展的成功案例，总结了其发展特点，在此基础上分析了该四大创新发展案例的成功经验，并提出区域创新发展的对策建议，主要结论如下：

（1）北京重视区域创新系统建设和科技基础能力提升，同时发展创新驱动型经济，打造"高精尖"经济结构，发展高端、具有高附加值的产业，坚持"以人为本"科技创新驱动城市发展的重要理念，实现了科技成果惠及民生的目标，推动城市创新发展。

（2）洛阳强化市场经济意识，推崇协作共赢理念计划经济模式，以技术创新为核心重塑产业竞争力，进而推动新兴产业发展和传统产业转型升级彰显特色，专注优势行业，创城市创新品牌，同时注重营造创新环境和创新氛围和文化创新活动，促进城市创新发展。

（3）"波士华"注重统筹规划，优化区域创新环境；借助金融支持，推动产业分工和创新要素聚集；重视吸引和培养创新人才，创新人才高度集中；形成科学合理的创新机制，产学研协同发展，推动城市创新发展。

（4）美国大都市区重视创新功能与城市功能的空间融合，发挥"支柱核心"性创新机构在城市区域发展中的关键性作用，以创新空间建设促进城市传统区域综合更新，实现区域创新发展。

最后从加强跨区域统筹协调，形成创新发展合力，培育区域创新增长极，推动创新资源整合秉持，拓宽区域合作渠道，引导多元创新联系三方面提出长江经济带区域创新发展的政策建议。

第十二章
结论与讨论

一、主要结论

本书基于 2001～2016 年创新指数，探索从产业创新格局—城市创新网络两个层次，基于格局—过程—机理的地理学视角运用数理分析、定性分析、空间分析、网络分析等方法解析长江经济带城市制造业与新兴产业创新能力总体特征，厘清制造业与新兴产业创新的空间关联特征，探究内外因素作用于制造业创新能力的强度及新兴产业创新能力空间溢出效应，提炼制造业与新兴产业创新能力空间演化形态规律。在此基础上，构建长江经济带城市创新网络，从时、空两个维度定量刻画了城市创新网络空间结构特征，提炼了城市创新网络动态演化过程及影响因素。得到以下几点主要结论：

（一）交通信息流视角下的长江经济带城市中心性层级结构显著，空间异质性突出，城市联系不足

长江经济带城市交通及信息联系均处于弱连接状态，交通及信息要素

的联系水平均有待进一步提升；交通网络的省域融合特征开始显现，而信息网络的跨地带联系相对较弱。交通网络中的城市中心性的等级差异显著，西部地带中心城市的遮蔽效应较强；信息网络视角下的城市交往力的空间分布相对均衡，但中部城市的要素连接作用不强。信息网络初步形成了相对协调有序的组团格局，而交通网络下的组团联系相对匮乏、城市组团的紊态化发展态势明显。大部分因子对信息流要素下的城市中心性的影响力均强于交通流网络，交通及信息基础设施建设成为影响交通信息流视角下的城市中心性的主导因子，而单纯的人口规模对城市中心性影响相对较弱。为此，应积极培育省域边缘地区中心城市、推动中西部地带基础设施建设、构建统一的要素市场与共享平台，以促进长江经济带交通信息要素网络的一体化、协调化发展。

（二）长江经济带经济与生态效率阶段性特征明显，上、中、下游差异显著

长江经济带经济与生态效率均呈现先降后升的变化特征，且下游、中游、上游效率水平递减的分异特征显著，效率分布均存在"单峰"和"双峰"分布交替变化特征，环境压力对城市投入产出效率的影响不一。资源效率与经济效率总体相近，环境效率呈长期微弱下降—短期急剧上升的变动态势，资源与环境效率主要区域差异来源均为超变密度，区域之间差异次之，区域内差异最小。经济发展和创新能力对投入产出效率提升呈一定的正向效应，产业结构和对外开放则呈显著负效应，金融发展和财政支出对资源效率呈负效应，对环境效率则呈正向效应，各影响因子对上、中、下游的驱动作用存在显著异质性。为此，应实施建立合作共识、推动绿色转型、实施创新发展、扩大绿色金融、调整政府干预、规范外资引入等提升区域投入产出效率的措施。

（三）长江经济带经济发展与环境保护不协调

2007~2016年，长江经济带经济水平几乎实现了翻倍增长，验证了将

其作为中国经济发展主支撑带的合理性。同时，经济水平"东高西低"的格局稳固且路径依赖特性明显。长江经济带环境水平及其提升速率仍相对较低，验证了长江环境保护的重要性。同时，环境水平在空间分布上未呈现明显的规律而是具有"随机"性特征。长江经济带经济与环境之间的协调发展程度呈稳步上升态势，协调发展指数由 0.4468 上升至 0.6023，由濒临失调阶段进入初级协调阶段，并在空间上呈现出东部地区＞中部地区＞西部地区的整体格局。基于经济、环境、耦合协调度三类数据之间的组合情况，将协调发展问题区域划分为 6 种基本类型并进行识别，发现各研究年份均有超过 30 个问题区域，并且与经济滞后相关的问题区域数量占据绝对比重。

（四）长江经济带创新投入产出呈递增趋势，内部差异较大，但差距呈缩小趋势

从创新投入来看，2009～2016 年长江经济带整体创新投入增大，但内部差异仍较为显著。长江经济带 R&D 人员数量在研究期内增加明显，近乎倍数增长，但省市之间的差距却呈增大趋势。从高等学校数量看，2009～2016 年长江经济带各省市高等学校数量总体呈增加态势，总体变异系数差异减小，即省市之间的差异缩小。各个省市创新投入差异总体呈缩小态势，创新投入省市内部增幅不一，创新投入强度总体呈现由东部向中西部迁移的趋势。

从创新产出来看，2009～2016 年长江经济带整体创新产出增长幅度较大，各个省市创新产出明显有所提升，内部差异仍较为显著，但总体呈现缩小趋势。上海、江苏、浙江专利申请数量远高于四川、云南和贵州。长江经济带专利申请受理量的平均值增加显著，从 2009 年的 38100.18 件增加到 2017 年的 152050.82 件，增加了 3 倍多。区域创新产出与创新投入格局一致，呈现出东部最强、中部次之、西部最弱的态势。

（五）长江经济带产业创新能力空间非均衡性特征显著

城市产业创新能力是城市创新发展的"指示器"，2001～2016 年制造

业创新能力增幅迅猛上升，总体差异略有扩大，在波动变化中仍保持高位。在细分产业中，化学原料和化学制品制造业、医药制造业、专用设备制造业、通用设备制造业、仪器仪表制造业、计算机通信和其他电子设备制造业创新能力较强，细分产业之间创新能力差距略有缩小；制造业创新能力空间分布总体走向为东北—西南方向，空间重心持续向长三角区域迁移，迁移速度由快转缓。制造业创新能力存在显著的空间正相关，热点区、次热点区的范围较小，集聚于长三角，中、西部地区全部落入次冷点区、冷点区，区域制造业创新联动效应不显著，存在一定空间锁定效应；2001～2016 年新兴产业创新能力同样增幅迅猛，空间差异总体呈扩大态势，大部分地级单元新兴产业创新能力仍处于较低水平。空间非均衡性特征显著，极少数长三角城市产业创新能力突出，核心—边缘结构明显。新兴产业创新能力存在显著等空间正相关，呈现由中西部向东部集聚的总体演变态势。热点区、次热点区的集聚范围相对较小，中、西部地区处于低值集群离散分布状态，热点集聚区的正向辐射效应有限，区域产业创新性能力空间失衡区域恶化，形成"东强西弱"的空间锁定或路径依赖效应。

（六）长江经济带产业创新能力空间格局演化模式多样

制造业与新兴产业总体创新能力空间格局具有相似性，均表现出东北—西南方向布局，空间重心持续向东部沿海方向迁移；从细分行业空间演化模式来看，传统产业与新兴产业创新格局蕴含各自特殊性：高技术产业以长三角中心城市极化蔓延为主，呈现"单核极化"模式演化；中技术产业成渝、贵中、滇中、鄂湘赣组团核密度高值片区已形成，形成"多核驱动组团"模式演化；低技术产业以沪宁通道、沿海通道为纽带，表现出"圈层轴带"模式演化；高端装备制造产业、新材料产业、新能源汽车产业以京广、沪昆线为纽带，形成多中心、沿交通线的"多核心轴带"模式演化；新一代信息技术产业以中心城市圈层结构为主，呈现"单中心极化"模式演化；节能环保产业、生物产业、新能源产业成渝、贵中、鄂湘赣组团核密度结构已形成，以"多核心组团"模式演化为主。

（七）长江经济带城市创新网络结构复杂性特征突出

长江经济带城市创新能力空间格局与长江经济带宏观经济格局具有高度一致性；城市创新联系流呈现由上海、合肥、南京、杭州、无锡、苏州等节点构成的钻石结构向上海、南京、杭州、宁波 Z 形结构演化。从整体网络复杂性特征来看，城市创新网络密度趋于紧凑，三阶段演进特征显著。从萌芽阶段到相对稳定阶段再到降速提质阶段，城市之间的创新联系渠道和交换行为显著增加；度中心性从极化增长状态逐渐向均衡状态演变，创新网络结构从单核心走向集群化、多元化的复杂格局；介中心性空间非均衡性特征显著，上海、南京、杭州、武汉等极少数门户节点城市承担着长江经济带创新网络的连通和中转功能，广大中西部城市在网络中处于边缘地位；从"小团体"特征来看，创新联系凝聚子群具有明显的地理粘着特征，出现了长三角、中三角、滇黔和成渝四大凝聚子群；城市创新网络中存在显著的核心—半边缘—边缘结构，创新网络位置演化以网络位置升级为主要路径，以渐进式演化为主，并呈现路径锁定效应。

（八）创新资源、创新环境、创新平台协同影响城市创新发展

城市经济水平、产业结构等基础要素基本塑造了城市创新发展的初始格局，创新资源、创新环境、创新平台则对城市创新发展水平的变化起主导作用。地理探测机制表明，人力资本、对外联系水平、高校资源、政策因素是导致制造业创新空间分异的主导影响因子，同时，各因子交互作用后影响均表现为非线性增加或双因子增强，新兴产业创新能力存在着显著的正向溢出效应，经济发展水平、产业结构、对外联系水平、创新环境在实现本地产业创新能力提升的同时，其溢出作用也会带来邻近地区的产业创新能力增长。政府政策对本地产业创新能力存在促进作用，但其对邻近地区的产业创新能力则有抑制作用。R&D 人员投入见效慢，在短期内，人力资本对产业创新能力提升作用仍需要一个吸收和消化的过程，产业创新能力的提高更多地依靠经济发展、产业升级来驱动。城市创新网络中地理

邻近性、经济规模、产业结构、人力资本、行政等级与文化邻近性是影响长江经济带创新联系的主要因素，而当前城市开放程度、区位优势对城市创新联系并未起到明显的作用。

二、研究特色与创新

（一）理论层面

提出产业创新格局—城市创新网络的城市创新发展分析框架，以精细化空间分析提炼城市产业创新演化模式；应用城市网络理论，构建城市创新网络模型框架；摒弃传统的地理距离，运用可以体现动态变化的时间距离，以构建城市创新网络动态拓扑结构，从而进行更加准确、符合事实的区域分析；厘清城市主体属性和城市主体邻近性关系等层面下的城市创新网络演化路径，探索城市创新网络演化影响因子与机理解析。

（二）方法层面

将社会学分析、质性分析、模型分析、空间分析和系统分析等方法综合运用到城市创新发展研究中，通过方法的集成创新推动城市创新发展空间格局研究向定量化和纵深化发展，不仅使抽象的城市创新研究更加形象、深入，而且使城市创新发展复杂内涵可视化呈现过程更加客观、合理。

三、研究不足与展望

当前，大数据、物联网、人工智能、5G 等技术广泛渗透于经济社会各个领域，全球创新发展进入网络化时代，新兴产业驱动城市创新发展成为推动全球经济复苏和增长提供源源不断的基础动力，系统识别城市创新发展格局对长江经济带创新驱动、合作共赢意义重大。本书虽力图系统识别长江经济带城市创新发展的格局、过程和机制，揭示不同产业、不同发育阶段城市产业创新能力空间格局，解析城市创新网络结构与空间结构的演化过程，探讨内外因素作用于产业创新、创新网络格局演变的强度、规律及影响因素，但受限于笔者学术水平、数据获取和篇幅等因素，在产业创新空间组织模式，创新网络复杂性拓扑结构、机理剖析等层面还存在不足之处，以下问题仍需进一步讨论：

一是囿于数据获取和处理的困难，未来有必要加入信息产业、数字经济产业等虚拟产业创新与传统制造业、新兴产业对比研究。在产业创新空间集聚的基础上，从网络视角出发，精细化构建全行业创新网络，解析产业创新网络拓扑结构、空间结构特征。

二是城市之间进行创新联系包括合著论文、合作科研项目、共同研发新产品、共同专利等数据，本书未能顺利获得这些数据，在今后的研究中，有必要综合考虑多种数据综合集成，更加真实地反映城市之间创新网络的实际情况，未来需对这些问题进行进一步思考。

三是城市创新发展空间格局虽然具有一定稳定性，但仅以截面数据展开分析仍存在一定局限性，未来可基于面板数据对城市创新发展与创新绩效的关联机制这一问题进行进一步分析。

参考文献

［1］ Abend C J. Innovation management: The missing link inproductivity ［J］. Management Review, 1979, 68 (6): 25 – 28, 38.

［2］ Alcacer J, Chung W. Location strategies and knowledge spillovers ［J］. Management, 2007 (53): 760 – 776.

［3］ Anderson P, Tushman M L. Technological discontinuities and dominant designs: A cyclical model of technological change ［J］. Administrative Science Quarterly, 1990, 35 (4): 604 – 633.

［4］ Andersson M, Karlsson C. Regional innovation systems in small & medium sized regions a critical review & assessment ［M］ // The Emerging Digital Economy. Springer Berlin Heidelberg, 2006.

［5］ Antonelli. Collective knowledge communication and innovation: The evidence of technological districts ［J］. Regional Studies, 2000 (11): 535 – 547.

［6］ Arrow K J. The economic implications of learning by doing ［M］. Readings in the Theory of Growth, Springer, 1971: 131 – 149.

［7］ Asheim B T, Isaksen A. Regional innovation systems: The integration of local sticky and global ubiquitous knowledge ［J］. Journal of Technology Transfer, 2002, 27 (1): 77 – 86.

［8］ Balland P A. Proximity and the evolution of collaboration networks: Evidence from research and development projects within the global navigation satellite system (GNSS) industry ［J］. Regional Studies, 2012, 46 (6): 741 – 756.

［9］ Barrow C J. River Basin development planning and management: A critical review ［J］. World Development, 1998, 26 (1): 171 – 186.

［10］ Bass F M A. New product growth model for consumer durables ［J］. Management Science, 1969, 15 (5): 215 – 227.

［11］ Borgatti S P, Everett M G. Models of core/periphery structures ［J］. Social Networks, 1999, 21 (4): 375 – 395.

［12］ Boschma R A, Frenken K. Why is economic geography not an evolutionary science? Towards an evolutionary economic geography ［J］. Journal of Economic Geography, 2006, 6 (3): 273 – 302.

［13］ Boschma R A, Frenken, K. Some notes on institutions in evolutionary economic geography ［J］. Economic Geography, 2009 (85): 151 – 158.

［14］ Boschma R A, Frenken, K. The emerging empirics of evolutionary economic geography ［J］. Journal of Economic Geography, 2011 (5): 295 – 307.

［15］ Boschma R A, Iammarino S. Related variety, trade linkages and regional growth ［J］. Economic Geography, 2009 (85): 289 – 311.

［16］ Boschma R A, Wenting R. The spatial evolution of the British automobile industry: Does location matter? ［J］. Industrial and Corporate Change, 2007 (16): 213 – 273.

［17］ Boschma R A. The competitiveness of regions from an evolutionary perspective ［J］. Regional Studies, 2004, 38 (9): 1001 – 1014.

［18］ Boschma R. Proximity and innovation: A critical assessment ［J］. Regional Studies, 2005 (39): 61 – 74.

［19］ Boschma R, Lambooy J. Evolutionary economics and economic geography ［J］. Journal of Evolutionary Economics, 1999 (1): 411 – 429.

［20］ Brenner T, Broekel T. Methodological issues in measuring innovation performance of spatial units ［J］. Industry and Innovation, 2011, 18 (1): 7 – 37.

［21］ Breschi S, Lissoni F. Mobility of skilled workers and co – invention networks: An anatomy of localized knowledge flows ［J］. Journal of Economic

Geography, 2009, 9 (4): 439 – 468.

[22] Breschi S, Lissoni F. Mobility of skilled workers and coinvention networks: An anatomy of localized knowledge flows [J]. Journal of Economic Geography, 2009 (9): 439 – 468.

[23] Broekel T, Boschma R A. Knowledge networks in the Dutch aviation industry: The proximity paradox [J]. Journal of Economic Geography, 2012, 12 (2): 409 – 433.

[24] Buchmann T, Pyka A. The evolution of innovation networks: The case of a publicly funded German automotive network [J]. Economics of Innovation and New Technology, 2015, 24 (1 – 2): 114 – 139.

[25] Buenstorf G, Fritsch M, Medrano L. Regional knowledge and the emergence of an industry: Laser systems production in West Germany [J]. Papers in Evolutionary Economic Geography, 2010 (16): 1975 – 2005.

[26] Cairncross F. The death of distance: A survey of telecommunications [J]. The Economist, 1995 (336): 5 – 28.

[27] Carliner G. Industrial policies for emerging industries [J]. Strategic Trade Policy and the New International Economics, 1995 (1): 21 – 32.

[28] Casetti E, Semple R K. Concerning the testing of spatial diffusion hypotheses [J]. Geographical Analysis, 1969 (1): 9 – 154.

[29] Cooke P, Morgan K. The network paradigm: New departures in corporate and regional development [J]. Environment and Planning D – Society & Space, 1993, 11 (5): 543 – 564.

[30] Cooke P. Complex spaces: Global innovation networks & territorial innovation systems in information & communication technologies [J]. Journal of Open Innovation: Technology, Market and Complexity, 2017, 3 (2): 9.

[31] Cooke P. Regional innovation systems: General findings and some new evidence form biotechnology clusters [J]. Journal of Technology Transfer, 2002 (27): 96 – 133.

［32］ Cooke P. The new wave of regional innovation networks: Analysis, characteristics and strategy ［J］. Small Business Economics, 1996, 8 (2): 159 – 171.

［33］ Delgado – Verde M, Martín – de Castro G, Emilio Navas – López J. Organizational knowledge assets and innovation capability: Evidence from Spanish manufacturing firms ［J］. Journal of Intellectual Capital, 2011, 12 (1): 5 – 19.

［34］ Dosi G. Opportunities, incentives and the collective patterns of technological change ［J］. The Economic Journal, 1997 (107): 1530 – 1547.

［35］ Dubberly H. Cover story – Toward a model of innovation ［J］. Interactions, 2008, 15 (1): 28 – 36.

［36］ Autio E. Evolution of RTD in regional systems of innovation ［J］. European Planning Studies, 1998 (6): 131 – 140.

［37］ Egger P H, Lassmann A. The language effect in international trade: A metaanalysis ［J］. Economics Letters, 2012, 116 (2): 221 – 224.

［38］ Essletzbichler J, Rigby D L. Exploring evolutionary economic geographies ［J］. Journal of Economic Geography, 2007 (7): 549 – 571.

［39］ Everett M G, Borgatti S P. The centrality of groups and classes ［J］. The Journal of Mathematical Sociology, 1999, 23 (3): 181 – 201.

［40］ Fagerberg J, Mowery D C, Nelson R R. The Oxford Handbook of Innovation ［M］. London: Oxford University Press, 2005.

［41］ Farinha L, Ferreira J, Ratten V. Regional innovation systems and entrepreneurial embeddedness ［J］. European Planning Studies, 2018, 26 (11, SI): 2105 – 2113.

［42］ Farrell M J. The Measurement of Productive Efficiency ［J］. Journal of the Royal Statistical Society. Series A (General), 1957, 120 (3): 253 – 290.

［43］ Fischer M M, Scherngell T, Reismann M. Knowledge spillovers and total factor productivity: Evidence using a spatial panel data model ［J］. Geographical Analysis, 2009, 41 (2): 204 – 220.

[44] Forbes D P, Kirsch D A. The study of emerging industries: Recognizing and responding to some central problems [J] . Journal of Business Venturing, 2011 (5): 589 – 602.

[45] Freeman C. Networks of innovators: A synthesis of research issues [J] . Research Policy, 1991, 20 (5): 499 – 514.

[46] Frenken K, Boschma R A. A theoretical framework for evolutionary economic geography: Industrial dynamics and urban growth as a branching process [J] . Journal of Economic Geography, 2007 (7): 635 – 649.

[47] Frenken K, Van Oort F G, Verburg T. Related variety, unrelated variety and regional economic growth [J] . Regional Studies, 2007 (41): 685 – 697.

[48] Fritsch M, Slavtchev V. Determinants of the efficiency of regional innovation systems [J] . Regional Studies, 2011, 45 (7): 905 – 918.

[49] Gereffi G, Humphrey J, Sturgeon T. The governance of global value chains [J] . Review of International Political Economy, 2005, 12 (1): 78 – 104.

[50] Gertler M S. Tacit knowledge and the economic geography of context, or the undefinable tacitness of being (there) [J] . Economic Geography, 2003, 3 (1): 75 – 99.

[51] Gertler M. Rules of the game: The place of institutions in regional economic change [J] . Regional Studies, 2010 (44): 1 – 15.

[52] Giuliani E. The selective nature of knowledge network in clusters: Evidence from the wine industry [J] . Journal of Economic Geography, 2007 (7): 139 – 168.

[53] Gui Q C, Liu C L, Du D B. The structure and dynamic of scientific collaboration network among countries along the Belt and Road [J] . Sustainability, 2019, 11 (19): 1 – 17.

[54] Gui Q, Liu C, Du D. Globalization of science and international scientific collaboration: A network perspective [J] . Geoforum, 2019 (105): 1 – 12.

［55］ Hage J, Hollingsworth J R. A strategy for the analysis of idea innovation net – works and institutions ［J］. Organization Studies, 2000, 21 (5): 971 – 1004.

［56］ Hagerstrand T. Innovation diffusion as a spatial process ［M］. Chicago: University of Chicago Press, 1967: 17 – 20.

［57］ Haken H. Synergetics an introduction: Nonequilibrium phase transitions and self – organization in physics, chemistry and biology ［M］. Springer, 1983.

［58］ Hansen M T, Birkinshaw J. The innovation value chain ［J］. Harvard Business Review, 2007, 85 (6): 121 – 130.

［59］ Hanson J. Established industries as foundations for emerging technological innovation systems: The case of solar photovoltaics in Norway ［J］. Environmental innovation and societal transitions, 2018 (26): 64 – 77.

［60］ Harabi N. Channels of R&D spillovers: An empirical investigation of Swiss firms ［J］. Technovation, 1997, 17 (11 – 12): 627 – 635.

［61］ Iammarino S. An evolutionary integrated view of regional systems of innovation: Concepts, measures and historical perspectives ［J］. European Planning Studies, 2005 (13): 497 – 519.

［62］ Kaplan S, Tripsas M. Thinking about technology: Applying a cognitive lens to technical change ［J］. Research Policy, 2008, 37 (5): 790 – 805.

［63］ Keller W. Geographic localization of international technology diffusion ［J］. The American Economic Review, 2002, 92 (1): 120 – 142.

［64］ Klepper S. Disagreement, spinoffs, and the evolution of Detroit as the capital of the U. S. automobile industry ［J］. Management Science, 2007 (67): 15 – 32.

［65］ Klepper S. The evolution of the U. S. automobile industry and Detroit as it capital ［A］. Paper Presented at 9th Congress of the International Schumpter Society, Gainesville, FL, 2002: 27 – 30.

［66］Kogut B. Designing global strategies, canparative and competitive value – added chains ［J］. Sloan Management Review, 1985, 26 (4): 15 – 8.

［67］Kopp R, Howaldt J, Schultze J. Why industry 4. 0 needs workplace innovation: A critical look at the German debate on advanced manufacturing ［J］. European Journal of Workplace Innovation, 2016, 2 (1): 7 – 24.

［68］Krugman P. Increasing returns and economic geography ［J］. Journal of Political Economy, 1991, 99 (3): 483 – 499.

［69］Lasi H, Fettke P, Kemper H G, et al. Industry 4. 0 ［J］. Business & information systems engineering, 2014, 6 (4): 239 – 242.

［70］Leibenstein H. Allocative efficiency vs X – Efficiency ［J］. American Economic Review, 1966, 56 (3): 392 – 415.

［71］Liao S H, Wu C C, Hu D C, et al. Relationships between knowledge acquisition, absorptive capacity and innovation capability: An empirical study on Taiwan's financial and manufacturing industries ［J］. Journal of Information Science, 2010, 36 (1): 19 – 35.

［72］Liu W, Yang J. The evolutionary game theoretic analysis for sustainable cooperation relationship of collaborative innovation network in strategic emerging industries ［J］. Sustainability, 2018, 10 (12): 4585.

［73］Luo Q, Miao C, Sun L, et al. Efficiency evaluation of green technology innovation of China's strategic emerging industries: An empirical analysis based on Malmquist data envelopment analysis index ［J］. Journal of Cleaner Production, 2019 (1): 117 – 782.

［74］MacDougall G D A. The benefits and costs of private investment from abroad: A theoretical approach ［J］. Economic Record, 1960, 36 (73): 13 – 35.

［75］MacKinnon D, Cumbers A, Pyke A, et al. Evolution in economic geography: Institutions, political economy and adaptation ［J］. Economic Geography, 2009 (85): 129 – 150.

［76］ Makkonen T, Rohde S. Cross – border regional innovation systems: Conceptual backgrounds, empirical evidence and policy implications ［J］. European Planning Studies, 2016, 24 (9): 1623 – 1642.

［77］ Malmberg A, Maskell P. Towards an explanation of regional speciailzatioand in dustry agglomeration ［J］. Euorpean Planning Studies, 1997 (15): 38 – 41.

［78］ Marshall A, Marshall M P. The economics of industry ［M］. Macmillan and Company, 1920.

［79］ Martin R, Sunley P. Path dependence and regional economic evolution ［J］. Journal of Economic Geography, 2006 (6): 395 – 437.

［80］ Martin R. Rethinking regional path dependence: Beyond lock – in to evolution ［J］. Economic Geography, 2010 (86): 1 – 27.

［81］ Maskell P, Malmberg A. Localized learning and industrial competitiveness ［J］. Cambridge Journal of Economics, 1999, 23 (2): 167 – 185.

［82］ Maskell P, Malmberg A. Myopia, knowledge development and cluster evolution ［J］. Journal of Economic Geography, 2007 (6): 395 – 437.

［83］ Moodysson J. Principles and practices of knowledge creation: On the organization of "buzz" and "pipelines" in life science communities ［J］. Economic Geography, 2008, 84 (4): 449 – 469.

［84］ Morrill R L. The shape of diffusion in space and time ［J］. Economic Geography, 1970 (46): 68 – 259.

［85］ Murmann J P, Frenken K. Toward a systematic framework for research on dominant designs, technological innovations, and industrial change ［J］. Research Policy, 2006, 35 (7): 925 – 952.

［86］ Nelson R. Co – evolution of industry structure, technology and supporting institutions, and the making of comparative advantage ［J］. International Journal of the Economics of Business, 1995 (2): 171 – 184.

［87］ Parrilli M D, Nadvi K, Yeung H W. Local and regional development in global value chains, production networks and innovation networks: A comparative review and the challenges for future research [J]. European Planning Studies, 2013, 21 (7): 967 - 988.

[88] Pino R M, Ortega A M. Regional innovation systems: Systematic literature review and recommendations for future research [J]. Cogent Business & Management, 2018, 5 (1): 1 - 17.

[89] Powell W W. Learning from collaboration: Knowledge and networks in the biotechnology and pharmaceutical industries [J]. California Management Review, 1998, 40 (3): 262 - 273.

[90] Romer P M. Human capital and growth: Theory and evidence [C]. Carnegie - rochester Conference Series on Public Policy, 1990: 251 - 286.

[91] Romer P M. Increasing returns and long - run growth [J]. Journal of Political Economy, 1986, 94 (5): 1002 - 1037.

[92] Schamp E W. On the notion of co - evolution in economic geography [M]. Cheltenham: Edward Elgar, In R. A. Boschma & R. Martin (eds.) Handbook on Evolutionary Economic Geography, 2010.

[93] Schumpeter J A. The theory of economics development [J]. Journal of Political Economy, 1934, 1 (2): 170 - 172.

[94] Serrano V, Fischer T. Collaborative innovation in ubiquitous systems [J]. Journal of Intelligent Manufacturing, 2007, 18 (5): 599 - 615.

[95] Shaver M, Flyer F. Agglomeration economies, firm heterogeneity and foreign direct investment in the United States [J]. Strategic Management Journal, 2000 (21): 175 - 1193.

[96] Simon H A. On a class of skew distribution functions [J]. Biometrika, 1955, 42 (3 - 4): 425 - 440.

[97] Solow R M. Technical change and the aggregate production function [J]. Review of Economics and Statistics, 1957, 39 (3): 312 - 320.

[98] Song D, Liu S, Shi H. Formation mechanism and evolutionary path of

emerging industries [J]. Journal of Grey System, 2015, 27 (3): 203 – 212.

[99] Stuart T, Sorenson O. The geography of opportunity: Spatial heterogeneity in founding rates and the performance of biotechnology firms [J]. Research Policy, 2003 (32): 229 – 253.

[100] Suarez F F. Battles for technological dominance: An integrative framework [J]. Research Policy, 2004, 33 (2): 271 – 286.

[101] Suire R, Vincente J. Why do some places succeed when others decline? A social interaction model of cluster viaility [J]. Journal of Economic Geography, 2009 (9): 381 – 404

[102] Swan J, Newell S, Scarbrough H, et al. Knowledge management and innovation: Networks and networking [J]. Journal of Knowledge management, 1999, 3 (4): 262 – 275.

[103] Taaffe E J. The urban hierarchy: An air passenger definition [J]. Economic Geography, 1962, 38 (1): 1 – 14.

[104] Taylor P J. Urban economics in thrall to Christaller: A misguided search for city hierarchies in external urban relations [J]. Environment and Planning A, 2009, 41 (11): 2550 – 2555.

[105] Taylor P J. World cities network: A global urban analysis [M]. London: Routledge, 2004.

[106] Ter Wal A L J. The dynamics of the inventor network in German biotechnology: Geographic proximity versus triadic closure [J]. Journal of Economic Geography, 2013, 14 (3): 589 – 620.

[107] Todlting F, Trippl M. One size fits all? Towards a differentiated regional innovation policy approach [J]. Research Policy, 2005, 34 (8): 1203 – 1219.

[108] Tone K, Tsutsui M. An epsilon – based measure of efficiency in DEA – A third pole of technical efficiency [J]. European Journal of Operational Research, 2010, 207 (3): 1554 – 1563.

[109] Trippl M, Todtling F, Lengauer L. Knowledge sourcing beyond buzz and pipelines: Evidence from the Vienna software sector [J]. Economic Geography, 2009 (85): 443 – 462.

[110] Valerie I. The penguin dictionary of physicst [M]. Beijing, Beijing Foreign Language Press, 1996.

[111] Van Aswegen M, Retief F P. The role of innovation and knowledge networks as a policy mechanism towards more resilient peripheral regions [J]. Land Use Policy, 2020 (90): 104 – 259.

[112] Wang J F, Li X H, Christakos G, et al. Geographical detectors – based health risk assess – ment and its application in the neural tube defects study of the Heshun region [J]. International Journal of Geographical Information Science, 2010, 24 (1): 107 – 127.

[113] Wang J F, Li X H, Christakos G, et al. Geographical detectors – based health risk assessment and its application in the neural tube defects study of the Heshun region [J]. International Journal of Geographical Information Science, 2010, 24 (1): 107 – 127.

[114] Wu Q, Wang W. An empirical analysis on the forming mechanism of the innovation capability of service – oriented manufacturing enterprises [J]. International Journal of Manufacturing Technology and Management, 2019, 33 (3 – 4): 189 – 218.

[115] Yang C. Government policy change and evolution of regional innovation systems in China: Evidence from strategic emerging industries in Shenzhen [J]. Environment and Planning C: Government and Policy, 2015, 33 (3): 661 – 682.

[116] Yeung H W. Rethinking relational economic geography [J]. Transactions of the Institute of British Geographers, 2005, 30 (1): 37 – 51.

[117] Zhao Q, Li Z, Zhao Z, et al. Industrial policy and innovation capability of strategic emerging industries: Empirical evidence from Chinese new ener-

gy vehicle industry［J］. Sustainability，2019，11（10）：27 – 85.

［118］Zheng C. The inner circle of technology innovation：A case study of two Chinese firms［J］. Technological Forecasting & Social Change，2014（82）：140 – 148.

［119］安虎森，季赛卫. 演化经济地理学理论研究进展［J］. 学习与实践，2014（7）：5 – 18 + 2.

［120］安俞静，刘静玉，乔墩墩. 中原城市群城市空间联系网络格局分析——基于综合交通信息流［J］. 地理科学，2019，39（12）：1929 – 1937.

［121］白俊红，蒋伏心. 协同创新、空间关联与区域创新绩效［J］. 经济研究，2015，50（7）：174 – 187.

［122］曹贤忠，曾刚，司月芳，等. 企业创新网络与多维邻近性关系研究述评［J］. 世界地理研究，2019，28（5）：165 – 171.

［123］曹小曙，薛德升，阎小培. 中国干线公路网络联结的城市通达性［J］. 地理学报，2005，60（6）：903 – 910.

［124］车冰清，朱传耿，杜艳，等. 基于产业联动的区域经济合作潜力研究——以淮海经济区为例［J］. 地域研究与开发，2009，28（4）：46 – 51.

［125］车磊，白永平，周亮，等. 中国绿色发展效率的空间特征及溢出分析［J］. 地理科学，2018，38（11）：1788 – 1798.

［126］车圣保. 效率理论述评［J］. 商业研究，2011（5）：31 – 35.

［127］陈建军. 长江经济带的国家战略意图［J］. 人民论坛，2014（15）：30 – 32.

［128］陈明华，王山，刘文斐. 黄河流域生态效率及其提升路径——基于 100 个城市的实证研究［J］. 中国人口科学，2020（4）：46 – 58，127.

［129］陈启斐，王晶晶，岳中刚. 研发外包是否会抑制我国制造业自主创新能力？［J］. 数量经济技术经济研究，2015，32（2）：53 – 69.

［130］陈弢. 区域旅游发展协调度的时空差异研究［J］. 地理研究，2014，33（3）：558 – 568.

[131] 陈肖飞，郭建峰，胡志强，等．汽车产业集群网络演化与驱动机制研究——以奇瑞汽车集群为例 [J]．地理科学，2019，39（3）：467-476.

[132] 陈银飞．2000~2009 年世界贸易格局的社会网络分析 [J]．国际贸易问题，2011（11）：31-42.

[133] 程开明．城市体系中创新扩散的空间特征研究 [J]．科学学研究，2010，28（5）：793-799.

[134] 程钰，刘雷，任建兰，等．县域综合交通可达性与经济发展水平测度及空间格局研究——对山东省91个县域的定量分析 [J]．地理科学，2013，33（9）：1058-1065.

[135] 池仁勇，唐根年．基于投入与绩效评价的区域技术创新效率研究 [J]．科研管理，2004，25（4）：23-27.

[136] 戴鞍钢，阎建宁．中国近代工业地理分布、变化及其影响 [J]．中国历史地理论丛，2000（1）：139-161，250-251.

[137] 单豪杰．中国资本存量 K 的再估算：1952~2006 年 [J]．数量经济技术经济研究，2008，25（10）：17-31.

[138] 邓思薪．明清时期长江水运与沿岸城镇的互动发展：以松溉古镇为例 [J]．宜宾学院学报，2015，15（1）：66-72.

[139] 邓羽，司月芳．西方创新地理研究评述 [J]．地理研究，2016，35（11）：2041-2052.

[140] 董必荣，赵婷婷，王敬勇，等．基于引力模型的省域创新产出空间联系研究 [J]．南京审计大学学报，2018，15（1）：25-34.

[141] 杜宇，吴传清，邓明亮．政府竞争、市场分割与长江经济带绿色发展效率研究 [J]．中国软科学，2020（12）：84-93.

[142] 段德忠，杜德斌，谌颖，等．中国城市创新技术转移格局与影响因素 [J]．地理学报，2018，73（4）：738-754.

[143] 段德忠，杜德斌，谌颖，等．中国城市创新网络的时空复杂性及生长机制研究 [J]．地理科学，2018，38（11）：1759-1768.

[144] 段德忠，杜德斌，张杨．中美产业技术创新能力比较研究——

以装备制造业和信息通信产业为例［J］.世界地理研究，2019，28（4）：24－34.

［145］段学军，邹辉，陈维肖，等.长江经济带形成演变的地理基础［J］.地理科学进展，2019，38（8）：1217－1226.

［146］樊杰，王亚飞，陈东，等.长江经济带国土空间开发结构解析［J］.地理科学进展，2015，34（11）：1336－1344.

［147］范德成，杜明月.高端装备制造业技术创新资源配置效率及影响因素研究：基于两阶段 StoNED 和 Tobit 模型的实证分析［J］.中国管理科学，2018，26（1）：13－24.

［148］范斐，连欢，王雪利，等.区域协同创新对创新绩效的影响机制研究［J］.地理科学，2020，40（2）：165－172.

［149］方创琳，马海涛，王振波，等.中国创新型城市建设的综合评估与空间格局分异［J］.地理学报，2014，69（4）：459－473.

［150］方文婷.长三角城市群创新效率空间分异及影响因素研究［D］.上海：华东师范大学，2018.

［151］冯兴华，钟业喜，李峥荣，等.长江经济带城市体系空间格局演变［J］.长江流域资源与环境，2017，26（11）：1721－1733.

［152］冯兴华，钟业喜.长江经济带城市网络结构演变特征［J］.学习与实践，2018（10）：46－55.

［153］冯兴华.长江经济带城市空间结构演变研究［D］.南昌：江西师范大学，2016.

［154］付淳宇.区域创新系统理论研究［D］.长春：吉林大学，2015.

［155］傅利平，王向华，王明海.区域创新系统研究综述［J］.生态与农村环境学报，2011，27（6）：8－13.

［156］高鹏，何丹，宁越敏，等.长江中游城市群社团结构演化及其邻近机制：基于生产性服务企业网络分析［J］.地理科学，2019，39（4）：578－586.

［157］桂黄宝，李航．政府补贴、产权性质与战略性新兴产业创新绩效——来自上市挂牌公司微观数据的分析［J］．科技进步与对策，2019，36（14）：69－75.

［158］郭嘉仪．知识溢出理论的研究进展与述评［J］．技术经济与管理研究，2012（3）：25－29.

［159］郭卫东，钟业喜，冯兴华，等．长江中游城市群县域公路交通网络中心性及其影响因素［J］．经济地理，2019，39（4）：34－42.

［160］郭轶舟，冯华．我国战略性产业的地理集中度系数及其要素贡献度测算［J］．统计与决策，2018，34（21）：126－130.

［161］韩洁平，程序，闫晶，等．基于网络超效率 EBM 模型的城市工业生态绿色发展测度研究——以三区十群 47 个重点城市为例［J］．科技管理研究，2019，39（5）：228－236.

［162］韩松，王稳．几种技术效率测量方法的比较研究［J］．中国软科学，2004（4）：147－151.

［163］韩玉刚，叶雷．中国欠发达省际边缘区核心城市的选择与区域带动效应：以豫皖省际边缘区为例［J］．地理研究，2016，35（6）：1127－1140.

［164］韩增林，袁莹莹，彭飞．东北地区装备制造业官产学创新合作网络发展演变［J］．经济地理，2018，38（1）：103－111.

［165］何地，白晰．复杂网络视角下中国装备制造业创新网络研究［J］．工业技术经济，2018，37（3）：12－19.

［166］何立峰．扎实推动长江经济带高质量发展［J］．求是，2019（18）：25－32.

［167］何胜，唐承丽，周国华．长江中游城市群空间相互作用研究［J］．经济地理，2014，34（4）：46－53.

［168］赫希曼．经济发展战略［M］．北京：经济科学出版社，1958：76－82.

［169］胡静，赵玉林．我国战略性新兴产业集聚度及其变动趋势研

究——基于上市公司的经验证据〔J〕.经济体制改革，2015（6）：102 – 106.

〔170〕胡璇，杜德斌.外资企业研发中心在城市内部的时空演化及机制分析——以上海为例〔J〕.经济地理，2019，39（7）：129 – 138.

〔171〕胡艳，唐磊，夏依林.基于晋升博弈视角的城市群核心城市竞合行为分析〔J〕.区域经济评论，2018（3）：96 – 104.

〔172〕黄晓燕，曹小曙，李涛.海南省区域交通优势度与经济发展关系〔J〕.地理研究，2011，30（6）：985 – 999.

〔173〕简晓彬，车冰清，仇方道.装备制造业集群式创新效率及影响因素——以江苏为例〔J〕.经济地理，2018，38（7）：100 – 109.

〔174〕蒋天颖，华明浩.长三角区域创新空间联系研究〔J〕.中国科技论坛，2014（10）：126 – 131.

〔175〕蒋天颖，谢敏，刘刚.基于引力模型的区域创新产出空间联系研究——以浙江省为例〔J〕.地理科学，2014，34（11）：1321 – 1326.

〔176〕蒋媛媛，樊豪斌，黄敏.长江经济带制造业创新中心布局与建设研究〔J〕.上海经济，2018（1）：5 – 17.

〔177〕焦敬娟，王姣娥，程珂.中国区域创新能力空间演化及其空间溢出效应〔J〕.经济地理，2017，37（9）：11 – 18.

〔178〕焦美琪，杜德斌，桂钦昌，等.全球城市技术合作网络的拓扑结构特征与空间格局〔J〕.地理科学，2019，39（10）：1546 – 1552.

〔179〕金成.战略性新兴产业技术创新能力的计量分析〔J〕.统计与决策，2019，35（5）：110 – 113.

〔180〕靳海攀，郑林，张敬伟.基于时间距离的鄱阳湖生态经济区经济联系变化网络分析研究〔J〕.经济地理，2013（6）：148 – 154.

〔181〕康凯.技术创新扩散理论与模型〔M〕.天津：天津大学出版社，2004.

〔182〕李丹丹，汪涛，周辉.基于不同时空尺度的知识溢出网络结构特征研究〔J〕.地理科学，2013，33（10）：1180 – 1187.

〔183〕李建新，杨永春，蒋小荣，等.1998～2013年中国地级单元制

造业规模与结构高级度协调发展的时空特征［J］．地理科学，2018，38（12）：2014－2023．

［184］李建新，杨永春，蒋小荣，等．中国制造业产业结构高级度的时空格局与影响因素［J］．地理研究，2018，37（8）：1558－1574．

［185］李建新，杨永春，蒋小荣，等．中国制造业产业结构高级度的时空格局与影响因素［J］．地理研究，2018，37（8）：1558－1574．

［186］李健旋．美德中制造业创新发展战略重点及政策分析［J］．中国软科学，2016（9）：37－44．

［187］李克强．在贯彻新发展理念培育发展新动能座谈会上的讲话［M］//十八大以来重要文献选编（下）．北京：中央文献出版社，2018：706－727．

［188］李林玥．促进我国战略性新兴产业国际化发展研究的新思路［J］．管理世界，2018，34（9）：180－181．

［189］李琳，韩宝龙．组织合作中的多维邻近性：西方文献评述与思考［J］．社会科学家，2009（7）：108－112．

［190］李苗苗，肖洪钧，傅吉新．财政政策、企业 R&D 投入与技术创新能力——基于战略性新兴产业上市公司的实证研究［J］．管理评论，2014，26（8）：135－144．

［191］李少林．战略性新兴产业与传统产业的协同发展——基于省际空间计量模型的经验分析［J］．财经问题研究，2015（2）：25－32．

［192］李涛，刘家明，王磊，等．中国外商旅游饭店业投资的空间动态差异与驱动要素解析［J］．地理学报，2017，72（10）：1904－1919．

［193］李习保．中国区域创新能力变迁的实证分析：基于创新系统的观点［J］．管理世界，2007（12）：18－30，171．

［194］李晓钟，何晨琳．"互联网＋"对制造业创新驱动能力的影响——基于浙江省数据的分析［J］．国际经济合作，2019（5）：36－47．

［195］李新宁．创新价值链构建的战略路径与发展逻辑［J］．技术经济与管理研究，2018（1）：24－30．

［196］李星宇，曹兴，马慧．长株潭地区新兴技术企业间协同创新影响因素与机制研究［J］．经济地理，2017，37（6）：122－128．

［197］李雪伟，方浩．社会资本驱动城市创新发展［J］．区域经济评论，2020（1）：125－133．

［198］李燕，李应博．战略性新兴产业的空间分布特征及集聚动力机制研究［J］．统计与决策，2015（20）：130－133．

［199］李迎成．大都市圈城市创新网络及其发展特征初探［J］．城市规划，2019，43（6）：27－33，39．

［200］李裕瑞，王婧，刘彦随，等．中国"四化"协调发展的区域格局及其影响因素［J］．地理学报，2014，69（2）：199－212．

［201］李朱．长江经济带发展战略的政策脉络与若干科技支撑问题探究［J］．中国科学院院刊，2020，35（8）：1000－1007．

［202］梁威，刘满凤．我国战略性新兴产业与传统产业耦合协调发展及时空分异［J］．经济地理，2017，37（4）：117－126．

［203］林兰，曾刚，吕国庆．基于创新"二分法"的中国装备制造业创新网络研究［J］．地理科学，2017，37（10）：1469－1477．

［204］刘秉镰，徐锋，李兰冰．中国医药制造业创新效率评价与要素效率解构［J］．管理世界，2013（2）：169－171．

［205］刘承良，管明明，段德忠．中国城际技术转移网络的空间格局及影响因素［J］．地理学报，2018，73（8）：1462－1477．

［206］刘承良，桂钦昌，段德忠，等．全球科研论文合作网络的结构异质性及其邻近性机理［J］．地理学报，2017，72（4）：737－752．

［207］刘春姣．基于Malmquist模型的战略性新兴产业创新效率实证分析［J］．统计与决策，2019，35（13）：147－149．

［208］刘华军，乔列成，孙淑惠．黄河流域用水效率的空间格局及动态演进［J］．资源科学，2020，42（1）：57－68．

［209］刘华军，王耀辉，雷名雨．中国战略性新兴产业的空间集聚及其演变［J］．数量经济技术经济研究，2019，36（7）：99－116．

［210］刘华军，赵浩．中国二氧化碳排放强度的地区差异分析［J］．统计研究，2012，29（6）：46－50.

［211］刘军．社会网络分析导论［M］．北京：社会科学文献出版社，2004.

［212］刘军．整体网分析讲义：UCINET 软件实用指南［M］．上海：格致出版社，2009.

［213］刘学元，丁雯婧，赵先德．企业创新网络中关系强度、吸收能力与创新绩效的关系研究［J］．南开管理评论，2016，19（1）：30－42.

［214］刘彦随，杨忍．中国县域城镇化的空间特征与形成机理［J］．地理学报，2012，67（8）：1011－1020.

［215］刘艳．中国战略性新兴产业集聚度变动的实证研究［J］．上海经济研究，2013，25（2）：40－51.

［216］刘晔，曾经元，王若宇，等．科研人才集聚对中国区域创新产出的影响［J］．经济地理，2019，39（7）：139－147.

［217］刘志高，尹贻梅．演化经济学的理论知识体系分析［J］．外国经济与管理，2007（6）：1－6，13.

［218］卢丽文，宋德勇，李小帆．长江经济带城市发展绿色效率研究［J］．中国人口·资源与环境，2016，26（6）：35－42.

［219］鲁新．创新网络形成与演化机制研究［D］．武汉：武汉理工大学，2010.

［220］陆大道．长江大保护与长江经济带的可持续发展：关于落实习总书记重要指示，实现长江经济带可持续发展的认识与建议［J］．地理学报，2018，73（10）：1829－1836.

［221］陆大道．关于"点—轴"空间结构系统的形成机理分析［J］．地理科学，2002，22（1）：1－6.

［222］陆玉麒，董平．新时期推进长江经济带发展的三大新思路［J］．地理研究，2017，36（4）：605－615.

［223］陆远权，郑威，李晓龙．中国金融业空间集聚与区域创新绩效

〔J〕. 经济地理，2016，36（11）：93 – 99，108.

〔224〕陆远权. 重庆开埠后的商贸与长江区域整体市场的形成〔J〕. 重庆三峡学院学报，2001，17（5）：40 – 43.

〔225〕逯建，施炳展. 中国的内陆离海有多远：基于各省对外贸易规模差异的研究〔J〕. 世界经济，2014，37（3）：32 – 55.

〔226〕吕国庆，曾刚，顾娜娜. 基于地理邻近与社会邻近的创新网络动态演化分析——以我国装备制造业为例〔J〕. 中国软科学，2014（5）：98 – 106.

〔227〕吕拉昌，黄茹，廖倩. 创新地理学研究的几个理论问题〔J〕. 地理科学，2016，36（5）：653 – 661.

〔228〕吕拉昌，梁政骥，黄茹. 中国主要城市间的创新联系研究〔J〕. 地理科学，2015，35（1）：30 – 37.

〔229〕吕志方. 建立"长江商贸走廊"是长江开发开放的必然趋势〔J〕. 水运管理，1995（2）：3 – 7.

〔230〕马海涛. 基于知识流动的中国城市网络研究进展与展望〔J〕. 经济地理，2016，36（11）：207 – 213.

〔231〕马慧，曹兴，李星宇. 中部地区新兴技术产业创新网络的协同度研究〔J〕. 经济地理，2019，39（9）：164 – 173.

〔232〕马静，邓宏兵，张红. 空间知识溢出视角下中国城市创新产出空间格局〔J〕. 经济地理，2018，38（9）：96 – 104.

〔233〕马琦. 清代前期矿产开发中的边疆战略与矿业布局：以铜铅矿为例〔J〕. 云南师范大学学报（哲学社会科学版），2012，44（5）：134 – 142.

〔234〕马双，曾刚，吕国庆. 基于不同空间尺度的上海市装备制造业创新网络演化分析〔J〕. 地理科学，2016，36（8）：1155 – 1164.

〔235〕马双，曾刚，张翼鸥，等. 中国地方政府质量与区域创新绩效的关系〔J〕. 经济地理，2017，37（5）：35 – 41.

〔236〕马双，曾刚. 多尺度视角下中国城市创新网络格局及邻近性机理分析〔J〕. 人文地理，2020，35（1）：95 – 103.

［237］马妍，薛峰，孙威，等. 海峡西岸经济区城市网络特征分析——基于功能网络与创新网络的视角［J］. 地理研究，2019，38（12）：3010－3024.

［238］迈克尔·波特. 竞争优势［M］. 北京：华夏出版社，1997.

［239］梅琳，严静，周唯，等. 长江经济带城市创新水平的时空格局及影响因素研究［J］. 华中师范大学学报（自然科学版），2019，53（5）：715－723.

［240］孟维站，李春艳，石晓冬. 中国高技术产业创新效率分阶段分析——基于三阶段 DEA 模型［J］. 宏观经济研究，2019（2）：78－91.

［241］牛欣，陈向东. 城市间创新联系及创新网络空间结构研究［J］. 管理学报，2013，10（4）：575－582.

［242］潘峰华，夏亚博，刘作丽. 区域视角下中国上市企业总部的迁址研究［J］. 地理学报，2013，68（4）：449－463.

［243］沙文兵，汤磊. 生产者服务业 FDI 对中国制造业创新能力的影响——基于行业面板数据的经验分析［J］. 国际商务（对外经济贸易大学学报），2016（1）：70－78.

［244］佘之祥. 长江流域的开发开放与地理学研究［J］. 地理学报，1994，49（S1）：729－736.

［245］盛科荣，张红霞，侣丹丹. 中国城市网络中心性的空间格局及影响因素［J］. 地理科学，2018，38（8）：1256－1265.

［246］司月芳，刘婉昕，曹贤忠. 外部知识源异质性对企业工艺和产品创新绩效的影响研究［J］. 工业技术经济，2019，38（11）：77－85.

［247］司月芳，尚勇敏，周心灿，等. 全球创新网络视角下上海科创中心建设研究［J］. 科技进步与对策，2018，35（10）：52－57.

［248］宋韬，楚天骄. 美国培育战略性新兴产业的制度供给及其启示——以生物医药产业为例［J］. 世界地理研究，2013，22（1）：65－72.

［249］宋旭光，赵雨涵. 中国区域创新空间关联及其影响因素研究［J］. 数量经济技术经济研究，2018（7）：22－40.

［250］孙俊玲，马立群．基于 DEA – Malmquist 指数的国企高技术制造业技术创新效率及地域性差异研究［J］．东南大学学报（哲学社会科学版），2019，21（S1）：114 – 118．

［251］孙瑜康，李国平，袁薇薇，等．创新活动空间集聚及其影响机制研究评述与展望［J］．人文地理，2017，32（5）：17 – 24．

［252］孙早，肖利平．融资结构与企业自主创新——来自中国战略性新兴产业 A 股上市公司的经验证据［J］．经济理论与经济管理，2016（3）：45 – 58．

［253］谭静，张建华．开发区政策与企业生产率——基于中国上市企业数据的研究［J］．经济学动态，2019（1）：43 – 59．

［254］汤长安，张丽家，殷强．中国战略性新兴产业空间格局演变与优化［J］．经济地理，2018，38（5）：101 – 107．

［255］唐建荣，李晨瑞，倪攀．长三角城市群创新网络结构及其驱动因素研究［J］．上海经济研究，2018（11）：63 – 76．

［256］唐孝文，相楠，李雨辰．低碳经济下北京现代制造业创新能力影响因素研究［J］．科研管理，2019，40（7）：87 – 96．

［257］田晖，程倩．创新是否有助于中国制造业抵御美国的进口竞争［J］．中国科技论坛，2020（5）：145 – 153．

［258］万绳楠，庄华峰，陈梁舟．中国长江流域开发史［M］．合肥：黄山书社，1997．

［259］王承云，孙飞翔．长三角城市创新空间的集聚与溢出效应［J］．地理研究，2017，36（6）：1042 – 1052．

［260］王丰龙，曾刚，叶琴，等．基于创新合作联系的城市网络格局分析——以长江经济带为例［J］．长江流域资源与环境，2017，26（6）：797 – 805．

［261］王富喜，毛爱华，李赫龙，等．基于熵值法的山东省城镇化质量测度及空间差异分析［J］．地理科学，2013，33（11）：1323 – 1329．

［262］王公博，关成华．中国城市创新水平测度方法及空间格局研究

[J].经济体制改革,2019(6):46-52.

[263]王欢芳,张幸,宾厚,等.战略性新兴产业的集聚测度及结构优化研究——以新能源产业为例[J].经济问题探索,2018(10):179-190.

[264]王欢芳,张幸,熊曦,等.中国生物产业的空间集聚度及其变动趋势——基于上市公司的经验数据[J].经济地理,2018,38(8):101-107.

[265]王劲峰,徐成东.地理探测器:原理与展望[J].地理学报,2017,72(1):116-134.

[266]王俊松,颜燕,胡曙虹.中国城市技术创新能力的空间特征及影响因素——基于空间面板数据模型的研究[J].地理科学,2017,37(1):11-18.

[267]王明亮,余芬.我国电子及通信设备制造业创新效率实证分析[J].科技管理研究,2018,38(7):85-92.

[268]王秋玉,尚勇敏,刘刚,等.跨国并购对全球—地方创新网络演化的作用研究——以中国工程机械产业为例[J].经济地理,2018,38(2):1-9,17.

[269]王秋玉,曾刚,吕国庆.中国装备制造业产学研合作创新网络初探[J].地理学报,2016,71(2):251-264.

[270]王仁贵.长江经济带战略诞生记[J].瞭望,2014(36):23-24.

[271]王伟,朱小川,梁霞.粤港澳大湾区及扩展区创新空间格局演变及影响因素分析[J].城市发展研究,2020,27(2):16-24.

[272]王越,王承云.长三角城市创新网络及辐射能力[J].经济地理,2018,38(9):130-137.

[273]韦福雷,胡彩梅.中国战略性新兴产业空间布局研究[J].经济问题探索,2012,12(9):112-115.

[274]伍新木.应将长江经济带的发展上升为国家战略[J].长江流域资源与环境,2010,19(10):1157-1158.

［275］习近平．推动我国生态文明建设迈上新台阶［J］．求是，2019（3）：4－19．

［276］肖仁桥，陈忠卫，等．异质性技术视角下中国高技术制造业创新效率研究［J］．管理科学，2018，31（1）：48－68．

［277］肖泽磊，朱威鹏，范斐，等．城市群创新投入的空间格局与创新绩效研究——以长江经济带所辖城市群为例［J］．人文地理，2017，32（3）：61－67，130．

［278］谢伟伟，邓宏兵，刘欢．绿色发展视角下长三角城市群城市创新网络结构特征研究［J］．科技进步与对策，2017，34（17）：52－59．

［279］谢元鲁．长江流域交通与经济格局的历史变迁［J］．中国历史地理论丛，1995（1）：28－45．

［280］谢众，吴飞飞，杨秋月．中国制造业升级的创新驱动效应——基于中国省级面板数据的实证检验［J］．北京理工大学学报（社会科学版），2018，20（4）：97－108．

［281］熊彼特．资本主义、社会主义和民主主义［M］．北京：商务印书馆，1979．

［282］徐长乐，徐廷廷，孟越男．长江经济带产业分工合作现状、问题及发展对策［J］．长江流域资源与环境，2015，24（10）：1633－1638．

［283］徐蕾，魏江．网络地理边界拓展与创新能力的关系研究——路径依赖的解释视角［J］．科学学研究，2014，32（5）：767－776．

［284］徐梦周，潘家栋．浙江省域经济联系与创新联系的空间形态及分异演化格局［J］．浙江社会科学，2019（4）：36－44，68，156．

［285］许倩，曹兴．新兴技术企业创新网络知识协同演化的机制研究［J］．中国科技论坛，2019（11）：85－92，112．

［286］薛永刚．1995～2015年"泛珠三角"区域医药制造业创新能力空间计量分析——基于空间误差分量模型的实证研究［J］．软科学，2018，32（7）：21－24，34．

［287］亚当·斯密．国民财富的性质和原因的研究［M］．北京：商

务印书馆，2011.

［288］阎晓，涂建军．黄河流域资源型城市生态效率时空演变及驱动因素［J］．自然资源学报，2021，36（1）：223－234.

［289］杨冬梅，赵黎明，闫凌州．创新型城市：概念模型与发展模式［J］．科学学与科学技术管理，2006（8）：97－101.

［290］杨凡，杜德斌，林晓．中国省域创新产出的空间格局与空间溢出效应研究［J］．软科学，2016，30（10）：6－10＋30.

［291］杨仁发，杨超．长江经济带高质量发展测度及时空演变［J］．华中师范大学学报（自然科学版），2019，53（5）：631－642.

［292］杨玉桢，杨铭．两阶段高技术产业创新效率及其影响因素研究——基于随机前沿模型的实证分析［J］．管理现代化，2019，39（5）：37－41.

［293］叶雷，曾刚，曹贤忠，等．中国城市创新网络模式划分及效率比较［J］．长江流域资源与环境，2019，28（7）：1511－1519.

［294］叶琴，曾刚，杨舒婷，等．东营石油装备制造业创新网络演化研究［J］．地理科学，2017，37（7）：1023－1031.

［295］叶琴，曾刚．经济地理学视角下创新网络研究进展［J］．人文地理，2019，34（3）：7－13，145.

［296］易高峰，刘成．江苏省城市创新能力的地区差异及影响因素分析［J］．经济地理，2018（10）：155－162.

［297］余东华，胡亚男．环境规制趋紧阻碍中国制造业创新能力提升吗？——基于"波特假说"的再检验［J］．产业经济研究，2016（2）：11－20.

［298］约瑟夫·熊彼特．经济发展理论——对于利润、资本、信贷、利息和经济周期的考察［M］．何畏，等译．北京：商务印书馆，1990.

［299］曾刚，等．长江经济带协同发展的基础与谋略［M］．北京：经济科学出版社，2014.

［300］曾刚，王秋玉，曹贤忠．创新经济地理研究述评与展望［J］．

经济地理，2018，38（4）：19-25.

［301］曾鹏，曾坚，蔡良娃．城市创新空间理论与空间形态结构研究
［J］．建筑学报，2008（8）：34-38.

［302］张建伟，梁常安，黄蕊琦，等．中部地区创新产出空间差异及
影响因素研究——基于新经济地理学的视角［J］．世界地理研究，2020，
29（1）：159-167.

［303］张敬文，李一卿，陈建．战略性新兴产业集群创新网络协同创
新绩效实证研究［J］．宏观经济研究，2018（9）：109-122.

［304］张莉芳．政府补贴、国际化战略和企业创新能力：基于中国战
略性新兴产业的经验研究［J］．商业研究，2018（6）：151-160.

［305］张路蓬，薛澜，周源，等．战略性新兴产业创新网络的演化机
理分析：基于中国 2000~2015 年新能源汽车产业的实证［J］．科学学研
究，2018，36（6）：1027-1035.

［306］张荣天，焦华富．泛长江三角洲地区经济发展与生态环境耦合
协调关系分析［J］．长江流域资源与环境，2015，24（5）：719-727.

［307］张振兴．中国语言地图集：汉语方言卷［M］．北京：商务印
书馆，2013.

［308］张治河，潘晶晶，李鹏．战略性新兴产业创新能力评价、演化
及规律探索［J］．科研管理，2015，36（3）：1-12.

［309］赵增耀，章小波，沈能．区域协同创新效率的多维溢出效应
［J］．中国工业经济，2015（1）：32-44.

［310］赵梓渝．基于大数据的中国人口迁徙空间格局及其对城镇化影
响研究［D］．长春：吉林大学，2018.

［311］甄峰，徐海贤，朱传耿．创新地理学：一门新兴的地理学分支
学科［J］．地域研究与开发，2001，20（1）：9-11.

［312］郑蔚，李溪铭，陈越．跨城市合作创新网络的空间结构及其发
展演进——基于福厦泉 816 组合作专利申请数据的分析［J］．华侨大学学
报（哲学社会科学版），2019（6）：67-76.

［313］中共中央党史研究室．党的十八大以来大事记［M］．北京：人民出版社、中共党史出版社，2017．

［314］钟业喜，冯兴华，文玉钊．长江经济带经济网络结构演变及其驱动机制研究［J］．地理科学，2016，36（1）：10－19．

［315］钟业喜，冯兴华．长江经济带区域空间结构演化研究［M］．北京：经济管理出版社，2018：8－10．

［316］钟业喜，傅钰，郭卫东，等．中国上市公司总部空间格局演变及其驱动因素研究［J］．地理科学，2018，38（4）：485－494．

［317］钟业喜，毛炜圣．长江经济带数字经济空间格局及影响因素［J］．重庆大学学报（社会科学版），2020，26（1）：19－30．

［318］钟业喜，邵海雁，徐晨璐．长江中游城市群空间结构效益比较与优化研究［J］．区域经济评论，2020（3）：70－78．

［319］钟业喜，吴思雨，冯兴华，等．多元流空间视角下长江中游城市群网络结构特征［J］．江西师范大学学报（哲学社会科学版），2020，53（2）：47－55．

［320］钟业喜．基于可达性的江苏省城市空间格局演变定量研究［D］．南京：南京师范大学，2011．

［321］周灿，曹贤忠，曾刚．中国电子信息产业创新的集群网络模式与演化路径［J］．地理研究，2019，38（9）：2212－2225．

［322］周灿，曾刚，曹贤忠．中国城市创新网络结构与创新能力研究［J］．地理研究，2017，36（7）：1297－1308．

［323］周灿，曾刚，尚勇敏．演化经济地理学视角下创新网络研究进展与展望［J］．经济地理，2019，39（5）：27－36．

［324］周灿，曾刚，王丰龙，等．中国电子信息产业创新网络与创新绩效研究［J］．地理科学，2017，37（5）：661－671．

［325］周灿．中国电子信息产业集群创新网络演化研究：格局、路径、机理［D］．上海：华东师范大学，2018．

［326］周成虎，刘毅，王传胜，等．长江经济带重大战略问题研究

［M］．北京：科学出版社，2019：26－27.

［327］周锐波，刘叶子，杨卓文．中国城市创新能力的时空演化及溢出效应［J］．经济地理，2019，39（4）：85－92.

［328］周泽炯，陆苗苗．战略性新兴产业自主创新能力的驱动因素研究［J］．吉首大学学报（社会科学版），2019，40（1）：30－38.

［329］朱瑞博．中国战略性新兴产业培育及其政策取向［J］．改革，2010（3）：19－28.

［330］祝汉收，刘春霞，李月臣．重庆市战略性新兴产业空间集聚测度及时空演变分析［J］．重庆师范大学学报（自然科学版），2018，35（5）：63－71.

［331］邹嘉龄，刘卫东．2001～2013年中国与"一带一路"沿线国家贸易网络分析［J］．地理科学，2016，36（11）：1629－1636.